上图 / 屠守锷（左二）与钱学森（左三）、任新民（右一）、黄纬禄（左一）、梁守槃（右二）在一起

下图 / 1994年8月22日，屠守锷（前排左二）与张爱萍（前排左三）及航天领导、专家在一起

上图 / 1984年10月，屠守锷（前排右一）出席航天工业部劳动模范、先进集体表彰大会

中图 / 1985年1月23日，屠守锷在航天工业部科技委第二次会议上

下图 / 2008年12月19日，屠守锷在航天科学技术发展与展望论坛上

上图 / 1987年11月，屠守锷（右）在航天工业部一院与李明实（左）、梁守槃（中）在一起

下图 / 屠守锷（左）与胡世祥（右）在西昌卫星发射中心长征二号捆绑式火箭转运现场

上图 / 1990年7月16日，屠守锷（二排右二）与林宗棠（二排右一）、沈荣骏（二排左一）、王永志（前排左一）等分析、讨论问题

中图 / 1990年，屠守锷（中）与刘纪原（左）、王永志（右）在一起

下图 / 屠守锷（中）与林宗棠（右）、梁思礼（左）一起分析讨论问题

上图 / 1992年，在西昌卫星发射中心执行“澳星”发射任务时，屠守锷（前排左三）与刘纪原（前排右四）、黄纬禄（前排右五）、郭国正（前排右三）、张贵田（前排右一）等合影

下图 / 1992年6月，屠守锷（前排左五）在西昌卫星发射中心与“澳星”发射试验队领导及参试人员合影

上图 / 1986年10月，屠守锷接受任新民代表国际宇航科学院授予的院士证书

下图 / 1999年9月18日，荣获“两弹一星”功勋奖章后，屠守锷、杨嘉墀、黄纬禄、任新民、王希季、孙家栋（从左至右）在人民大会堂前合影留念

上图 / 1992年秋，屠守锷与夫人秋粟在玉渊潭参观菊花展

下图 / 2002年11月30日，屠守锷全家福

屠守锷的音容笑貌与山河同在

屠守锷院士传记

Academician Tu Shoue's Biography

《中国航天院士传记丛书》总编委会 组织编写

贺 青 著

中国宇航出版社

·北京·

图书在版编目(CIP)数据

屠守锷院士传记 / 贺青著 ;《中国航天院士传记丛书》总编委会组织编写.--北京 : 中国宇航出版社，2015.3(2023. 3重印)
(中国航天院士传记丛书)
ISBN 978-7-5159-0902-8

Ⅰ. ①屠… Ⅱ. ①贺… ②中… Ⅲ. ①屠守锷(1917～2012)—传记 Ⅳ. ①K826.16

中国版本图书馆 CIP 数据核字(2015)第 051861 号

责任编辑　黄　莘
责任校对　牟宁宁　　装帧设计　文道思

出版发行　中国宇航出版社

社　址　北京市阜成路 8 号　邮　编　100830
(010)68768548
网　址　www.caphbook.com
经　销　新华书店
发行部　(010)68371900　(010)88530478(传真)
(010)68768541　(010)68767294(传真)
零售店　读者服务部　北京宇航文苑
(010)68371105　(010)62529336
承　印　三河市君旺印务有限公司

版　次　2015 年 3 月第 1 版
2023 年 3 月第 4 次印刷
规　格　787×960
开　本　1/16
印　张　21.25　彩　插　8 面
字　数　300 千字
书　号　ISBN 978-7-5159-0902-8
定　价　68.00 元

《中国航天院士传记丛书》总编委会名单

编审委员会

主　　任　许达哲　高红卫

副 主 任　雷凡培　曹建国

委　　员　李金生　方向明　袁　洁　李　跃　包为民

编撰委员会

总 主 编　许达哲　高红卫

副总主编　李　跃　包为民

委　　员（按姓氏笔画排列）

马礼谦　王亚文　邓宁丰　朱芝松　朱忠元

孙玉斌　李　明　李　锋　陈学钊　张连成

周晓飞　侯　晓　贾　可　郭　勇　梁小虹

董　群　谭永华

总编委会办公室

主　　任　周晓飞　朱忠元　邓宁丰

成　　员（按姓氏笔画排列）

丁雅清　于　宁　于　希　王来成　李卫东

杨利伟　辛大广　张铁钧　范占英　唐　燕

徐　睿　戴品华

《屠守锷院士传记》编审委员会名单

编审委员会

主　任　包为民

副主任　江　帆

委　员　周晓飞　贾　可　陈学钏　邓宁丰　霍明儒
王双军　白燕强

编审委员会办公室

主　任　周晓飞

成　员　张铁钧　杨利伟　戴品华　于　宁　刘　毅
李卫东　徐　睿　丁雅清　李念滨　苏大亮
黄　莘

序　一

Preface I

中国航天事业自1956年创建以来，已经走过50多年的发展历程。在党中央、国务院、中央军委的亲切关怀和英明领导下，中国航天人团结一心、顽强拼搏、勇于创新、无私奉献，不仅取得了以“两弹一星”、载人航天工程和月球探测工程为代表的辉煌成就，孕育形成了航天传统精神、“两弹一星”精神和载人航天精神，也造就了一支技术精湛、作风优良的航天人才队伍。

航天系统的中国科学院院士和中国工程院院士就是这支队伍的杰出代表。中国航天科技集团公司和中国航天科工集团公司先后有50多位科学家和航天工程专家当选为两院院士。其中，有7位院士获得过“两弹一星”功勋奖章，2位院士获得过国家最高科学技术奖。他们不仅是航天成就的主要创造者，也是航天精神的重要孕育者和忠实践行者。

中国航天事业是在新中国成立不久，工业实力、科技实力、综合国力都很薄弱，帝国主义严密封锁，苏联撕毁协定、撤走专家的情况下发展起来的。以航天院士为代表的中国航天人，自力更生，艰苦奋斗，奋发图强，顽强拼搏，在一穷二白的基础上，独立自主地创建起了中国的航天事业。

航天型号研制是复杂的系统工程，涉及很多领域，需要众人参与，必须大力协同、集智攻关才能完成。以航天院士为代表的中国航天人，在航天工程研制实践中，齐心协力，密切配合，实现了一次又一次技术突破，铸造了一项又一项辉煌成就。他们为祖国的航天事业作出了巨大贡献，却淡泊名利，不计得失，将个人利益置之度外。

航天事业属于尖端技术领域，难度大、风险高、技术复杂，在发展历程中碰到过很多难题，经历过各种坎坷，甚至遭受过重大失利。以航天院士为代表的中国航天人，在困难和失败面前不动摇、不退缩，树立百折不挠、锲而不舍、脚踏实地、严谨务实的工作作风，不断攻坚克难、勇攀高峰，取得了一个又一个胜利，树立了一座又一座丰碑。

今天，在由航天大国向航天强国迈进的征程中，航天院士的科学思想、创新意识、坚定信念和爱国情怀是全体航天人宝贵的精神财富。中国航天科技集团公司和中国航天科工集团公司决定出版《中国航天院士传记丛书》，不仅是为了宣传航天院士的科研成就，总结航天院士的成长规律，更是为了传承航天院士的宝贵精神，使之生生不息、薪火相传，为“续航天梦、筑强军梦、圆中国梦”的伟大实践提供精神动力和思想源泉。

许达哲

2014 年 1 月

序　二
Preface Ⅱ

中国航天事业创建半个多世纪以来，培养和塑造了一大批功勋卓著、德高望重的中国科学院院士和中国工程院院士。他们具有坚定的理想信念和强烈的爱国情怀，理论功底深厚，技术水平高超，善于引领科学发展和技术创新，在中国航天事业发展的关键时期发挥了重要作用，为中国航天事业取得辉煌成就、孕育航天精神作出了突出贡献。

为了全面、系统地总结航天院士的成长规律，把航天院士的科学思想和创新方法记录下来、传承下去，为中国航天事业积累精神财富，为航天强国建设提供有益借鉴，中国航天科技集团公司和中国航天科工集团公司研究决定，组织编写一套《中国航天院士传记丛书》（以下简称《丛书》）。

党的十八大描绘了坚持中国特色社会主义道路、全面建成小康社会、实现中华民族伟大复兴的宏伟蓝图，同时也为加强国防和军队现代化建设、推进我国由航天大国向航天强国迈进指明了方向。在中国航天事业“续航天梦、筑强军梦、圆中国梦”的新形势下，出版这套《丛书》，具有重大的现实意义和深远的历史意义。

记载航天历史。航天院士是中国航天事业的宝贵财富，他们的成长历程反映了航天事业的发展轨迹。这套《丛书》不仅是航天院士个人的传记，也从不同侧面记载了中国航天从技术到管理、从思想到精神的真实历史。

弘扬航天文化。宣传航天院士，就是站在科学的高度，向社会各界全面宣传航天事业，弘扬航天文化，使其成为中华民族文化宝库的重要组成部分，增强中华民族的自信心、自豪感和凝聚力，提升国家的软实力。

传承航天精神。航天精神是包括航天院士在内的几代航天人，在中国航天事业发展历程中，不断积累、提炼、传承而逐渐形成的，是民族精神、时代精神与航天实践相结合的产物，是中国航天事业之魂。《丛书》全面反映了航天院士的学术成就、科学作风和思想品格，有助于航天精神薪火相传。

培育航天人才。中国航天事业已经完成了新老交替，一代航天新人正在茁壮成长。《丛书》是泽被后世的人才工程，对于培育航天人才、发展航天事业、铸造新的辉煌将产生积极的促进作用。

总之，《丛书》是一套具有航天特色的爱国主义教材，是不可多得的精神食粮。相信这套《丛书》的出版发行，必将吸引更多的年轻人热爱航天、投身航天、奉献航天，以饱满的热情和昂扬的斗志再攀高峰，使中国航天事业后继有人，蓬勃发展，续写辉煌。

2014 年 1 月

目　录
Contents

第一章

成长经历

15 岁那一年，屠守锷在上海码头亲眼目睹了日本轰炸机对中国百姓的血腥屠杀。他面对惨景发誓，一定要刻苦学习，制造出中国的战机，为死难同胞报仇。

1. 古镇的读书人家

浙江湖州是一处钟灵毓秀、美丽富饶的水乡，因为其毗邻太湖南岸而得名。说起湖州，这个地方不算大，却很有名，中国历史上著名的文房四宝之一——湖笔，便出产在这里，中国人崇尚诗书礼仪、琴棋书画，湖州也就伴随着湖笔的声望名扬天下。

20 世纪前叶，神州大地正处于各路军阀割据与争斗之中，时局动荡，国势衰微，民不聊生。再加上外国列强别有用心的插足，更加剧了中国政局的混乱和民生的凋敝。1917 年冬天，本是鱼米之乡的江南，广大民众却过着衣不蔽体、食不果腹的贫困生活。对政府的无望、对生活的无望，民众冰冷的心情更加突显了冬天的寒意。

就在这一年的 12 月 5 日，一个男孩在湖州吴兴县南浔镇的一个清朝举人家里出生了。他的第一声啼哭，高亢、嘹亮，号角般地回荡在父母、乡亲们的一派欣喜之中。

按照乡俗，添了新生儿子的家庭，应当邀请亲朋好友、左邻右舍摆上喜宴。但是遇上这兵荒马乱的年月，人们的日常生活都时常令人担忧，一切只能从简。

兴致勃勃的父亲坐在书桌前，端详着天庭饱满的儿子，心里怦然一动，他略略沉思了一会儿，提笔写下端端正正的三个字：屠守锷。锷：刀剑的刃，屠者，守锷。显然，屠家对这个生于乱世的孩子寄予了深切的期望，同时也表达了一介知识分子追崇“多难兴邦”以及“国家兴亡，匹夫有责”然“百战百胜不如不战而胜”的理念和担当。这个因辛亥革命而未能通过科举考试进入仕途的知识分子，心中蕴含的不仅有一代读书人的理想和抱负，还寄予着对这个出生于乱世的孩子的关怀和厚望。

从屠守锷的人生轨迹看，这个名字不仅浓缩了他生命旅途的智慧和岁月年华的精髓，也囊括了他一生奋斗所追求的精神境界和理想。他没有辜负父亲的苦心和希望。

屠守锷的家乡南浔古镇地处杭嘉湖平原北部，太湖之南，东与江苏苏州接壤，西距湖州市区 32 千米，历来是江南闻名遐迩的“鱼米之乡”、“丝绸之府”、“文化之镇”。

南浔镇历史悠久，南宋以来就已是“水陆冲要之地”，“耕桑之富，甲于浙右”，因畔浔溪河而名浔溪，后又因为浔溪之南商贾云集，屋宇林立，而名南林。至淳祐十二年（1252）建镇，南林、浔溪两名各取首字，改称南浔。由于蚕丝业的兴起带动商品经济的发展，明万历至清中叶，南浔经济空前

鱼米之乡 —— 南浔镇

繁荣，清末民初已成为全国蚕丝贸易中心。就财富而言，民间有“湖州一个城，不及南浔半个镇”之说，南浔由此一跃成为江浙雄镇，富豪达数百家。当时上海有 91 家丝行，70% 为南浔人所开设，道光二十七年（1847 年），上海口岸蚕丝出口总数 21176 包，其中南浔出口数为 13426 包，占出口总数 63.4%。1851 年，产自南浔的“辑里湖丝”在英国伦敦首届世界博览会上荣获金奖，成为中国第一个获得国际大奖的民族工业品牌。1915 年，“辑里湖丝”在美国旧金山举行的巴拿马国际博览会上再获大奖。19 世纪 60 年代，万里之外的伦敦，还专设有湖丝交易所。可以说，“辑里湖丝”就是一根牵动全世界神经的神奇丝线。

在湖州市区一个叫骆驼桥堍的地方，非常显眼地挺立着一组金属铸成的骆驼雕像，寓意湖州是中国丝绸的发祥地，丝绸之路的零公里从这里起步。

历史上，南浔还有“诗书之乡”和“镇志之乡”的美誉，有着崇文重教的优良传统，明代就流传有“九里三阁老十里两尚书”的谚语。有史家说，南浔“书声与机杼声往往夜分相续”。据宋、明、清三朝统计，南浔籍进士有 41 人，浔籍京官有 56 人，南浔可谓是一块物华天宝、人杰地灵的宝地，在漫漫的历史长河中，这里曾养育过中华民族无数杰出人物，仅清代有著述问世的南浔人就达 280 人之多。

辛亥革命失败后，中国陷入动荡、混乱的经济萧条中，“辑里湖丝”的出口量惨跌至300包，作为南浔经济命脉的丝生产严重萎缩，市场冷清，农村桑户大量破产，粮食缺口巨大，昔日富饶的南浔空负盛名，这片水土养育下的广大人民也在艰难困苦中经受着煎熬。

就是在这样的大环境中，屠守锷出生了。屠家的祖上既不是官宦，也非巨贾，是地地道道的寻常读书人家。屠守锷的父亲屠维屏是清朝末年的举人，屠家作为书香门第，几代读书人都遵循着“礼身之斡也，敬身之基也”和“名节重泰山，利欲轻鸿毛”的信条，虽非名门望族，在乡里却也享有很高的威信。随着城镇经济的发展，城镇里一些大户人家和家底殷实的乡绅，对屠家保持的家风和尊崇的气节更是欣赏，不但愿意和他们来往，在屠维屏成为举人后，还推举他出来协助主持乡里的公共事务，甚至还请他帮助管理自家的实业。

为了做事方便，屠维屏率全家从乡里搬到了城镇，曾参与管理过镇上养老院、育婴堂等公共慈善事业，同时还先后兼管过镇上几家乡绅们兴办的一些民族资本企业，一家人过着算是宁静的日子。

辛亥革命后，在随后的军阀连年混战中，中国民族工业遭受严重的破坏，先是一批批民族企业纷纷倒闭，接着是一拨拨难民席卷而来。缺少财力支持的镇上公共事业无以为继，不久，屠维屏失业了，屠家也逐渐丧失了经济来源，生活开始日渐艰辛。

为了生存，屠维屏被迫到一家商行当职员。他工作勤勉，早出晚归，为了一家人的生计，对于事业加倍小心。在当时的南方城镇，靠一个小职员的微薄薪水来支撑的整个家庭，虽然不能算十分贫寒，却也常常捉襟见肘，时常为生计发愁。哪怕生活中出现一点风吹草动，都会给这个处于风雨飘摇中的家庭带来灭顶之灾，境况之艰难可想而知。尽管如此，父亲仍希望自己的子女能受到良好的教育，不致使屠家读书的香火在他手上失传。

在旧中国的南方城镇家庭，普遍存在着浓厚的封建传统色彩，即便是财力夯实的大户人家，也常受重男轻女思想的影响，大多数都不会送女孩子去读书，更何况是在混乱的战争年代。屠维屏由于较早接触到中国民族工业的发展，亲身体会到蓬勃发展的民族工业给乡镇带来的经济繁荣和广大乡民的安居乐业，他热切地盼望国家能通过发展工业走向富强。他常说：“读书，是一个人的前程，发展民族工业，是一个国家的前程。”由此，屠家形成一个不成文的规定，读书是头等大事，只要条件允许，孩子们都要安静地端坐在书桌前学习。同时，由于屠维屏较早地接受了先进文化思想的熏染，特别是有管理育婴堂的经历，使他能够从更多角度看到中国女性的凄惨命运和不幸。为了让自家孩子，不分男女，都能去上学，屠维屏想尽一切办法，甚至不惜举债，也要将儿子送到他认为最好的学校读书，这既是祖上传下来的规矩，也是父亲期望将儿子培养成对社会有作为的人。对于女儿，父亲也做到了他的承诺，供女儿读书至小学毕业。

旧时的学堂，大多以背诵四书五经，读孔孟、诗词为主要内容，即使是富裕人家聘请了家庭教师，也无外乎是学习这些传统科目。一些思想较开放的老师在教书之余，还会给孩子们读一些外国翻译小说和其他书刊，给他们讲解一些地理知识，让他们更多地了解外面的世界。南浔由于做出口贸易，商贾学人荟萃，孩子们在一起，经常把从四面八方甚至五大洲、四大洋道听途说来的新鲜事儿，彼此在炫耀中相互交流。所以在南浔长大的孩子，对外面的世界并不陌生，留学、做贸易，至少也要到外面去做生意，这是很多南浔孩子最普通的梦想。屠守锷和志趣相投的小伙伴在一起相互交流，常常会自豪地以南浔为起点，放眼全世界。

屠守锷非常喜欢这样的场景，他常常陶醉其间，这个时候，他觉得自己的胸怀很开阔，想法也多起来，他一直都很欣赏这种讨论式的学习方式。胸怀祖国，放眼世界，这是个多么豪迈的境界，屠守锷由于他出生地点、成长环境造就的一个偶然，成就了一生思考问题的习惯，也造就了一生思考方法的必然。

屠守锷的家乡水网纵横，水路交通十分便利，却不通铁路。他在修完小学课程后，乘船离开家乡，先后到浙江嘉兴和上海，在浙江省立第二中学初中部和江苏省立上海中学高中部，读完了中学课程。从高中开始，屠守锷的家境，已难以继续支付他的学费，他完全凭着奖学金继续自己的学业，而支撑他更加努力学习的，是此时他已具有的明确的人生志向。

2. 教母识字做“圣人”

少年屠守锷虽不乏聪明，但绝不是“神童”，他凭借认真和勤奋，圆满完成了各科学业。在他幼小的心灵里，父亲长年为生活早出晚归奔波的身影，母亲在煤油灯下穿针引线缝补的神情，使懂事的他备感求学来之不易，因此加倍珍惜学习的每一个机会。努力学习获取优异成绩报答父母，成为他幼年时的学习动力。他的学习成绩一直是学校里最好的。

屠守锷的母亲没有文化，一字不识，但在她的心目中，读书却是一件很了不起又很神圣的大事，她尊敬所有读书人和有文化的人。在家里，她除了照料一家人的饮食起居、缝缝补补，还经常帮别人家做一些针线活，以贴补家用。一天下来，母亲虽然干活很辛苦，但只要看到孩子们在灯下做作业、看书学习，脸上总是洋溢着幸福和满足的笑容；做着家务时，只要想到孩子们勤奋读书的样子，嘴里便会情不自禁地哼唱起家乡小调。她舍不得占用孩子们一丁点儿读书时间，即使有些事情自己做起来很吃力，也不愿让孩子们帮忙，唯恐打扰他们的学习。每当屠守锷拿回学校的成绩单，她便觉得很欣慰。

母亲对读书人和文化人近乎崇拜的行为，给屠守锷留下了深刻的印象，他萌发了让母亲也成为识文断字的文化人、成为她自己心目中圣人的想法。屠守锷在成年以后，一直让母亲陪伴在自己身边，即使在担任导弹总设计师工作十分紧张的日子里，仍不时挤出点滴时间教母亲认字，直到母亲能自己看儿子写给她的信件。有时，他会调皮地拿一个母亲常挂在嘴边的词写给她看，然后学着母亲的腔调念出来，引得母亲笑上好一阵子。一直到母亲年老病重，他们母与子，始终没有放弃一个认真教、一个认真学，一同坚持了几十年。回忆识字过程中的种种趣事，母子俩就会非常惬意。

在屠守锷的成长岁月中，父亲做事一丝不苟的态度，深深地影响着他。即便在很艰难的生活条件下，父亲仍保持着一个中国知识分子的自尊、严谨、清高气节，给他树立了很好的人生榜样。母亲对生活始终充满希望的达观心态，也积极影响着他。她从不抱怨生活，尽自己所能帮助别人，哪怕只能递上一碗稀粥，也从不让途经自家门口的乞讨者一无所获。

江南水乡的自然物产，养育着屠守锷日渐成长；湖州的青山翠竹、清溪绿荷，滋养着屠守锷的坚韧品格；江浙特有的文化氛围伴着“辑里湖丝”走向世界，熏陶着屠守锷浓浓的民族情结。做一个正直的人，一个对国家有用的人，在他的脑海里初步扎根，家乡的山山水水、一草一木，滋润着这个少年茁壮成长。

3.此仇不报非男儿

一个人青少年时期的成长环境，会对其一生产生重要的影响；特别是期间经历的某些重大事件，亲眼目睹过的某些痛彻心扉的惨烈景象，都会给其留下深刻记忆和警示。对其一生来讲，不仅仅是警钟长鸣，启迪如何避免和防范，甚至能够引导如何做人、做怎样的人。

1932年上海“1·28事变”后，屠守锷遭遇了一生中刻骨铭心的日子。

这一天，屠守锷的父亲从家乡来上海接15岁的屠守锷回南浔过春节。当他们走在去码头的路上时，遭遇到日本鬼子数十架飞机组成的轰炸方队。轰炸机低空飞行，飞机发动机发出的“隆隆”鸣响声，震耳欲聋。屠守锷第一次遇到这阵式。

第一轮轰炸开始了，炸弹像雨点般散落下来。原本繁华喧闹的大上海码头，瞬间就变成了一片火海，那一刻，炸弹的爆炸声，房屋的倒塌声，敌机俯冲的刺耳怪叫声，孩子、妇女凄厉的哭喊声，混杂成一片。

在少年屠守锷的眼里，原本霓虹锦簇的大上海，在爆炸声中变成了惨不忍睹的人间地狱。屠守锷在这突如其来的横祸面前，惊愕得不知所措，他紧紧地攥着父亲的手，跟着父亲的脚步快速地向码头奔去。

屠守锷与父亲死里逃生，躲过了这一劫。当他们踏上码头轮船，看见黄浦江两岸街道房屋倒塌后堆积的瓦砾和斑斑血迹，心中一片悲凄。

屠守锷用衣袖抹去满脸的尘埃，用一双愤怒的眼睛望着刚刚还是肆虐的天空，心中悲愤地吼着：这可是在我们国家的土地上啊，日本侵略者也太猖狂了。

这个春节，屠守锷是在痛苦的思索中度过的。在他的脑海中，邻国日本不过是一个区区岛国，当时的国民生产总值还不能与中国相比，而堂堂中国不仅受到欺侮，在灭顶之灾面前只有被动挨打的份儿，甚至没有一架飞机迎头反击。他真想不明白。

更让他愤怒的是，日本鬼子的轰炸机在我领空轰炸，如入无人之境，那么肆虐霸道，简直是欺人太甚！

那一天房倒屋塌、生灵涂炭的惨状，就像一幅巨大的浮雕，横亘在他眼前，无论他睁着眼，还是在睡眠中，这幅情景都挥之不去，强烈地撞击着他的心。他的泪水一次次涌上眼眶，又让他一次次强咽下去，一股股咸苦涩味滞留在喉头久久不断。

这个春节让屠守锷一下子长大了，他的人生由此有了非常明确的志向和目标。他从心底里迸发出有力的誓言："我一定要亲手制造出中国人自己的飞机，制造出先进的武器，消灭这些强盗，为死难的同胞们报仇雪恨！"

4. 少年立誓造飞机

经过一个假期的痛苦思考，屠守锷终于想明白了，贫弱者不仅会遭受欺凌，还有亡国的危险。

明白了这个道理，屠守锷越发清醒，他深切地感受到父亲从小对他的告诫：只有发展工业才能救国。

他相信，只要他们这一代年轻人发奋图强，虽然祖国今天还是贫弱的，但明天一定是富强的。

“工业救国，航空救国，强军安邦”，这是屠守锷在1932年春节前亲眼目睹了那场血腥的轰炸后，确立的人生方向。如果说以前屠守锷努力学习，争取获得优异成绩，更多的是为了报达父母的养育之恩，现在他学习则更加自觉和刻苦。走工业救国的道路，成了鞭策屠守锷忘我学习的直接动力。

他每天最早起床、最迟躺下，躺在床上还要将白天学习过程中遇到的难题，像演电影似的过一遍，反复思考，直到入睡。

他如饥似渴地学习，在不断深入学习的过程中，结合生活实际，拟定出一些题目，或把学习过程中遇到的一时还不能理解的问题，一一梳理出来并列成目录，记在随身携带的小本子上，利用走路、睡前或零散的时间思考。

他还喜欢就某个公式，翻来覆去地求证，在开拓思维空间的同时，提高逻辑推理能力。这些习惯，他保持了一生。

假期过后，同学们发现屠守锷明显地变了，脸上常现一副若有所思的样子，和他打招呼，他也显得心不在焉。一些平时与他关系不错的同学，以为他家里出了什么事，可怎么问他都说没事。其实，此时的屠守锷正沉浸在他脑中设定的题目中，将之在心中反复地推算。

少年时养成的这个良好习惯，使屠守锷即使在“文化大革命”期间，在很多既没工作效率又无实际意义的各类协调会上，甚至在一些无谓的批判会和学习班上，仍能利用宝贵的时间进行他的工作，将“文革”对他所负责的型号研制工作的负面影响降到最低。

屠守锷的青春时光没有虚度，他不知疲倦地拼命学习，汲取着各种知识，成为学校里成绩最优秀的尖子学生。

屠守锷

屠守锷院士**传记**

Academician Tu Shoue's Biography

第二章

报国之路

屠守锷如愿以偿，以优异的成绩考入清华大学机械系，后转入航空工程系，又远渡重洋在航空领域继续深造。获悉日本投降，成为航空硕士的他，回归祖国。

1. 进入清华学机械

1936 年夏天，屠守锷以优异的成绩考入清华大学机械系。

屠守锷之所以报考机械系，是因为当时清华大学在机械系里设立了航空专业组。班里共有 10 名学生，屠守锷幸运地成为其中的一员。这是第二届学生，而第一届只有 2 名同学，这就是清华大学最早为中国培养的航空专业人才。

值得一提的是，这些在祖国危难时刻，自愿选择航空专业的学子们，后来大都成为新中国航空、航天专业的栋梁之才，如今他们中的有些人已经离开了我们，离开了他们倾注毕生智慧和心血的航空、航天领域，有些人虽已至耄耋之年，但仍然坚守在祖国的航空、航天领域，尽其所力，倾其一生。

在清华园里，屠守锷是最用功的学生之一。因为在他的耳边，总有一个声音时刻提醒着他：国家需要你！这个声音，成为他在清华园里须臾不敢忘记的座右铭。

屠守锷的大学学习生活极不平静，绝大多数时间是在时局急剧动荡的环境中度过的。

1937 年卢沟桥事变爆发，地处北平的清华大学被迫停课，迁到长沙，借内地湖南长沙大学的校舍复课。

根据形势的需要，清华大学正式设置了航空工程系，屠守锷所在的航空专业组转入该系，成为清华大学航空系第一批学生，专攻飞机制造专业。

长沙的学习条件和清华园相比差了很多，但比想象中的要好些。卢沟桥事变爆发前两年，清华大学就已开始着手准备转移校址，保卫学校的机制开始运转，在长沙设置了两个研究所。同年，在日本要求华北设立“自治区”时，清华工学院又开始把相关设备打包运到南方。1937 年春天，清华校领导意识到华北未来形势险恶，开始认真地在国内寻找避难所。时任湖南省教育厅厅长的朱经农（著名教育改革家，前北大教授）承诺，如果有大学迁到湖南，他一定全力支持。如此，清华把长沙首选为设置临时大学的应急之地，且由于清华为转移到长沙提前做了两年准备，所以，相对而言，学校的基本教学工作还算正常。

1937 年 11 月 1 日，由中国最顶尖的清华大学、北京大学和南开大学在长沙组成的临时联合大学开学，共有学生 1338 人。其中，清华大学有学生 631 人，北京大学有学生 342 人，南开大学有学生 147 人，另外还有战时特殊情况下的 218 名借读生。临时联合大学共有老师 148 人，其中，清华大学有老师 73 人，北京大学有老师 55 人，南开大学有老师

长沙临时联合大学图书馆

20 人。清华大学的学生和老师，占总人数的近一半，所以，长沙临时联合大学从一开始就烙上了清华的印记。而屠守锷一生的学习和工作，也鲜明地彰显着清华学子的风格。

由于北京大学和南开大学是在卢沟桥事变之后被逼无奈被迫转移的，并不是事先有备而来，所以带出来的图书和器材相对较少。三所大学的教学单位联合组成了四个学院十七个系。北京大学冯友兰任文学院院长，南开大学陈序经任法商学院院长，清华大学吴有训任理学院院长，而工学院为清华大学独有，院长由施嘉炀担任。

临时联合大学的主体并不全在长沙。法商学院在美国教会办的圣经学院，理学院借用湘雅医学院，电机系和机械系在湖南大学，化工系寄读在四川重庆大学，文学院在圣经学院分部衡山脚下，机械系的航空工程研究班在湖南东邻江西省会南昌借读，工学院在岳麓山脚下。

三所大学的南迁过程其实就是逃难历程，所以很大程度上是一种历险。正常情况下，从北平到长沙坐火车只需 24 个小时，而三所大学中最长的南迁过程却用了近一个月，火车、汽车、轮船，甚至徒步，凡能用到的交通工具和可想的办法，统统都利用上了，一路艰险可想而知。陈寅恪教授夫妇从北平出发先到达天津，然后乘渡轮到青岛，再转济南，又乘火车到郑州，再转车到汉口，走了近一个月才到达长沙。因为是逃难，为了掩人耳目，师生们有的装扮成农民、商人，有的装扮成傀儡官员，最忌讳的是教师和学生装扮，一路上遭遇到频繁搜身检查和盘问去处，所以能够安全到达长沙的都是幸运儿。教师的讲义也非常难带出来，有的即使带出来了，路上也被迫销毁，后来临时联合大学讲课用的教材大都是凭教师记忆重新整理出来的。

这么多人一下涌到长沙，给接待工作带来了很大困难。开始，他们大多数人被安排在营房里，在草席上打地铺。为了渡过湖南阴冷潮湿的冬天，临时联合大学为学生们订制了应急的衣服，那是带黄铜纽扣的军装，在衣领上印有两个“临时大学”标记。联大的生活虽然很艰苦，但屠守锷颇感欣慰的是，自己终于可以重新上课了，而且还是梦寐以求的航空工程系，现实离他心中的目标越来越近了。

2. 长沙联大迁昆明

长沙临时联合大学勉强开课，可好景没能维持多长时间，中国大片领土相继沦陷，11 月 3 日，南京失守，运到长沙的伤员越来越多。火车站距离临时联大不远，一些不能行走的伤员就躺在地上，结果火车站又成为日军轰炸的新目标。这些伤员是从战场上下来的同胞，学生们的抗战激情被点燃了。国难当头，很多部门都急需补充知识人才。这其中最有吸引力的是胡宗南部提供的机会，况且胡宗南还是长江下游浴血抗战的英雄。学校和政府仍希望学生保持镇静，坚守本业，为国家将来的复兴做准备。

为了稳定学生，学校和社会做了很多工作，其中陈诚将军的一番话，深深打动了学生，坚定了他们钻研学问的决心。他说："中国有成千上万的士兵，但最缺乏的是有知识的人，而你们是国家最后的希望，是当之无愧的国宝。倘若国之大器都化为炮灰，那么将来的形势肯定非常严峻。"

屠守锷对学习的决心始终是坚定的，对陈诚将军的报告，比其他同学有着更深刻的认识。他忘不了当年日军轰炸上海时，上海的天空成为日军独霸的舞台，没有一架中国飞机起飞迎战。今天的长沙，日军轰炸火车站，地上到处是血肉横飞的伤员，甚至在地面上都能看清日军飞行员的狰狞面目。要造飞机，而且要造中国最好的飞机！屠守锷不改初衷。

随着形势的日益严峻，临时联合大学在长沙也待不下去了，政府批准了临时联合大学迁往昆明的请求，五分之三的学生跟随学校南迁，继续未竟的学业。

3. 奔赴西南强体魄

如何到偏远的云南去？当时国内形势十分严峻，加之经费紧张、交通工具匮乏，有人想出一个好办法：所有女生、体弱的男生和绝大多数教师及家属乘火车和轮船，其余身强力壮的男生由老师带队步行。这个提议，获得了大多数人的支持。

1938 年 1 月 21 日，长沙临时联合大学宣布了两条前往新学校的路线，一条路线是乘火车经广东、香港，然后乘船到越南的海防，再从河内换乘火车到昆明；另一条路线是徒步 3000 里穿过湘西、贵州和滇东到昆明。

徒步穿越内陆的想法，强烈地吸引着那些爱国学生。他们认为这样步行不仅可以领略祖国边远地区的大好河山，还可以省却费用，并且了解当地农民的生活情况，使之成为一次社会调查实践活动。长途跋涉还吸引着准备以抗日的名义发动身处穷乡僻壤的群众的一批进步青年，甚至吸引了充满好奇心和热衷冒险与体能挑战的学生。

联合大学制订的徒步旅行宗旨是“借以多习民情，考查风土，采集标本，锻炼体魄，务使迁移之举本身即是教育”。

报名相当踊跃。经过体检，244 名男生被选入旅行团，徒步前往云南。教师志愿者有 11 人，他们是清华中文系教授、著名诗人闻一多，教员许维，助教李嘉言；生物系教授、植物学家李继侗，助教吴徵镒、毛应斗、郭海峰；地质系教授袁复礼，助教王钟山；南开大学教育学家黄钰生；北京大学著名化学家曾昭抡。

旅行团被命名为长沙临时大学湘黔滇旅行团。为了领导这次行军，湖南省主席张治中选定黄师岳中将担任旅行团团长。黄师岳曾在华北担任过指挥官，在冯玉祥将军部下当过兵、打过仗，作风正派，严以律己。黄师岳对旅行团实行军事化管理，他手下配有一名中校毛鸿和两名少校邹静华、卓超。同学们对毛鸿教官并不陌生，他曾负责指导过长沙临时联合大学学生的军训。旅行团分为三个大队，他们三人各管一个大队。每个大队分成三个中队，每个中队又分成三个小队，中队长和小队长由学生自行选举产生。

屠守锷参加了旅行团中的一个队。1938 年 2 月 20 日，他们从长沙出发，计划第一站乘船沿西北方向到常德。他们先顺湘江而下到达洞庭湖，之后沿湖的南岸向西到沅江江口，然后逆流而上抵达常德。第二站从常德开始步行，计划第一周平均每天走 20 千米，第二周平均每天走 25 千米，第三周平均每天走 30 千米，之后平均每天走 35 千米，平均每人负重 10 余千克。

但计划赶不上变化。由于河水太浅，螺旋桨无法推动蒸汽拖轮前进，旅行团只能从 22 日起就改为步行。第一天走了 20 千米，虽然走得很辛苦，却得到了大自然丰厚的回报，湖南中部迷人的景色映入他们的眼帘：层层叠叠的山丘，一望无际的稻田，路边的鲜花嫩草，挺拔的竹子，山坡上苍翠的茶树和松树，还有料理得整整齐齐的菜地。黄昏时分，落日余晖透过云彩照着远处的山峰，金黄色的花圃更加绚烂。

到达常德后，空袭警报就不断骚扰旅行团。由于桃花源的知名度很高，很多同学决定利用旅行团放假一天的时间乘船去桃花源。正是桃花开放的季节，一排排桃树，桃花盛开，旁边的洞穴上刻着“秦人古洞”几个字，让人想起两千多年前无意闯入桃花源的那个传奇人物。洞前有一方池塘和一个亭子，以及一块石碑，石碑上刻着明代哲人王明阳的诗：“桃源在何许？西峰最深处。不用问渔人，沿溪踏花去。”湖光山色的美景深深感动了同学们，大家忍不住感慨：“若无此次旅行，怎知祖国山河的壮美！”

尽管美景让同学们流连，无规律的空袭警报却在时刻提醒着他们还是在逃难的路上，催促他们加快行进的脚步。即使行程很辛苦，大多数同学仍积极地寻找机会，宣传爱国思想。工学院的一些学生借助广播收集抗战方面的最新消息，沿途向百姓宣传战况。长沙临时联合大学话剧团，通过一路演出唤起民众，场场爆满。

湘黔滇旅行团在徒步旅途中也没有忘记自己的职责和使命。由3名学生（一校一人）担任史学工作者，一路收集乡邦文献，做现场调查，凡风土人情、教育状况、行政沿革及奇闻轶事，都包括在内。其他学生则在老师们的指导下，充分利用旅途当地丰富的资源从事研究工作。社会学系学生调查农村状况，他们采访县领导，根据当地生产和生活状况编写资料。地质系学生深入田野调查，发现了丰富的化石、岩层和矿藏，常常围绕袁复礼教授讨论最新发现。教育学家黄钰生基本“断后”，搜集地方民谣，最终采集了两千多首民歌。毛应斗老师用捕蝴蝶的网追捕各种昆虫。吴征镒老师收集当地植物标本。

抵达贵阳时，旅行团成员积累了丰富的行军经验，他们每人随身携带几双草鞋；艰难的行程锻炼了他们的身体，患病的学生几乎不再乘车，成为一群吃苦耐劳的人。

跋山涉水，备受艰辛，靠着一双起泡的脚板，徒步行走68天，行程1663千米，1938年4月28日，湘黔滇旅行团终于到达昆明西南联大校址。2个多月的跋涉，走过了3个省份，他们见证了祖国的大好河山，目睹了湘西的匪患，经历了贵州的云遮雾罩、阴雨迷蒙和瘴气林，穿过了云南的罂粟地，见识了鸦片对人的毒害。一路所见所闻，无不提醒着他们要努力完成学业，履行使命。他们相信，这不仅是一次艰苦的旅行，也是一次伟大的跋涉，对自己的一生将产生重大影响。他们知道，要想实现民族复兴，锻炼才智是他们必须经历的过程。这些宝贵的经历，成为他们日后人生的一笔财富。从此，他们有了新的视角，观察社会、看待人生。

一路上，从各种渠道传来的抗日军民不畏强敌、拼死抗争、浴血奋战的壮烈事迹，使屠守锷的心灵再次受到极大的震撼。中华民族到了最危险的时刻，到了要“把我们的血肉筑起我们新的长城”的时刻，他越来越强烈地意识到，国势衰微，必受欺凌。中国必须富强，必须有先进的科学技术、发达的工业和强大的国防。此时，科技救国，工业富国，军事强国，不再仅仅是一个口号、一个志向，而是作为人生的座右铭，成为这位清华学子终生的奋斗目标。

1938 年 4 月，长沙临时联合大学改称国立西南联合大学，简称西南联大。5 月 4 日，西南联大在新校舍开课了。千万别小瞧了西南联大的茅草房校舍，这可是真正出自大师之手的“杰作”。校长梅贻琦专门邀请梁思成、林徽因为联大设计校舍。接受任务后，梁思成、林徽因很兴奋，一心想设计出中国最美的校园。设计方案出来后，因为经费短缺，他们被迫将高楼变成了矮楼，将矮楼变成了平房，将砖墙变成了土墙，最终建成的校舍是每一个中国农民都会盖的茅草房。

4. 西南联大好学风

屠守锷一生的行事风格，带着典型的清华学子风范，更确切地说，那也是鲜明的西南联大特色。从长沙出发的湘黔滇旅行团，犹如星星之火，对西南联大精神的塑造，起到了至关重要的作用。

西南联大由北京大学、清华大学和南开大学联合组成，三校各具特色，各有其历史、传统和风格，他们在宽厚容忍、和衷共济的精神下，在抗战的艰苦岁月里坚持了 8 年。这是中华民族的骄傲，也是中华民族的一个奇迹！三校联合出色地完成了使命，不仅为中华民族保存、延续了文脉，也为中华民族培养了一支精英队伍。

在中国，这三所大学的个性太鲜明了。

国立北京大学的前身是京师大学堂，创办于1898年，是维新运动的产物。辛亥革命后，大学堂更名为北京大学。创办伊始，京师大学堂的课程设置就是中学西学并用。1905年科举制度废除之后，西学开始占据上风，但北京大学仍以中国传统的考据、义理、辞章之学蜚声学林。蔡元培先生从1916年至1931年担任北京大学校长，他将北京大学视为广阔的交流平台，古今中外各种思想和价值观都可在此争鸣齐放，学者尽可客观研究、自由交锋、审慎选择。

所以，北京大学有一批独具个性的学术明星，体现的是自由放任、张扬个性的北大精神，北大学生天马行空，特立独行。

1911年建立的清华学堂，是一所“公费留美”预备学校。所谓“公费留美”，指的是“庚款留学”。1900年，是中国农历庚子年。由于西方列强对中国肆无忌惮的侵略，那年6月，义和团主力进入北京，围攻各国使馆。8月4日，美、英、日、俄、法、德、意、奥八国组成一支约2万人的联军，借口剿灭义和团，从天津进攻北京。得知八国联军杀进北京，清政府仓皇出逃。1901年（农历辛丑年），清政府与列强十一国签订了丧权辱国的《辛丑条约》，被迫赔偿纹银4.5亿两，分39年摊还，连本带利高达10亿两纹银，折合9.8亿美元，史称“庚子赔款”。在“庚子赔款”中，美国分到2500万美元，加上39年利息，总计4600万美元。后来，中国驻美公使发现，美国得到的这笔赔偿超出了美国来华军队实际花费的一倍，纯属“虚报冒领”。经过多次交涉，老罗斯福政府决定把多拿的钱归还中国，归还方式是把钱用于“帮助中国办学”，并设立一个让中国学生到美国留学的奖学金。美国希望通过奖学金制可以培养一批受美国教育的中国知识精英，有利于美国继续在知识和精神上影响中国的未来。

“庚款留学”奖学金于1909年正式设立。1911年“清华学堂”成立，次年更名为“清华学校”，专门负责遴选、派遣每年的获奖人选，并把他们送到美国。

“清华学堂”1928年改名为国立清华大学。风景宜人的清华园里，课外活动丰富多彩。无论什么季节，男女生都要到室外上体育课，穿短裤做健身操。清华人热衷于集体生活，对竞技体育热情如火；清华的学术生活严谨而有条理；清华上课会点名，大考小考不断。

清华大学带有浓重的美国色彩，但清华学生热爱传统的蓝布长衫胜过西服，几乎所有清华人都会用几句英语对话，但在课堂外又几乎不说一句英语。在北大，留学深造的学生屈指可数，而清华由于特殊的办学背景，留学海外的人比比皆是。

天津城外的南开大学风景优美，到处是现代建筑。作为北方重要的通商口岸，天津不可避免地给南开大学带来了某些商业气氛。南开大学最有名的教授集中在商学院和闻名遐迩的南开经济研究所，而商学院是南开大学特有的学术机构。南开大学由张伯苓创办，他于 1904 年和严修一道创办南开中学，1919 年创办南开大学。南开大学以“允公允能”为校训。张伯苓是虔诚的基督徒，所以南开大学重视信仰教育和修身教育，南开学生在学业上中规中矩。

多年后，西南联大校友一致认为：正是因为西南联大糅合了“北大的主动自由、清华的活泼进取、南开的踏实严谨，形成了学生自发进取的性格、认真求知的态度、主动自发的行为”。

在西南联大，共同的战争经历促成了集体意识。三校联合后，优势互补，使薄弱环节得以加强。清华大学率先在理科和工科方面取得卓越成绩，通过聘用本校留美深造归来的毕业生，紧跟现代科学发展的前沿；北京大学在社会科学方面引领潮流；南开大学以卓越的经济学和商学研究知名，还开办了化学工程系，为联大工学院作出了独特的贡献。三校老师不仅相互补充，而且多有重合之处。他们志同道合，彼此尊重，使西南联大这个学术共同体在昆明走向三

西南联大校园大厦

校历史上互相协作的高峰。

在中国教育史上，西南联大是一段奇迹。那时候物资匮乏，条件简陋，空袭警报日日响起，连生命安全都成问题。然而，西南联大却培养了大批杰出人才。许多教授原本有机会离开，去美国、去欧洲，去拿丰厚的薪水，过安定的生活，可是，他们却不约而同地选择留下，守着贫穷的联大，留在战乱的中国。在他们身上表现出来的许多品质，不是一句简单的"爱国主义"就能道尽的，更多的是属于知识分子的操守，是"富贵不能淫，威武不能屈，贫贱不能移"的精神品质。

西南联大有近3000名学生、5个学院、26个系，是战时人数最多、规模最大的综合性大学。尽管大学课程已经很丰富，根据新的研究成果和国际学术新动向而设置的新科目，仍然随着科学的发展不断增加。由于三校雄厚的师资，即使只有几个学生选修的极为冷僻的专业课，也能坚持开办。每学年开设的课程贴满了总务处办公室的墙壁，成为名副其实的"书山"、"学海"，兴趣再广泛的学生也不能把所有想选的课程都列入自己的科目表，因此，旁听就成为联大一道著名的风景。

联大的目标是使学生接触尽可能广阔的知识世界，通才为大，专家次之。这一理念要求每个学生拥有深厚的学术基础，然后结合自己的爱好和特长学习。屠守锷所在的工学院是联大仪器和试验设备配置齐全的佼佼者。联大工学院是在清华工学院战前十年的基础上建立起来的，除清华原有的土木系、机械工程系和电机工程系，在昆明还新增加了南开大学化学工程系和在长沙创建的航空工程系。清华原有的3个系有14个实验室和4个金工方面的工厂，这些科研机构有最新的仪器和设备。更重要的是，早在1935年，清华工学院就把约三分之一的设备转移到了南方。在昆明，屠守锷仍然有机会在空气动力实验室做试验，大三时，他在飞机修理厂实习了一个月。

为了满足国家战时的需要，联大工学院在航空工程系里设置了电讯专修科，并开设了军用结构、军用桥梁、军事运输以及要塞工程和兵器方面的课程。为建造机场及相关设施，许多教授和学生去做兼职，一方面解决了生活困难，另一方面在很大程度上为抗战贡献了绵薄之力，还有一些有识之士认识到理论联系实际的重要性，希望能为国家做点事。机械工程系大三、大四的学生被派到当地工厂工作，包括电厂、机械制造厂、纺纱厂、飞机维修部门。很多师生参与了地方企业和政府部门的设备改造工作，其中包括为中央资源管理委员会承担工业燃烧引擎、水力涡轮机和锅炉的研究工作。电机工程系在中央资源委员会的委托下，开展了十几个专项研究，为战后全国铁路电气系统的建设做准备。机械工程系还接受外界订单，生产小型老虎钳、钻床、车床和水泵等。联大师生在理论联系实际的活动中，结合战时民生需要，工作开展得有声有色，成绩显著。在这个过程中，学生们不仅提高了动手能力，更重要的是补充了部分战时资源。他们开动脑筋，因地制宜，因陋就简，土法上马，想办法克服了很多困难。屠守锷在西南联大练就的一切从实际需要出发，不求好看，只图能解决问题的简单实用的工作思路，对他从事航天事业后，能够多快好省地解决实际问题发挥了重要作用。

2011年3月21日，94岁高龄的屠守锷在接受《社会观察》特约记者采访时，谈到清华大学留给自己最深的印象时说："清华校风很好。我1936年考上清华，1937年日本侵略中国。清华先是迁到长沙，后又转移到昆明，我们就跟着学校跑。我感觉清华的学风是特别能吃苦。在那样动乱的时期，同学们坚持学习科技文化知识，坚定信念将来要报效祖国。"

正是在这样的学术氛围和艰苦环境中，屠守锷锤炼了铮铮铁骨和博大胸怀，也日益积淀着他报效国家的能力。

5. 自制飞机起航了

1940年夏天，屠守锷从西南联大毕业，以优异的成绩获得了航空工程学士学位。

毕业后，他先在成都航空研究所工作。这是一群怀着工业救国壮志的学子们组成的集体，他们发誓要制造出中国自己的飞机。他们用摩托车板做蒙皮，制造出一架教练机。屠守锷参加了试飞组的工作，这是他生平第一次乘飞机。坐在自己参与制造的飞机上，他感到格外自豪。

由于没有资金来源，加上战乱，研究所在勉强地支撑着。教练机制造出来后，没有什么实质性的工作可开展。半年后，屠守锷不得已离开了这里。

国难当头，一方面是国家急需专业人才，另一方面是当时还很稀少的航空专业毕业生，却找不到一个适合自己专业的部门、一份能充分发挥聪明才智的工作，这不仅仅是屠守锷个人的不幸，也是一个积贫积弱国家的悲哀。

从1910年满清政府在北京南苑设立第一个飞机制造厂算起，在30年的时间里，旧中国不仅没有建立起称得上产业的航空工业，南苑飞机制造厂甚至连一架像样的飞机也没有制造出来，只能做一些飞机修理工作。由于国内缺乏必要的工业基础，所用的飞机都从国外购买，仅有的少数几个航空技术研究机构，也是设施简陋，缺乏起码的研究手段，根本不具备研究、设计和试验技术水平较高的飞机的能力。20世纪三四十年代，一些和屠守锷抱有同样工业救国志向、学习航空工程技术的学生，在完成了学业之后，由于国内暂时没有用武之地，纷纷选择了出国继续深造。出国留学的人逐渐增多，特别是到美国留学的人数增多，在当时的中国竟形成了一种趋势。

屠守锷也选择了出国留学。他学习精力旺盛、求知欲极强，加之内心怀着一腔强烈的报国热情，希望更多地掌握世界先进技术，学以致用，为国效力。

正巧，那一年恢复公费出国，屠守锷抓住时机，参加了去美国留学的考试。由于考试成绩优秀，他获得了公费出国留学的资格。

1933年至1936年，清华大学公开招收留美公费生共四届，每届都有航空专业的学生。其中，第一届2人，一人是来自交通大学唐山工程学院的林同骅，其专业为飞机结构，后来设计了中国第一架运输机；另一人是顾光复，其专业为发动机设计制造，后任“台湾空军研究院”院长；第二届只有钱学森一人，其专业为飞机结构；第三届是钱学森的堂弟钱学榘，其专业为飞机发动机；第四届是程嘉垕，其专业为航空机械。1936年后，招收留美公费生因抗战而停止，至1940年恢复。恢复后的第一年，屠守锷考取了留美公费生，其专业为航空工程。

6. 远渡重洋求学路

1941 年夏天，屠守锷来到美国麻省理工学院，开始了他的留学生涯。

麻省理工学院位于查尔斯河靠剑桥市一侧，与河对岸波士顿市的哈佛大学比邻而立，是美国第一流的理工大学，入学条件严格，毕业生水平普遍很高，全世界为之瞩目。麻省理工学院在学风上更偏向工科，其校训是“手脑并用，创新世界”，所以，它是工程师的摇篮，航空工程系更以培养一毕业就能加入生产行列的工程师而自豪。

此时，第二次世界大战正如火如荼地进行着。很快，日本军队偷袭了美国战略要地——珍珠港，点燃了美利坚人的怒火，也由此宽松了中国留学生政策。

在麻省理工学院航空工程系研究生部，屠守锷找到了学习和研究航空专业科学技术的广阔天地，也拥有了安定的研读时间。屠守锷认为自己很幸运，他体会西南联大和麻省理工学院的异曲同工之处——都侧重于工程实践应用，特别是不拘一格的解决问题的方式，各种奇思妙想都有被验证的机会。他被求知的欲望鼓舞着，被复仇的使命激励着，如饥似渴地拼命学习。

在美国的两年时间里，他攻读了航空工程专业的全部研究生课程，并根据自己学习和研究的成果，写出了《横向加强筋薄板的强度》论文，获得科学硕士学位。

毕业后，他在美国纽约布法罗寇蒂斯飞机厂任工程师，更多地接触到飞机制造工程实践。他对工作充满热情，不放弃任何一张有关飞机制造方面的设计图纸，即使只是一个零部件，他也试图弄透彻，并在生产第一线学习和掌握所能接触到的所有技术。

他知道，要想成为一名合格的工程师，要想制造出中国自己的飞机，光有理论知识远远不够，还必须有丰富的实践经验。所以，他非常珍惜自己所从事的这份工作，认为这是掌握飞机制造技术和增长实际工作能力的必经之路。

与此同时，屠守锷还完成了另一篇论文《飞机起落架落地时的振动问题》，此时的他，已在飞机结构力学研究方面，开始显露出才华，并且初步掌握了科学研究的基本方法。这些能力的提升，为他后来取得若干重大成就，打下了坚实基础。身在异国他乡的屠守锷，虽然小有成就，却更加思念灾难深重的祖国和家人，热切盼望着报效国家的机会，渴望回到家乡施展本领，向父老乡亲交上一份合格的答卷，从没想过要在这个富强的国家安居乐业。

7. 航空硕士归祖国

公费出国留学，不仅为屠守锷提供了一个难得的学习机会，使他能更近距离地接触世界科学技术的前沿，更重要的是他在领略前沿科学技术的同时，了解和掌握了制造产品的生产工艺过程。

他常常思考，怎样才能将学得的技术应用于祖国建设。他知道，正在与日本帝国主义浴血奋战的祖国，暂时无力提供给他一个施展才华的舞台，所以只能在盼望回归的同时，更加努力地工作。

这段时间，只要他稍有闲暇，思绪就像野马脱缰般盘桓到祖国宏伟建设的蓝图上，以至于后来还习惯了以这种方式，让大脑做片刻的休息。这也是他激励自己借他山之石，刻苦钻研航空工程理论与实践问题，不断锤炼自己意志、增强自己本领、强化自己羽翼的精神支柱。

他的思绪就常常这样飘荡着、舞动着，在太平洋两岸徘徊。他期待着在祖国大地上展翅高飞的那一天早点到来。

这一天终于来到了！1945 年 8 月 15 日，日本侵略者宣布无条件投降。当这个振奋人心的喜讯传到美国，屠守锷激动得彻夜难眠，终于等到这一天了！

回国去，赶紧回国去！抗战胜利后，中国将迎来规模宏大的和平建设局面，需要大量的工程技术人员参加建设。

第二天，他来不及做任何准备，毅然辞职。他要回祖国去！

当然，屠守锷在美国的工作环境和物质待遇，比国内要好很多，可这一切物质条件对一个热爱自己祖国、甘愿无条件为之奉献的人来说，又算得了什么呢？

如果说屠守锷所做的回归祖国的决定本身是简单和迅速的，而他要实现这个理想的过程却是艰难和曲折的。

屠守锷的回国之旅，整整花了3个月时间。

他和朋友们原先设想穿过白令海峡尽快回国，这是一条最理想的捷径，但由于经费不足，而且船只起航的时间也太晚。正当他一筹莫展之际，听说一位美国朋友要开车回加利福尼亚的家，他立即决定搭乘朋友的汽车先到加利福尼亚，毕竟那儿离祖国更近一步。此时的屠守锷，只想着向祖国进发，浑身充满了幸福感，早忘了搭车是件很辛苦的事。

乘汽车辗转到旧金山回国，所需的费用比从纽约乘船少很多，虽然路上劳累些，屠守锷也决定试一试。1945年9月，他开始了横贯北美大陆的长途跋涉。从美国东海岸辗转到西海岸，用去了大约两个月的时间。一路上，他的心情是复杂的，起伏的车轮，仿佛在述说着他内心世界的不平静。

他想，美国这个只有不到200年历史的国家，却在人类文明的基础上，通过融合新兴工业革命所传播的先进科学技术，一举成为世界经济发展的领头羊。而自己这个曾受到中华民族五千年灿烂文化濡染和熏陶的游子，却不得不远涉重洋，跑到地球的另一端，拼命吮吸现代科技的精髓，期待能够肩负起复兴中华民族的重任。

屠守锷知道，在这片土地上还有许多和他一样的有识之士，为了撑起中华民族的尊严，忍辱负重，投身到世界科技的竞技搏杀中。

一路颠簸中，他常常倚靠在椅子上迷迷糊糊地进入梦乡，思绪像海浪一样起伏着：人们习惯于把学无止境的知识天地称为海洋，可谁都知道海洋脾性的暴戾无常，那些乘风破浪的弄潮儿，不知要喝多少苦涩的海水，经历多少九死一生的磨难，才能到达胜利的彼岸。

突然，他从梦中惊醒，眼中掠过的美利坚合众国的土地风貌，美国中东部广袤的田野，中西部险峻的山峰，却在他眼前变幻成为中华大地壮美的版图和家乡的风土人情，南浔古镇、西湖苏堤、母亲的笑容，是那样的清晰、生动。他被这些画面感动得热泪盈眶，恨不得立刻踏上祖国的土地。

为了实现梦想，他日夜兼程，向着心中的圣地进发。

历尽千辛万苦，屠守锷到了旧金山，却遭遇尴尬，近期的船票早已卖光。

冥冥之中，也许上苍真被饱受磨难的华夏儿女殷殷期盼的赤子之心感动。屠守锷遇见一艘军舰还兼做生意，更巧的是它的目标也是大洋彼岸。几经周旋，他梦境般地搭上了这艘军舰，完成了横渡太平洋、回归祖国的最后里程。

屠守锷

屠守锷院士传记

Academician Tu Shoue's Biography

第三章

人生转折

屠守锷回到了祖国，现实却不尽如人意。他在黑暗中苦苦摸索，终于看到了新中国的曙光，毅然加入中国共产党。从此，屠守锷有了更加崇高的理想。

1. 现实社会真黑暗

1945 年年底，屠守锷终于踏上了祖国的土地。此时此刻呈现在他面前的情景，与他心中所企盼的和平建设相去甚远。他满以为挣脱了帝国主义列强锁链的祖国，从此将获得新生，谁知又陷入内战的硝烟。他又一次陷入困惑之中，空怀一腔科学救国本领的他，不知道向何处贡献自己的智慧和才能。

他清楚地记得，日本侵略者入侵前的中国，经连年军阀混战，已是民不聊生；而国民党政府的独裁统治，又将中国推向内战的深渊。

当他想起这些，便忧心忡忡，仿佛有一块大石头压在心头，闷得透不过气来。难道我们中国人的命，注定就这么苦么？中国将向何处去？

沉浸在一腔报国热忱中的屠守锷，在严酷的现实面前，深感不安，他开始反思一个深刻的问题：依靠一个腐败的政府能否实现自己工业救国的初衷？

2. 西南联大副教授

1946 年 2 月，经西南联大航空工程系主任、屠守锷的老师王德荣介绍，西南联大聘任他为航空工程系副教授（西南联大实行教授治校，由教授而不是校长聘请教师），从事航空科学技术的教学和研究工作。

这一年，屠守锷 29 岁，成为西南联大最年轻的副教授。

屠守锷永远忘不了他在西南联大讲授“结构力学”课程时的场景。这是屠守锷教学生涯的第一课。

“结构力学”是学校新开设的课程。也许是学生们对这门课程的内容和应用前景很陌生；也许是在大师云集的联大校园，这位副教授实在是名不见经传；再就是一些学生已经企盼并准备着回北平了。那一天，已做好充分准备的屠守锷兴致勃勃地走进教室，眼前的情景令他哭笑不得。整个教室里空荡荡的，只坐着两个学生。他心里多少有一点懊恼和沮丧，但从学生眼睛里迸发出来的强烈求知欲，让他受到很大的鼓舞，俨然在大漠深处遇到了志同道合的知音，他很快使自己平静下来进入讲课状态。这堂课，他讲得特别认真，也格外生动。在西南联大航空结构力学的天地里，屠守锷带着他的两位弟子，开始放飞中国研制飞机的理想。

就在这一年，西南联大回迁，清华大学又回到了北平。1947 年，屠守锷在清华大学升任教授。

回到北平的屠守锷，开始更多地观察和体验社会现实，并从中引发思考一些深层次问题，他的思想发生了重大变化。

在他的脑海里，有一个曾经反复思考而不得其解的问题，那就是中国这样一个有着五千年文明史、贡献过人类四大发明、在科学技术发展史上曾数度领先于世界的国家，为什么竟会在短短的一百多年间，沦落至落后、贫穷的国家之列，成为帝国主义列强桌上的鱼肉，任人宰割。

当年能找到这个问题的科学答案的人并不是很多。

生长在贫穷、落后的半殖民地、半封建国家里，特别是亲身经历过日本轰炸机狂轰滥炸的血腥场面，屠守锷强烈渴望着国家能出现一个发展工业、建设国防、崇尚科学的善政，能通过工业救国实现国家的富强。这绝不仅仅只是屠守锷一个人的梦想。在中国近代史上，有多少仁人志士都幻想过科学救国、实业救国，但最终都幻灭了。屠守锷也曾对国民党寄予希望，但当他太多地感受到国民党政府的腐败之后，对这个政府彻底失望了。

他回忆起南下途中几次看到的征兵情况。第一次是刚从长沙出发，便遇到一个身高只有 1 米出头的男孩坐在路边哭，经过询问得知他 13 岁，还曾是一个兵。由于家里 16 岁的哥哥抽上了鸦片，因而，他家服兵役的义务就落到了他的头上。当兵的地点是距他家几百千米外的芷江，没等走到那里，脚伤就使他寸步难行了。他的上级看到他未成年，瘦弱得根本扛不动枪，就把他放了，让他自己回家。开始大家都难以置信，直到他拿出部队发给他的通行证才相信。

再一次他们在一家小饭店吃饭，当地老百姓告诉他们，征兵制在这里被严重滥用，已经演变成一种敛财的手段，经常是突然袭击式地挨门挨户搜抓百姓，征兵的官员借此接受贿金，当即就有同学气愤得大声朗读起杜甫的《石壕吏》。

在前往贵州边境时，他们走的是一条三年前刚开通的国道，路况之差令人难以想象。国民政府修筑这条路，是为了把云南的鸦片直接运到汉口和广州，而不必经过广西，以免被征收鸦片转口税。想到鸦片，屠守锷忘不了途中见到那些吸食大烟的“烟民”惨不忍睹的状况，他越发不能忍受国民政府的腐败。

屠守锷开始意识到：政治不变革，一切生产力都必将遭到破坏，农业如此，工业也如此。他渴望一股清新的空气吹拂大地，荡涤一切压抑着人们心灵的浊气，给祖国母亲带来新生。他渐渐融入到先进青年的活动圈中。

3. 昂首挺进新生活

屠守锷在思想言行上的变化，引起了中共北平地下党的关注。经过和党组织接触，他思想认识上得以进一步提高。很快，屠守锷就接受了马克思主义理论。

在马克思主义理论的指导下，他渐渐清楚地认识到，国民党占有广大的粮食产区，但每年仍要从农民手中征得大量粮食，其中的大部分又被经办人员中饱私囊，致使军队经常缺粮，士兵饿得面黄肌瘦；解放区多为贫瘠地域，却能自己动手，发展农业，很好地解决了粮食问题。国民党区域经济危机严重，大部分工业破产，一切依靠外国，连布匹这样的日用品也要从美国进口；解放区却能用发展工业的方法，自己解决布匹等日用品需求。国民党区域的工人、农民、店员、公务人员和知识分子，生活极为困苦；解放区却能使全体人民都有饭吃、有衣穿、有事做。利用抗战发国难财，国民党官吏即商人，贪污成风，廉耻扫地，剥夺人民的一切自由；解放区艰苦奋斗，干部以身作则，奖励廉洁，禁绝贪污。这是多么鲜明的对比啊！

从党的教育中，从切身的体验中，屠守锷深刻领会了一条颠扑不灭的真理：没有中国共产党的努力，没有中国共产党人做中国人民的中流砥柱，中国的独立和解放是不可能的，中国的工业化和农业的近代化也是不可能的。从 1921 年南湖上飘荡的小船，到红军二万五千里长征；从延安的红色根据地，到抗日战场全民吹起的反击侵略者的号角，直至而今的全中国即将解放，展现在眼前的这一幅幅波澜壮阔的历史画卷，无可辩驳地证明了：中国共产党在旧中国的血雨腥风中艰难成长，是中国人民真正的希望。工业救国、科学救国的梦想，就要实现。他好像看到一个繁荣富强的新中国，宛如立于高山之巅，光芒四射、喷薄欲出的朝日，正一步步地向上升起。

屠守锷振奋了，在国民党特务横行、到处笼罩在白色恐怖中的北平，他勇敢地投入到党的怀抱。

1948 年 12 月，屠守锷加入了中国共产党，成为一名光荣的共产主义战士。母校不仅成全了他少年时的梦想，还成就了他一生为共产主义奋斗的崇高追求。“也就是从那时起，我才真正开始了自己的事业。”从此，他把自己的一切，都献给了伟大的中国共产党。

获得新生的屠守锷不仅明确了一生的奋斗目标，同时还在新的人生轨迹中找到了志同道合的终身伴侣。

新中国成立后，全国到处都呈现出生机勃勃的建设景象。1951 年，国家对各大学原有的航空系作了初步调整，将清华大学、北洋大学、西北工学院和厦门大学四所大学的航空系，合并为清华大学航空系。

1952 年 5 月，中央军委再次作出《关于航空工业建设的决议案》，决定以原有大学航空系为基础，筹建航空学院，对航空院校做进一步调整。将清华大学航空系与四川大学、北京工业学院两所大学的航空系合并，成立北京航空学院（1988年更名为北京航空航天大学）。屠守锷被调往北京航空学院，先后担任副教务长、飞机系主任和院长助理。

从这个时候起，新中国自己培养起来的一批批优秀航空工程技术人才，陆续从这里走上祖国需要的各个岗位。从只有两个学生上课，到新中国蓬勃成长起来的一代优秀航空专业人才，屠守锷为祖国的航空教育事业，作出了杰出的贡献。虽然之后因工作需要，离开了北京航空学院，但他始终关心着学校的发展。他曾多次参加北京航空学院校庆和学术交流活动，当他得知一些优秀的高中毕业生因家境贫困交不起学费而无法进入大学读书时，便慷慨解囊，于1998年向北京航空航天大学个人捐赠30万元，作为帮助家境贫困又勤奋好学、愿为发展我国航空事业而刻苦学习的学生的奖励基金。捐赠时他一再强调，不用他的名字命名奖励基金，也不做宣传。北京航空航天大学尊重他的意愿，用此款设立了“宏志清寒助学金”。1999年12月30日，北京航空航天大学第一批20名同学接受了基金资助。

屠守锷

屠守锷院士传记

Academician Tu Shoue's Biography

第四章

国防新兵

进入国防部五院的屠守锷，充分发挥他做教授的专长，一边向钱学森学习导弹设计，一边向年轻人传授，并在实践中带领着年轻的火箭研制队伍快速成长。

1. 国家严峻新形势

就在新中国的领导人急于医治国内战争创伤的时候，1950 年 6 月 25 日，朝鲜战争的炮声突然响起，两天后，美国打着联合国的旗号武装干涉，宣布实行三项措施：出兵朝鲜、派第七舰队进驻台湾、援助侵略越南的法军，其战略态势形成“新月”形包围圈，对新中国构成了严重威胁。

美国借朝鲜问题公然侵略我台湾的卑劣行径，激怒了新中国的领导人。面对美国三个战略方向的挑衅，毛泽东主席号召“全国和全世界人民团结起来，进行充分的准备，打败美帝国主义的任何挑衅”。中华儿女为保家卫国，毅然跨过鸭绿江。中国人民志愿军同朝鲜人民军一起，连续进行五次战役，沉重地打击了以美国为首的侵略者的嚣张气焰。

面对挫败，恼羞成怒的美国陆军、海军建议美国政府对中国进行核打击。美国的核大棒时时高悬在中国人民头上。

1954 年 8 月，退守台湾的蒋介石集团在美国支持下，不断袭扰大陆东南沿海，妄图反攻大陆，再取政权。8 月 3 日，美国政府宣布将向台湾提供军事援助，再次举起核大棒。

在经受了美国在朝鲜战争和台海危机两次核讹诈后，新中国的领袖们深刻地认识到，中国人民必须有所作为，绝不能坐以待毙，只有掌握尖端武器，具备核反击能力，新中国才能真正屹立于世界之林。

基于这种认识，党中央做出了发展尖端武器的决定。1955 年 1 月 15 日，毛泽东在中央书记处扩大会议上强调指出："我们比过去强，以后还要比现在强。我们不仅要有更多的飞机、大炮，还要有导弹、原子弹。在今天这个世界上，我们要不受人家欺负就不能没有这个东西。"讲完之后还补充了一句："这是决定命运的。"1958 年 6 月，毛泽东在军委扩大会议上指出："原子弹就是这么大的东西，没有那个东西，人家说你不算数。那么好，我们就搞一点。搞一点原子弹、氢弹、洲际导弹，我看有十年功夫是完全可能的。"周恩来也主张中国发展导弹，不能等待一切准备条件都具备了，才开始进行研究工作，应当采取集中力量、突破一点的方针。

1956 年年初，国务院和中央军委开始为筹建国防工业基地做准备，将"发展火箭与喷气技术列为重点之一"条款，列入《12 年科学发展规划》中。

1956 年 2 月 17 日，钱学森按照周恩来的意见，起草了《建立我国国防航空工业意见书》，就发展我国导弹工业技术，从领导、科研、设计、生产等方面提出了建议。为保密起见，钱学森用"国防航空工业”代替了“火箭导弹”一词。随后，中央军委多次召开会议，就中国进行导弹研制工作的必要性和具体实施方案展开讨论，于5月26日，做出了发展导弹工业的决定。

2. 进入国防部五院

为了把有限的人力、物力、财力集中使用在最重要、最急需、最能影响全局的方面并首先取得突破，党和国家决定重点发展以导弹、原子能为代表的国防尖端技术。1956年10月8日，国防部第五研究院（简称“国防部五院”）成立。

为了迅速组建中国国防工业队伍，数十名专家和一部分技术骨干先后进入国防部五院，从全国各大院校抽调出的100多名大专院校的毕业生也到院报到。屠守锷作为北京航空学院教授，被国防部五院院长钱学森点将到院。

说起屠守锷进入国防部五院，过程还挺曲折。

国防部五院成立前的6月2日，聂荣臻邀请国务院秘书长习仲勋、国务院科学规划委员会委员兼秘书长范长江、总参谋部代总长陈赓、科学技术委员会主任兼一机部部长黄敬、科学院副院长张劲夫、清华大学校长蒋南翔，以及国务院各部委领导共33人，到军委办公厅会议室开会。钱学森也在座。

会议议题很明确：请各单位支持中国发展尖端

武器的计划，给国防部五院提供人才。

原定主持会议的周恩来总理因临时有事，会议改由聂荣臻主持。他开门见山地说：“开展导弹武器的研究、制造和技术人才的培养已迫在眉睫，国际上的技术援助还没有落实，但中央下了决心要搞，当前急需的是各类人才，请在座的各位大力支援，鼎力相助。”

会场沉默着，没有人响应。出席会议的人心里十分清楚，发展中国导弹事业事关重大，但毕竟人才分属于各个单位，而要调走的又全是业务上一流的骨干，是各关键项目的技术带头人，这可是牵一发而动全身的事，谁也不敢贸然发言。聂荣臻用恳切的目光慢慢环视了一圈与会领导，加重语气再次重申了导弹研制的紧迫性。会场仍保持沉默。

出现这种情况，其实也不完全在意料之外。有道是“巧妇难为无米之炊”，各家机构也刚刚成龙配套，都想发展壮大，都缺科技人才！

豪爽的陈赓大将是导弹事业的发起人之一。他以对军队的感情、对国防的关切、对导弹在国防装备中所占的分量的理解，第一个站起来表态：“我陈赓就管着哈尔滨那个学院，我表个态，哈军工准备抽出 6 名教授支持航委，要哪个给哪个！”

由陈赓一手创办的哈尔滨军事工程学院，在中国教育史上第一次设立了海军、空军、装甲兵、炮兵、工程兵 5 个工程系，前 3 个系在我国填补了学科的空白，哈军工由此名声大噪，现在正是广揽人才、青云直上的时期。陈赓忍痛割爱，一下子拿出 6 名教授，并且拟调的全是哈军工空军工程系的精英台柱子，当时哈军工只有 3 名上校教授，陈赓一下子就拱手相让了 2 名。

会场总算有声音了，有人说了句略带调侃的真心话：“搞尖端武器的重要性我们知道，可每年只分来几个大学生，我们恨不得一个当三个用。老科学家是我们的老母鸡，大学生是新母鸡，我还指望他们给我下蛋呢。”此后，“母鸡下蛋”的形象比喻，也成为航天人调侃的专有名词。

一个多月后，哈军工任新民、梁守槃、庄逢甘、朱正 4 位教授陆续到正在筹建的国防部五院报到。

11 月 23 日，国防部五院成立了十个研究室。这十个研究室的名称和负责人是：

六室（导弹总设计师室），主任任新民；

七室（空气动力研究室），副主任庄逢甘；

八室（结构强度研究室），主任屠守锷；

九室（发动机研究室），主任梁守槃；

十室（推进剂研究室），主任李乃暨；

十一室（控制系统研究室），副主任梁思礼；

十二室（控制元件研究室），副主任朱敬仁；

十三室（无线电研究室），副主任冯世璋；

十四室（计算技术研究室），副主任朱正；

十五室（技术物理研究室），副主任吴德雨。

1957 年 2 月，屠守锷正式调入国防部五院，步入航天领域。和他一批先后到的还有蔡金涛、黄纬禄、吴朔平、姚桐斌等。连同哈军工的 4 位教授和后来从哈军工来的卢庆骏，这些当年三四十岁的专家、教授，在此后航天事业的发展中，大都成为航天领域名声显赫的领军式人物。

调入国防部五院，是屠守锷人生的一次重大转折。从此，他与火箭技术结下了不解之缘。

从熟悉的教育系统来到完全陌生的国防科研单位，多年后，屠守锷回忆起自己人生这关键的一步，平静地说：“当时并没有多想，只是服从分配，从头学起，为国防事业出力。我们那代人都是这样。”少年时代立下的誓言，他一直牢记在心。投身到祖国火热的经济建设中，强国富民，是他一生的夙愿。加入中国共产党，为实现共产主义远大理想，他把自己的一切都融入到了伟大的事业中。

制造导弹，制造出最好的导弹。新中国成立后，一些西方国家，依仗手中掌握的导弹核武器，对我国实行军事威胁和讹诈。中国要想不受人家欺负，就不能没有导弹、原子弹，中国人要想摆脱被人欺侮的命运，就一定要造出自己的导弹，并能把原子弹射向既定目标。

屠守锷在心里默默地下着决心。

3. 航空教授教导弹

在短短的时间里，国防部五院聚集了从全国各大专院校选调的优秀应届毕业生，以及从全国各单位抽调来的技术、业务骨干。这些大学生除被要求政治背景过硬以外，所学专业大多还与“快”有关。因为国内学校没有导弹专业，选人时只能根据导弹速度非常快这一特点，到学校挑选相关专业的毕业生。首选的是飞机制造专业，其次是火车机械专业，再次是拖拉机、轮船制造专业，其中与导弹专业稍微对口的是通信专业，而当时国内通信专业学的只是最基础的长途电话、电报等知识。当这些人了解到自己的工作性质时，他们发现，自己对即将从事的导弹事业竟然一无所知，别说导弹的基本概念，就连导弹长啥模样都不知道。

所有人中，只有钱学森在美国研制过导弹，黄纬禄在英国见过展览馆里的V-2导弹。为此，钱学森亲笔拟定了中国第一本导弹教材——《导弹概论》，并用这份讲稿，亲自向进入五院的人员多次系统地讲授导弹是什么。

钱学森讲授的《导弹概论》共分为什么要导弹、推进系统、空气动力和结构、制导问题四讲，他讲的既深入浅出，又逻辑严谨。屠守锷不仅把钱学森作为自己事业上的导师，更把他作为一生行为的楷模。他从钱学森的授课中深刻认识到，导弹作为国家国防建设的重要战略武器，和国家的命运紧密相连，所以关乎其的每一个细微思考，都必须站在国家的立场上，从国家的需要和利益出发，更是以此作为自己的座右铭，坚守一生。

屠守锷从进入国防部五院开始，就作为导弹研制的骨干力量置身于中国导弹研制的核心部门。尽管此时的他连导弹长什么样子都没有见过，但开拓光明的未来和建设新中国的宏伟目标，给了他无限的勇气。就是在这样的现实环境中，屠守锷的思想境界和工作作风，得到了进一步提升和强化。他强烈地意识到，自己虽然还不懂导弹研制，但所提出的每一个设计理念和建议，都可能关乎中国导弹工业的发展水平，所以一定要慎之又慎。这种紧迫感，时时警醒着他，使他养成了一种习惯，把所有的精力、智慧都高度集中在工作上。说话时，他几乎没有多余的字、词；走路时，他不仅节奏快、步子大，还绝不无缘无故地多浪费一步。他不仅勤于思考，始终牢牢把握住思考的立足点——从国家全局出发，站在国家的立场上分析利弊，取舍决策；还要求自己按照老习惯，把工作中遇到的一个个论据翻过来、倒过去地反复求证，不达穷尽誓不罢休。屠守锷之所以要求自己做到这些，是因为他深刻地知道中国导弹研制工作面临的复杂局面和艰巨性，他深信，过硬的工作作风一定是导弹研制工作的重要保障。

屠守锷作为导弹结构强度研究室主任，手下有 10 名新毕业的大学生。每次听完钱学森的授课后，他便结合自己参加飞机制造的工程实践经验，利用担任过大学教授的优势，把学到的导弹知识和自己理解的导弹结构，讲解给研究室里的年轻人。钱学森的每一堂课，经过屠守锷的消化吸收和补充，成为研究室年轻人的业务培训课。就这样，屠守锷一边向钱学森学习，一边给年轻人讲课。当年这些年轻人后来回忆说："听屠主任讲课真是一种享受，他能把复杂的科学原理讲得那样出神入化，让我们这些不同专业的毕业生不但听得懂，听得津津有味，更重要的是还知道在实际工作中怎样应用，这才是最难能可贵的。"

初出茅庐的火箭研制队伍就这样慢慢建立并成长起来。在这个过程中，一代科学大家的学问和风范，一点点渗透并深深根植于中国航天创业者的心灵中，为航天精神的形成奠定了坚实基础。

从那时起，屠守锷就成为钱学森最得力的助手之一。只要在北京，每个星期天的下午，任新民、屠守锷、黄纬禄、梁守槃都会去钱学森家，大家在一起学习和讨论技术问题。创业初期，这显然是钱学森为导弹各专业技术带头人开的一个特殊小灶。当时大家心里仿佛有个心领神会的约定，四人中只要有一人出差或因故不能参加，这个学习讨论会便自动中止。这是一个民主集中制的神仙会，大家畅所欲言，一时没有理解的问题，留作下次继续讨论，就这样坚持

屠守锷（左二）与钱学森（左三）、任新民（右一）、黄纬禄（左一）、梁守槃（右二）在一起

1994年8月22日，屠守锷（左二）在接受“求是杰出科学家奖”前与任新民（右一）、黄纬禄（左一）、梁守槃（右二）合影

了10年，直到“文革”开始后才停止。

在钱学森的率领下，伴随着中国航天“从无到有、从小到大、从弱到强”的成长经历，任新民、屠守锷、黄纬禄、梁守槃后来成为各自专业的领军人物，被誉为“航天四老”。

多年后，屠守锷总结与钱学森接触最难忘的事情，认为钱学森启发式的技术引导方式非常独特：“钱老的工作范围宽，眼光远。同时，他很大方，讨论中让大家感到很受尊重，不是通过命令指挥大家如何如何，而是启发大家走向正

2009年11月3日，屠守锷（前排右一）出席中国航天科技集团公司缅怀钱学森同志座谈会时与任新民（前排左一）在一起

确的道路。这个，了不起，好！”

屠守锷对钱学森的这种启发式的技术引导方式不仅由衷地敬佩，而且有意识地尝试将这种方式带到他所主持的研制工作中。他深知，中国的导弹事业发展，一定是一个长期、艰苦的过程，要想成为一名合格的导弹设计师，必须经历长期的艰苦和波折，这需要整个队伍的快速成长。

4.“反设计”中速成长

屠守锷第一次真正看到导弹，是苏联提供的P-1导弹（俄文P，音“埃尔德”）。他清楚地记得，当钱学森见到这枚导弹时，轻轻地摇了摇头，这不过是第二次世界大战中德国人研制的V-2火箭，这家伙的模样，他早在十几年前参加美国国防部科学咨询团到德国考察时就见到过。

P-1导弹运来了，其中一枚是供教学用的解剖弹，另一枚是完整的可供拆装的导弹。钱学森命令将解剖弹用于教学，将另一枚导弹搬进简易仓库，用于开展“反设计”。

没有图纸和任何技术资料，怎么办？钱学森说：“我们没有导弹的图纸和资料，但是，现在我们毕竟有了实物，可以按专业组把弹体、发动机，直到每一个螺丝钉、垫圈，都小心地拆下来，仔细研究做好记号后再分别去测量，最后我们自己动手绘制图纸。这是我们锻炼队伍的最好时机。”钱学森就是这样一点点地启发并带领着这支年轻的导弹研制队伍认知导弹，并指导他们尝试绘制导弹的零件图纸。

国防部五院的大院内掀起了一场轰轰烈烈的学习运动。年轻的导弹技术人员先是把各个零部件、部段的几何数据测绘出来，然后再绘成图纸。这些图纸还不能算是完整的设计图，主要是把各个零部件的形状和尺寸记录下来，这个工作过程，更像是做一份档案文件。在测绘过程中，还要从外单位借用一些仪器，进行取样分析，尽可能判别出它们所用的是什么材料。这样，再进行研究、学习时，就方便多了。在测绘的基础上，再进行“反设计”，从中摸索出这些零部件的形状、尺寸和原材料是如何确定的。这种方法对于局部问题相当有效，但对于整个导弹系统和各个分系统一些复杂的问题，就有些困难了，所以还需要对它们的工作条件和环境进行分析和研究。

“反设计”工作说起来容易，真正做起来也不是一件容易的事。这项工作是钱学森点将，由曾在沈阳兵工厂研究过火箭炮生产线设计与调试工作的工程师谢光选和设计过飞机发动机的梁守槃牵头完成。

第一步是拆卸，十分简陋的仓库里只有两个三叉架和一根横梁以及一副手动的起吊用具，凭着这些原始设备，大家先把每个零组部件编号、造册，然后按专业组即弹体、发动机、伺服机构、惯性器件、电子器件等一一拆卸，分门别类地摆放。这项工作昼夜不停地干了 10 天。

第二步是对照实物测绘、测量，并通电检测、试验，还要化验、分析材料的成分、规格和性能，按专业送到各相关研究室，由各专业技术人员分解、测绘和复原。用了整整半年时间，才初步画出图纸。

第三步是对导弹全貌、分系统及主要部件、组件有了清晰的认识后，“照葫芦画瓢”，按照自己画的图纸，再把大卸八块的导弹恢复原样。

这是一场智力的消耗战，在没有图纸、甚至连零件名称都不知道的情况下，要记住它们原来的位置和彼此联系。这又是一桩非常细致的工作，不能有一点差错，就连一颗螺丝钉也不能走样。

在此过程中，屠守锷带领着结构强度研究室的年轻人，把“反设计”工作干得热火朝天。之所以说是热火朝天的“反设计”工作，是因为当工作真正干起来后，屠守锷发现要补的课太多了。虽说他在航空教学领域有着很高的理论水平和专业成就，还从事过理论到实际的实践，但真正了解导弹原理、结构、配制、生产材料，还缺少很多专业知识。屠守锷自学了陀螺、控制、可靠性、计算机、低温传热等相关专业知识。按照老习惯，他把一些需要再思考和推理的问题记在随身的小本子上，抽空就拿出来选一个题目思考或进行数据演算。有时现场工作和他小本上所记的问题碰巧相似或吻合，他便会与年轻人一起展开讨论，需要理论支撑时，还会讲上一课。遇到一时不能讨论清楚的问题，他会就相关内容布置几个题目让大家思考，抽时间再接着讨论，直到最终达成共识。

在进行测绘的过程中，屠守锷还经常组织年轻人开展技术课题的研究与论证，并在具体工作中给予指导。他凭借自己深厚的航空专业理论与实践功底，将优势发挥到极致。他一边学习导弹专业知识，研究摸索导弹设计原理，一边与大家积极探讨总结导弹设计工作的基本规律。在年轻人的心目中，屠守锷俨然是一位能为大家排疑解惑、可以信赖的导弹结构专家。

为了更好地给大家讲课，屠守锷研究了自己收集的相关资料和P-1导弹样机，在课堂上讲出许多精彩内容。听过屠守锷讲课的人，这样说道："听屠守锷讲课很过瘾，但必须全神贯注，因为他讲课非常精练，没有一句废话和一个多余的字，而且讲话基本不重复第二遍，如果稍一走神，后面的就有可能听不懂。"许多人至今难忘屠守锷当年讲课的场景："用今天的话来形容，就是气场太强大了，不仅吸引听课人的注意力，还能抓住听课人的精气神。"屠守锷作为型号研制的技术负责人和部门一把手，主持会议有一个共性：主题明确，内容清晰，场面肃静，聚精会神。

就这个"惜字如金"，在"文革"中也成为屠守锷的主要罪证之一。围绕他讲课和作报告的文字简捷，被打上了很多个引号并冠以所谓的屠式"简捷"和"简练"的大字报，甚至还有人说那是故弄玄虚，故意不让人听明白。一些老航天人回忆起那个艰难并紧张的年代，说看屠守锷大字报，常让人忍俊不禁，因为里面有许多屠式幽默。比如，屠守锷接打电话，自报姓名就一个"屠"字。曾发生这样一个笑话，一位新来的文书接到屠守锷的电话，听到"tú"字，以为屠守锷要看图纸，便连忙抱着一摞正在研制的型号图纸，赶到他的办公室。对此，一些老航天人评价说："之所以觉得大字报写得像小品，是因为文中忽视了一个重要因素，屠守锷讲话逻辑性非常强，这才是基本事实。"

屠守锷布置工作也是如此，一句话，一件事，几乎不重复说两遍。所以，无论你是站在他对面，还是远在千里之外，都能强烈地感受到他的严谨、严肃和严格，你必须全神贯注，否则便有可能不知道自己该说什么，该干什么。而当你要给屠守锷打电话汇报工作时，肯定要把自己分内的工作做得好上加好，细上加细，自信能经受得住他的盘问。

5. 中苏新技术协定

1957 年 9 月 7 日，聂荣臻副总理率领中国政府代表团赴莫斯科，就导弹研制等尖端技术合作事项，同苏联政府谈判。谈判内容包括导弹、原子弹等各类新式武器装备的技术引进问题。

谈判从 9 月 9 日开始，中苏双方各组成了军事、原子能、导弹、飞机和无线电 5 个委员会进行对口谈判。中方的 5 位谈判组长为陈赓、宋任穷、钱学森、张连奎和王诤；苏方的 5 位谈判组长是国防部副部长科涅夫、中型机械工业部部长斯拉夫斯基、

1957年9月，钱学森（右一）、陈一民（右二）、徐昌裕（右三）、屠守锷（右四）赴苏联谈判新式武器装备技术引进问题

国防工业部副部长道玛尔切夫、航空工业部副部长别良斯基和无线电工业部第一副部长晓金。谈判的规格之高，苏联的态度之慷慨，前所未有。谈判期间，代表团还参观了苏联导弹试制工厂等研制单位。聂荣臻嘱咐大家，要充分利用这千载难逢的机会，多向苏方提出一些援助项目。

屠守锷以导弹技术顾问的身份，参加了中国政府代表团的工作，他和钱学森一起，亲身经历了谈判全过程。谈判开始时，钱学森告诫屠守锷，他在美国20年，比较熟悉和擅长理论研究和科学探索，对于如何组织大规模科研生产和建设大型航天工程，还缺少实践经验，建议屠守锷在此方面特别留心。此次谈判使屠守锷更加深入地感受到钱学森为国家利益一丝一毫也不马虎的敬业精神、急切想让中国导弹及早腾飞的忧国之心，以及虚心学习的认真态度。屠守锷以此鞭策自己，要充分利用自己参与过飞机研制的工作经历，把苏联科研生产体制模式搞清楚，为中国的导弹工业建设提供更好的借鉴。

在参观完苏联导弹试制工厂后，屠守锷惊喜地发现，他和钱学森的记录那么相似，他们都关注到火箭试验台总面积，发动机试验台总面积，酒精仓库、煤油仓库、硝酸仓库和过氧化氢仓库等面积，记录了工厂里有多少个车间，各车间的工作内容、设备数量以及大致的坐标。他知道，这里隐含着产品的流程路线和生产规模，因为这是一个成熟的导弹试制厂，他尽可能地把看到的一一记录下来。更让屠守锷欣喜的是，他思考的下一步需向苏联政府索要的设备清单，都和钱学森拟订的方案高度一致。屠守锷相信自己不虚此行。

谈判过程中，屠守锷有两个印象特别深：一是苏联人在谈判桌上的傲慢态度，苏联的导弹技术，在当时已居世界领先地位；二是苏联老大哥的抠门，苏联政府最终答应卖给中国的是只在P-1导弹基础上稍做改进的P-2地地近程导弹，在技术上，它只是苏联导弹的初级产品，连他们的第一代技术都算不上，是已经淘汰了的技术。

屠守锷对这段经历，始终难以忘怀。

改革开放后的中国，在“地球村”的很多层面上，实现了与世界各国的平等对话，互通有无。每当有人被假象冲昏头脑，提出要买外国的尖端技术产品时，屠守锷总会提醒说：“像导弹这样的国防尖端技术，只能靠我们自己，靠买是买不来核心技术的，你有钱人家也不会卖给你，能卖给你的就肯定不是你最需要的。”这不仅是屠守锷的切身经历，也是他一生在事实面前体会出来的至理名言。

屠守锷

屠守锷院士传记

Academician Tu Shoue's Biography

第五章

仿制学步

屠守锷参加了P-2地地导弹和“543”地空导弹的仿制工作，通过仿制，逐步摸索出导弹研制工作的规律，为自行设计打下了坚实的基础。

1. 精神抖擞迎仿制

为迎接仿制工作高潮的到来，根据苏联专家的建议，国防部五院于 1957 年 11 月 21 日进行了一次组织结构的调整，在原来 10 个研究室的基础上，组建一、二两个分院。

具体分工是：一分院承担各类导弹总体设计和弹体、发动机的研制任务，以总设计师（即总体设计）、空气动力、弹体结构、发动机和推进剂 5 个研究室为基础组建而成；二分院负责导弹控制系统的设计工作，以控制系统、控制组件、无线电、计算机、技术物理 5 个研究室为基础组建而成。钱学森兼一分院院长，谷景生兼一分院政治委员，刘秉彦兼一分院副院长。一分院建院初期，有 175 人、8 个研究室，聚集了如任新民、屠守锷、梁守槃、庄逢甘等一批科技专家，驻地在北京长辛店附近的云岗地区。原军事电子科学研究院院长王诤为五院副院长兼二分院院长。二分院成立后，调整组织了 12 个研究室和一个试制工厂，调集了全国知名的无线电专家蔡金涛以及包括吴朔平、黄纬禄、郝复俭等 30 多位电子技术专家，驻地在北京永定路地区。

由于长辛店一分院的面积有限，为满足仿制工作需要，一分院积极进行另行选址工作，同时组织各种形式的专业学习。

在选址勘察过程中，京郊南苑进入了人们的视线。1958 年 1 月 25 日到 2 月 15 日，工作组四处考察，最终确定一分院选址南苑，7~8 月，院址开始从长辛店搬迁到南苑，比邻 211 厂。

一分院成立后，立即着手进行仿制的各项准备工作。为了加速培养专业技术队伍，屠守锷参与组织了各种形式的学习活动。

当时一分院处于快速发展阶段，新人不断调进，队伍增长很快，听过钱学森讲授专业课的技术人员，在整个队伍中所占比例越来越小，大部分技术人员对火箭技术都很陌生，因此，学习导弹基础知识，尽快掌握导弹技术，排在各项工作之首。

当时国防部五院和一分院都有一个明确要求，分配到一分院的各类学校毕业生在正式参加工作之前，都要进行短期集训，并成立训练大队。训练大队一期训练时间一般为两个月，内容分为政治、军事和技术教育。屠守锷承担技术教育中的导弹结构课程授课，并与他的同伴任新民、梁守槃、庄逢甘等一批科技专家，率领着他们年轻的导弹设计队伍，在钱学森的指导下，投入到导弹型号的仿制工作中。

2. 全面铺开“仿设计”

随两枚 P-2 地地近程导弹一同来华的，还有导弹营的技术装备，包括地面测试、发射、横偏校正、运输、加注等设备共47件，价值750万卢布。交接时，我方人员发现有些关键部件没有配套，还有些设备零件不全，经与苏方交涉，在之后一年左右的时间内陆续补齐。

1958年4月28日，国防部五院决定将我国仿制苏制P-2导弹的代号定为“1059”，其另一层含义是力争该导弹于国庆十周年即1959年10月试射。

在中国当时的条件下，不要说自己研制导弹，就是将它仿制出来也非常不容易。

为了应对P-2导弹仿制，一分院调整机构，将学习和仿制工作兵分两路。一路从学习导弹基本知识、学会操作使用和维护起步，由苏联官兵在炮兵教导大队开始为期3个月的教学训练活动；另一路由设计部门和试制工厂组成，先翻译、消化导弹资料和图纸，准备各种原材料和工艺技术，开始解剖、仿制P-2导弹。

1958年1月13日，炮兵教导大队第一期学员开课，来自国防部五院、总参作战部、总后机械部、哈尔滨军事工程学院约530人，以及211厂部分技术人员和一分院第一总体设计部机关管理人员约150人，参加了学习。

屠守锷作为领导，参加了教导大队的组织工作。

教导大队学员的生活是军事化管理，除上课外，早操、晚点名和部队一样，吃饭都是排队去食堂，这是屠守锷最习惯的一种生活方式，在清华大学、西南联大是这样，工作后除早操、点名没有了，教室换为工作地点，整天是工作地点和食堂，两点一线。

4 月 8 日，炮兵教导大队在北京南口镇西南的坦克靶场进行了 P-2 导弹武器系统实战操作演习。演习选在夜间，上百辆车依次列阵，照明灯划破夜空，非常壮观。这是国内进行的第一次导弹点火实际操作，教导大队组织得非常严密，要求每个学员对自己的职责和动作十分熟练，一丝不苟。导弹及地面设备展开后进行垂直测试，确认一切正常后开始点火。这次演习无论组织还是实际操作，都非常成功。4 月 15 日，苏联官兵完成任务回国。

在这次集训中，给屠守锷印象最深的不是训练，而是钱学森讲的一件事：他接到一位青年人的来信，信中提出他写的一本有关工程控制方面的书中的某个公式有误。钱学森进行了复核，证实这位青年人的看法是对的，于是接受其意见，并做了修改。钱学森提醒大家，搞科学研究，就要有修正错误的科学精神和勇气。屠守锷非常认可钱学森的观点。他想到每个星期天下午在钱学森家里开的神仙会，他的很多想法，其中有些可称作奇思妙想，就是在热烈而又轻松的氛围里碰撞出来的，他的一些不够完善甚至根本无法在现阶段实现的方案也是在那里被不断认识的。他深知自己在导弹技术领域里的快速成长，其中一个重要因素就是得益于那个“知无不言，言无不尽”的学习环境。他尝试着把这种讨论氛围带到他主持工作的研究室里，努力营造室里的学习氛围。

仿制工作步骤如下。

首先，把苏联的俄文技术文件、资料和图纸，全部翻译成中文并复制出来（描图、晒兰等），边工作、边学习，力求对原文件理解透彻，使复制出来的东西准确无误，并且符合我国自己的技术标准。

其次，按照复制出来的工艺文件和图纸，制造出导弹产品。需先准备好各种牌号、规格的原材料，以及各种工具、夹具、模具、量具、机床、仪器仪表和测试设备等。制造过程中除进行零部件生产加工、装配和测试，还要做许多工艺性的试验。

最后，将制成的导弹送往发射试验场，进行整个导弹系统的飞行试验。

可以说，仿制工作既是对我国导弹科研和设计能力的锻炼，也是对工业生产能力的考验。

实现这个过程相当复杂和费力。拿图纸、资料的翻译工作来说，那可不是一件简单的文字工作。首先需要弄清其技术含义，然后才有可能表达准确。光懂俄语，不懂技术，你干不了；就算也懂技术，如果只是机械地按文字翻译，不能融会贯通，也会弄出笑话。翻译工作中，就有过一个很有趣的小插曲。

导弹上的一种垫片，是用质地细密的皮革制作而成。原文意思是要使用“像两岁小牛屁股上、没有挨过鞭子”的那种质地的皮革，却被翻译为“两岁小公牛后屁股上的皮”。可以设想，两岁小公牛刚可以用来拉犁耕田、拉车运货，哪个农民会舍得宰杀呢？20 世纪 50 年代中期，“市场经济”的概念，不仅是腐朽的资本主义的代名词，还是人们唯恐避之不及的丑陋行为。结果，采购人员四处奔波，也未能买到符合技术条件的这种皮革。

那位翻译设计人员当时完全是按照原文直译，一点儿不敢走样，生怕由于自己的曲解造成翻译错误，给工作带来损失。他非常真诚地说：“党和人民把这么重要的工作交给自己，若是弄错了，岂不辜负了党和人民的期望和信任？”

他的这种态度在当时不被任何人质疑，因为这种思维方式在当时有着很普遍的现实基础。那个年代，人们习惯于把自己从事的平凡工作与实现共产主义的伟大理想、与社会主义欣欣向荣的伟大事业联系在一起。试想，一个设计人员，对自己所从事的设计对象很陌生，就增加了神秘感，陌生也就束缚了思维的开放性和创造性。

这件事今天听来似乎有点可笑，但每一个人、每一项事业，都是从不成熟而逐步走向成熟。客观地说，以我国导弹研究设计队伍当时的技术水平而言，要做到对原件既理解透彻，又翻译准确，是有相当难度的，也是不现实的。

为克服仿制工作中遇到的困难，屠守锷带领年轻的设计人员，充分发挥集体攻关的优势，倡导无论谁在工作中遇到困惑或没有把握的问题，都提出来与大家一起讨论。在讨论的过程中，不但解决了眼下问题，还把与之相关的问题一起搞清楚了。就这样，屠守锷带着大家学习，研究了大量相关技术文献，每天工作到深夜。

作为主管国防科研工作的领导，聂荣臻对中国导弹工业发展，可谓呕心沥血。他不仅非常关注导弹仿制工作的进展情况，同时更加关注导弹科研队伍的人才成长，了解情况非常细致，工作部署非常明确，指示非常具体，他明确要求：先集中精力仿制“1059”等型号，通过仿制掌握技术，再转到自行设计上来。为此，国防部五院从主力技术专家到普通技术人员，都把精力投入到图纸、资料的翻译与复制工作中，为即将开展的生产制造和试验工作，争分夺秒地做着各种准备。

“1059”仿制前期的技术工作，由五院总设计师梁守槃主持。屠守锷负责一分院所承担的导弹结构部分的技术工作，这个阶段，他的工作异常繁忙。

出生于福建的梁守槃年长屠守锷近两岁，就是这近两岁的年龄差距，在他们之间形成了有趣的现象——屠守锷几乎是追着梁守槃跑。1933 年梁守槃考入清华大学航空系，1936 年屠守锷考入清华大学航空系；1938 年梁守槃赴美国麻省理工学院航空工程专业留学，1941 年屠守锷进入麻省理工学院航空工程系；1940 年梁守槃回国后在西南联大任教，1945 年屠守锷回国后也在西南联大任教。稍有不同的是，梁守槃从西南联大教学岗位上离开，去了航空发动机制造厂工作，之后又回到浙江大学、哈尔滨军事工程学院任教，屠守锷去美国飞机厂工作后回到西南联大、清华大学、北京航空学院任教；1956 年年底，国防部五院成立了 10 个研究室，梁守槃任发动机研究室主任，屠守锷任导弹结构强度研究室主任，从这一刻起，他们终于并驾齐驱，为祖国的航天事业共同奋斗，也铸就了他们一生不平凡的友谊。1959 年梁守槃任国防部五院一分院总体部主任，1962 年屠守锷接任总体部主任，因而，屠守锷终生尊称梁守槃这位可敬的学长为“阁下”。

“反设计”方法，是总设计师梁守槃提出来的，目的还是培养队伍。在“反设计”工作中，他还出了一个题目给研制人员思考：“假定只有一些技术指标而尚未制造出这个导弹，应该怎样去设计？”他指导研制人员按 P-2 导弹的战术技术指标进行导弹设计，将设计计算的结果与引进的 P-2 导弹数据进行比较，以验证我们的理论分析、设计、计算是否正确，再对有差别的地方进行分析研究，找出原因，进行有针对性的设计改进。通过这样的“反设计”，极大地锻炼和培养了导弹科技队伍，为独立自主地研制新型导弹奠定了基础。

为了配合总设计师梁守槃的工作，屠守锷忙得不亦乐乎，白天要组织图纸和技术文件的翻译和复制，研讨遇到的技术问题，力求保证翻译、复制工作正

1989年8月18日，屠守锷（左一）出席航空航天工业部科技委第一次会议时与梁守槃（右一）亲切交谈

确无误；晚上要把白天翻译工作中处理的结果重新整理一遍，避免留下不当之处，还要研读技术书刊中的相关资料，力求对新技术有更深入的理解，为自主研制做技术准备。屠守锷每天还有一个重要的工作内容，即要把每天的工作做一个总结，比如哪些内容是共性的、哪些内容是个例，工作的程序步骤、薄弱环节等，力求做到对导弹结构强度研究工作了如指掌。他还特别重视工作作风的培养，所有上报给他的报告和翻译资料，他不仅会把错别字一一更正过来，甚至连用错的标点符号都加以纠正。

屠守锷是第一次接触到如此详细的导弹工程资料，作为导弹总体结构的技术负责人，需要学习和研究的东西实在很多，尤其是导弹全系统和各分系统的组成、工作原理、结构特点，以及各个分系统之间结构和性能参数上的协调关系，他必须先弄懂，这就需要调阅大量的图纸和技术文件进行研究。

由于受到电子技术水平的限制，“1059”导弹所用自动控制部件的数量非常多，单要理清它们之间的工作关系，就需花很大气力，而且各分系统又分属于不同的专业技术领域，要弄懂它们还真不是一件容易的事。另外，还必须研究导弹总体及弹体结构设计，以及导弹使用时的地面勤务，这之中虽然遇到了许多难题，但屠守锷的心情却十分兴奋，他把自己的全部精力都付诸工作中，如饥似渴地学习和研究，逐渐掌握了火箭技术全貌，并对若干重要工程技术问题，有了相当深入的研究。

参加仿制工作的科技人员，都这样拼命地工作、刻苦地学习。在那个以大干、快干著称的年代，他们不仅习惯了这样的生活，也适应了这样的生活。条件虽然艰苦，但大家热情高涨，他们在科研工作第一线奋力拼搏，为了国防建设，他们在艰苦的环境中默默无闻地奉献，享受着事业上的成就感。

临近春节，屠守锷带领几个年轻技术人员和工人师傅连续加班赶制出第一枚导弹头部零件，只等苏联特种焊机一到就可以焊接装配。谁知，特种焊机左等右等就是不来，连苏联专家都急得打电话回国催问，也没有得到明确答复。

屠守锷耐不住了，决定和工人师傅一起想办法，自行解决焊机问题。这位以培养工程师著称的麻省理工学院毕业的航空硕士，清华大学、北京航空学院教授，请苏联专家在纸上画了一张简单的焊机草图，便带领室里三个年轻人对着草图，闭门苦想许多天。当他们再次出现在工作现场时，手中已有了特种焊机的图纸。当苏联特种焊机终于到厂时，导弹总装厂的工人师傅们早已用自制的焊机成功地焊接出了导弹部段。

由于中国基础工业薄弱，仿制导弹这样的高精尖技术肯定会面临很多困难，因陋就简虽然是不得已而为之，但屠守锷不惧怕这种选择。在仿制工作中，屠守锷不会等、靠、要，也不相信等、靠、要，他习惯于从解决问题的目的出发，倡导百花齐放、百家争鸣，他相信万紫千红总是春，这也构成他从事导弹事业的一个鲜明特点，并在他带领的研制队伍中充分体现出来。通过仿制工作实践，他深刻地感受到，在国家基础工业十分薄弱的情况下，要想真正把整体劣势变成局部优势，满足导弹研制的需要，必须要有配套的整体实施思路作为保障。

重视预先研究，积累技术储备，以导弹技术发展促进、带动相关学科和基础工业的技术进步，是屠守锷所做的重大思考。

3. 地空导弹勇探索

根据中苏两国政府签订的《新技术协定》，苏联将向中国提供一种常规武器技术——C-75 地空导弹（工程代号“543”），其拦截目标高度为 3 ~ 22 千米，主要用于攻击高空、高速飞机和飞航式导弹。

为了仿制“543”地空导弹，同时也为了将来独立研制地空导弹，遵照国务院和中央军委的决定，仿制工作由国防工业有关单位和国防部五院合作完成，五院为总设计师单位，其中，二分院承担导弹系统的总体工作，一分院第二设计部承担导弹仿制的技术工作。1958 年年底，一分院成立第二设计部，屠守锷调入该部担任主任。

“543”地空导弹武器系统复杂，由三个主要部分组成：一是导弹，用于拦截目标（保证打得着）；二是制导站，用于发现、识别和跟踪目标，给导弹飞行发出控制指令（保证打得准）；三是发射架和地面支援设备，如电源、气源、运输装填设备等（保证打得出去）。与“1059”导弹相比，“543”地空导弹虽然小得多，但其动力装置由固体火箭发动机和液体火箭发动机两级组成。

屠守锷急切盼望“543”地空导弹图纸资料，他希望借助资料，好好研究一下两级导弹的结构特点，因为这是下一步导弹研制的必然选择。

1959 年春，“543”地空导弹图纸等技术资料相继运到北京，第二设计部立即开始了紧张的仿制工作。由于屠守锷主持过“1059”导弹的图纸翻译和“反设计”工作，积累了比较丰富的经验，因此，“543”地空导弹图纸和技术文件的翻译、复制工作，少走了很多弯路，进展得比较顺利，当年夏天便已全部完成。但由于生产厂家的工作还未准备好，技术人员暂时无法下厂，屠守锷便组织技术人员开展学习，同时对资料进行复核，发现错误，立即纠正。在此期间，屠守锷被任命为“543”地空导弹副总设计师。

这期间还发生了一件有趣的事。屠守锷在一分院主抓“543”导弹仿制工作，黄纬禄在二分院主抓控制系统工作，由于工作上的相互关联，俩人经常一起讨论研制中出现的难题。借此，一分院提出将二分院控制系统总体设计室归并到一分院，以形成一个完整的总体设计部。二分院反对这个提议，认为如将控制系统总体设计室划走，全院在技术上会显得十分薄弱，而且如果地空导弹总体归属一分院，各分系统的工作会很难开展，技术协调会变成跨单位的事情，非但简化不了工作流程，反而会增加沟通的复杂性和协调的繁琐性。

二分院和一分院的想法南辕北辙，他们两人都觉得自己所在单位的想法有道理，每次见面都会强调各自的观点，谁也说服不了谁，于是，这个问题留给钱学森来定夺。

屠守锷和黄纬禄都是钱学森家“神仙会”的成员，这个问题当然也要在

“神仙会”上亮相，由于两人的意见完全相左，钱学森并没有马上给出意见，而是让大家讨论。“神仙会”很民主，大家各抒己见，意见一致时，钱学森便当即拍板决策；意见不一致时，如是不急办的，留待下次继续讨论，如是急办的，钱学森就提出解决办法，让大家分头办理。办理过程中，如发现有行不通的地方，大家提出来，下星期再重新讨论。办成了，功劳归大家；失败了，责任由钱学森承担。因此，“神仙会”上，大家都能畅所欲言。

钱学森详细听取了二分院多位同志的意见，采用了以黄纬禄为代表的二分院的建议，最后决定将控制系统总体设计室留在二分院。由于工作关系，在以后多个型号研制过程中，屠守锷、黄纬禄分别负责总体与控制系统，工作中相互配合，技术上相互提建议，成为终身的好朋友。

在中国航天创建初期设置的 10 个研究室中，任新民是总设计师室主任，屠守锷是结构强度研究室主任，梁守槃是发动机研究室主任，黄纬禄是导弹控制系统负责人，他们四人在不同的导弹专业技术领域发挥了奠基性的作用。钱学森家的“神仙会”，俨然就是国家级总师系统的协调会。“航天四老”之间的佳话也一直延续着。

黄纬禄 84 岁时，老伴不幸去世，其子女怕他身体极度虚弱而承受不了遗体告别式，便在家中设置

屠守锷（右）与黄纬禄（左）亲切交谈

了灵堂。望着老伴的照片，黄纬禄心中翻滚着无限的孤独感。随着一阵轻轻的敲门声，任新民、屠守锷、梁守槃来了，三人饱经风霜的脸上布满了关切，眼神中透着鼓励。

“老黄，我们来看看你！”

看到三位老朋友，黄纬禄激动得站起身与他们握手。

“你快坐下吧，我们刚从医院的告别室回来。”屠守锷扶着黄纬禄的胳膊说。

得知黄纬禄的老伴去世后，任新民、屠守锷、梁守槃都要求参加遗体告别仪式。黄纬禄身边的工作人员看着三位耄耋之年的孱弱老人，告诉他们说：“告别仪式很简单，就只有少数亲朋好友参加。”但屠守锷却很执拗：“谁说我们不能参加！我们就是他的亲朋好友！”

有三位老朋友相伴，黄纬禄愁苦、悲伤的情绪微微舒缓了一些，他们相视一望，不约而同地松了口气。

4. 艰苦条件勤工作

在执行“1059”导弹和“543”地空导弹仿制任务期间，研制人员的生活和工作条件相当艰苦。此时正是国防部五院初创时期，科研、生产、生活等设施还在建设中，大家遵循着“先生产，后生活”的原则，加上赶上国家三年经济困难时期，有些事一时安排不过来，大家便主动分担单位的困难，自觉自愿地克服困难，不向组织提条件。一分院成立之初，研制人员基本是靠借房解决工作和住房问题，后为了适应仿制工作的需要，陆续调进一大批技术人员和管理干部。人员骤然增多，连借房都成了难题。

1957 年年底，一分院从国防部五院驻地迁到长辛店，在那里借用马列学院二分院的校舍，当时共有 3 栋办公楼和 4 栋宿舍楼，还可勉强应付。1958 年 8 月，一分院迁到南苑后，条件更加艰苦。这里是几个月前刚选定的院址，考虑的依据是依托三机部的 211 厂，生产条件相对较好，又与南苑机场相毗邻，符合战备需要。由于基本建设的前期准备工作才刚刚开始，计划中的科研区里，还是满地荒草和灌木丛，生活区还是一片刚收割完毕的麦田。在这样的基础上，即使要提供最简陋的办公用房和居住用房，也得在一年以后。

为了能让一分院有一个基本能办公、生活的地方，211 厂硬是挤出两栋宿舍楼、一座试飞楼（一种二层的小楼）借给一分院使用。即便这样，离实际需求仍相差太远。为解决办公、住宿问题，当时能想出的办法都用上了。

例如，南苑机场附近，以前曾是旧军阀部队的驻地，解放后还残留着一些旧兵营。就是这些既阴暗又潮湿的平房，此时都被优先安排为一分院机关人员的办公和居住场所。

旧机库

为配合仿制工作的需要，一分院又陆续分配来一批大中专毕业生，他们只能被暂时安排住在简易的军用帐篷里，过着集训队式的军营生活，这一住就是几个月。

南苑机场两座废弃的飞机库，也成了研究设计单位的办公场所。这种机库的外形，就像一口直径几十米的大锅倒扣在地面上，没有窗户，只有一个又高又宽、能通过一架飞机的大门洞。走进这个有几百平方米的机库，就像走进广场，一派空荡荡的景象，没有一堵隔墙，只是在靠边缘处用木板隔出几个小房间，用来存放维修工具和器材。

发动机设计部就被整体安排在这样一个机库里办公。周边的小房间，被分别安排成苏联专家、设计部领导和各设计室领导的办公室，以及保管机要文件和技术资料的资料室。在中央这块酷似小广场的大厅里，按设计室和工程组，划分成一个个方块，每个方块里，一个接一个地摆满了三屉桌和木椅，每张桌子上方，都吊着一盏临时架设的电灯。各设计室之间仅留一条小过道，既是通道，也算是分界线。

机库里白天约有 200 多人在办公，夜晚便成为单身汉们居住的宿舍，他们戏称这是世界上最大、最方便的营地办公室！

屠守锷所在的第二设计部，一度在一幢刚刚建成的家属宿舍楼里办公。1959 年夏天，抢建出来的第一批宿舍楼开始交付使用。一分院职工当时绝大多数是单身青年，迫切需要大批集体宿舍，但从长远考虑，这批宿舍楼建的大多是分单元的家属宿舍楼。科研工作比生活问题更重要，所以，这部分宿舍楼刚建成，便被暂时用作办公室。

从外面看，办公楼除在楼道口设有警卫，其他方面与一般居民楼没有什么差别，只是安静许多。除上下班时间，平时进出的人很少，完全没有儿童的吵闹声和大人的聊天声。但当你走进办公楼，整幢楼里的每个房间都挤满了人，他们大都在伏案工作。当需就一个问题进行讨论时，被分在两个套间里的工程小组，就像到别人家串门。

屠守锷是当时该部威望最高、级别最高（二级教授）、军衔最高（上校）的技术专家，也未能例外，只不过他可以独自享用一间十多平方米的办公室，并兼做自己的卧室。

工作、生活条件虽然艰苦，但最能反映年轻人快乐的还是他们的精神面貌。

因为绝大多数年轻人的工作、生活是高度集中的食堂、办公室两点一线，又都处于学习、摸索崭新工作内容的时期，所以每个人每天在不同的岗位上，都会接触和感受到很多新发现和新问题。这些问题，有些经过有经验的同志点拨弄明白了，有些经过自己的努力搞清楚了，但也有一些问题会暂时困扰着他们。他们便在饭后和熄灯前后，以就近或相临的形式，自发地展开“我教你一着”、“告诉你一个新发现”、“谁能帮帮我”等不拘形式和内容的小讨论。年轻人精力充沛，有时谈得兴起，或受到启发来了灵感，便立马下床卷起铺盖继续工作。特别是在那个大机库里，总会有星星点点的灯光亮着，彻夜不息，仿佛和天空中闪烁的星光遥相呼应。

单位做思想政治工作的领导，有一项重要工作，就是给晚上加班的年轻同志送宵夜，督促他们熄灯睡觉。

加班中也发生过许多很有趣的事。后来担任过总体设计部主任的王心清，当年是负责翻译并绘制导弹总体部分设计图纸及有关文件资料的工作人员，他虽在学校学过几年俄语，但翻译像导弹这样的资料，仍显得半生不熟，描图也是第一次接触，遇到的问题很多，只能边干边学，每天工作到夜里一两点钟。一天夜里，他在描图纸上写技术条件，写着写着，困得实在坚持不住了，便趴在桌上小睡，谁料这一睡，还进入了梦乡。梦里的他不知为什么去追一条小狗，醒来后就在笔下把“小狗”写进了技术条件。后来被校对的同志发现，觉得很奇怪，技术文件里全是技术术语，怎么突然冒出个“小狗”？这“小狗”是个什么条件？校对的人实在搞不明白，就去问王心清。王心清一听也愣了，看了半天确实是自己抄上去的字体，想了半天，终于想起自己做的那个梦。这件事让总体室的年轻人笑疼了肚子。

担任过国家重点型号研制的刘宝镛院士，对当年到一分院工作后的艰苦并快乐的生活，有一段精彩回忆。

“这个兵营紧靠跑道，每天有上百架飞机起降，特别是一早一晚飞机的轰鸣声震得四合院直颤抖，土墙掉泥。院后小河沟的水长满青苔，夏天蚊子咬得人不敢钻出蚊帐，把头埋在被单里。冬天屋里土渣墙上都结了一层冰凌，一生炉子，黑烟全堵在屋里，鼻孔里全是黑乎乎的。大家任凭烟熏蚊咬，依然坐如钟、立如松，照样描图、绘图、打算盘、报数字、推公式、搬弄模型和金属片。那时生活虽苦，可心里乐，心里装着科学强国的理想，什么苦呀、难呀，全不在话下，只要导弹能飞起来，那就是我们的一切。那时不管怎么苦，没一个叫苦的。几百号人过的是吹号起床、唱歌吃饭的军事化生活。一个战斗的集体，一座沸腾的兵营，一种向心的凝聚，就凭着这种蓬勃向上、勤奋好学、团结战斗、敢干超前、无私奉献的精神境界，导弹不起飞，连老天爷都不会答应的。”

屠守锷带领着年轻的导弹研制队伍，就是在这样简陋的条件下，艰苦并乐观地工作着，为中国导弹技术的发展，开启着一扇扇辉煌的大门。

5. 仿制工作大练兵

尽快掌握导弹研制技术，成为一分院当务之急的中心工作。

聂荣臻曾形象地把仿制工作称作“爬楼梯”。也就是说要通过仿制练兵，把引进的导弹技术吃透，为自行设计打下基础，再一步步地走上自行设计的道路。

屠守锷对仿制工作的重大意义有着非常清醒的认识，他常领着广大技术人员除了翻译资料、配合生产厂的产品制造工作之外，还进行了大量的“反设计”工作。这个阶段的“反设计”工作，就是从引进的苏联导弹技术文件中给定的技术指标出发，按照我们理解的设计程序和方法进行计算，再把计算结果与苏联提供的资料进行对比，从中摸索出苏联导弹的设计方法，为以后自行设计、研制与创新导弹，打下基础，为科研队伍快速成长创造条件。

“反设计”工作非常艰苦，不但需要花费大量时间和精力查找参考文献，拟定合理的设计程序和计算方法，还要做大量的计算。一分院当时连一台计算机都没有，只能用手摇式计算器，计算效率极低。

一个中等规模的“反设计”问题，一个人计算一遍，往往要花费一个多月的时间。而导弹设计的问题很多，有些问题的计算规模很大，有时为了计算或核准一个数字，经常需要几个人干一个甚至几个昼夜。对一些重要数据，更是要反复计算几遍才能最终确认。

经过艰苦的工作，屠守锷和他率领的一代年轻导弹工程技术人员，逐步掌握了火箭技术的基本理论问题；也正是通过这些细致的工作，屠守锷和他所带领的科研队伍，还发现了原设计中存在的某些缺陷和有待改进之处，为自行设计做好了准备。

1960 年 11 月，“1059”导弹仿制成功，1964 年，“543”地空导弹仿制成功。对于这两个型号导弹，屠守锷都没有经历其仿制工作的全过程，都是在中途被调往其他部门主持工作。在短短两年多的仿制工作实践中，他带领一批年轻的科技人员，以顽强的毅力和刻苦的精神，走过了一段仿制学步的重要里程，迅速积累了导弹设计的理论成果和实践经验；同时，在这些工程实践中，他展现出驾驭导弹总体技术的能力，在转入自行独立设计阶段崭露头角。

1961 年 9 月 15 日，屠守锷被任命为一分院副院长，主持地地战略导弹研制工作。

屠守锷

屠守锷院士传记

Academician Tu Shoue's Biography

第六章

独立设计

屠守锷是“1059”和“543”两个仿制工作的领导者之一。在这个过程中，他深刻体会到独立设计、研制导弹的重要性和迫切性，成为最早开始探索中程导弹的领头人。

1. 苏联专家在五院

屠守锷清楚地记得，在中苏进行《新技术协定》谈判中，苏联专家曾建议，在开展导弹研究工作初期，中国应建立两个研究中心：第一个研究中心负责研究和设计地地导弹与地空导弹，第二个研究中心负责研究和设计上述两种导弹的控制系统及其元部件，同时明确第一个研究中心的任务是负责研究、设计和试制中程地地导弹与地空导弹，并且负责研究、设计和试制上述两种导弹用的发动机。由地面设备与机械制造厂负责制造。为完成上述任务，应设置总设计师室及研究室、试制工厂、试验站等，中心约需 7500 人。

根据苏联专家的建议，钱学森就两个研究院所需要的各专业大学毕业生、中等技术学校各专业毕业生的具体人数配备，向苏联专家提出了有针对性的谈判要求。

屠守锷还清楚地记得，在钱学森家的客厅，任新民介绍说第三设计部一共来了 5 位苏联发动机专家：组长是 50 多岁的施涅金，曾是一名机枪射手，后被选送到高校学习，毕业后一直从事火箭发动机的研究设计工作，从技术员到发动机设计院副总设计师，并担任苏联导弹发动机工厂总工程师；组员有燃烧专业的萨尔基祥、涡轮泵专业的扎哈罗夫、自动化专业的谢苗诺夫、总装专业的卡强诺夫。

任新民带领技术骨干于龙淮、李伯勇、颜子初等人向苏联专家对口跟班学习，他们热情主动地与苏联专家交朋友，在生活上给他们无微不至的照顾，彼此之间建立了很好的情谊。大部分苏联专家在工作中都认真负责，愿意将设计和生产中的经验教训告诉我方，对我方研制工作的开展和科技队伍的培养，起到了积极作用。

第三设计部导弹发动机仿制生产和试车台设计建设几乎同步进行。当 P-2 导弹图纸、技术资料的翻译和复制工作完成时，科技人员突然发现还没有发动机试车台资料，这让他们十分愕然。发动机仿制也好，自行设计也好，都需要进行试车，而试车就要建设试车台。这个问题太致命了。他们立即询问苏联有关专家，得到的答复是："别着急，等你们的发动机搞成了，到我们苏联去试车。"

大家心里都十分清楚，尤其是亲临中苏谈判的钱学森和屠守锷有着更深切的体会，这是苏联政府有意在卡我们：如果将发动机运到苏联去试车，中国的导弹事业就永远无法独立。形势逼着第三设计部科技人员，必须走自力更生的道路，探索设计建造试车台。

在任新民的率领下，第三设计部王桁等技术人员，经过两个多月的反复研究、计算，提出了试车台设计任务书。1959年夏，试车台建设开始全面施工。1960年3月21日，由我国导弹技术人员自行设计和施工安装的国内第一座导弹发动机试车台竣工验收。

导弹部段生产出来后必须进行结构静力试验，以检验弹体结构的强度，然而，试验所需的专用强度实验室尚在建设中。时间不等人，屠守锷决定因陋就简，土法上马，进行试验。他兴奋地对苏联专家组总顾问阿尔希波夫一行考察人员比划着说“这个旧飞机库很难得，又高又宽……”，希望苏联专家能同意这个创意，以便尽早地安排后续工作。谁知，阿尔希波夫带着几位苏联专家围着旧机库绕了一圈后，非常失望地摇摇头说：“高度不够，做不了。”便离开了旧飞机库。屠守锷望着苏联专家的背影，愣了许久，坚定地说：“我们自己干！”他带领技术人员用挖地坑的办法，解决了飞机库高度不够的问题，又利用从飞机上拆下的5个液压传动筒等旧部件和自制的承力地轨，完成了对旧飞机库的改造，做好了静力试验的全部准备工作。

待屠守锷再次邀请阿尔希波夫一行参观强度实验室时，阿尔希波夫惊呆了——原来的一座旧飞机库竟然在短短半年时间里，奇迹般地变成了一座简易强度实验室。当他仔细查看了每一台土造的试验设备，确认它们完全符合试验大纲的要求时，不禁佩服地连连点头，称赞说：“好，好，祝你们成功！”

1960 年 2 月 5 日，导弹的第一个大部段——酒精贮箱仿制成功。接着，其余 7 个大部段也相继完成。3 月至 4 月间，屠守锷领着一群年轻的技术人员，利用这座简易实验室，圆满完成了 P-2 导弹尾段、酒精箱、液氧箱、仪器舱等 13 个部段的 320 次静力试验，产品全部合格。让屠守锷备感欣慰的是，飞行试验结果证明，用简易实验室得到的数据经受住了飞行试验的考验。

2. 撕毁合同撤专家

1960 年 8 月 13 日，是中国导弹研制人员永远不会忘记的一天。

就在这一天，最后三名为执行《新技术协定》而来到中国的苏联导弹专家撤走回国了，他们把友谊、希望和祝福留在了南苑，也把一份兄弟的牵挂留在了南苑。至此，苏联便断绝了对我国导弹技术的一切援助。

这个结果其实也在意料之中，事情起因是这样的。

1958 年 4 月，苏联提出在中国境内建立长波电台和潜艇部队的事情遭到毛泽东的拒绝，7 月 31 日，赫鲁晓夫亲自来到北京游说，解释上述提议是出于共同对付美国第七舰队的需要。对此，毛泽东反问了一句：“我们还有没有主权了？你们是不是想把我们的沿海都拿去？”中国领导人的态度让赫鲁晓夫很是不爽。

1959 年 2 月，苏联政府在对待中印边界第一次纠纷冲突上，不仅不顾中国政府提出的事实和多次与印度政府的交涉，反而有意偏袒印度，并授意塔斯社公开发表《关于中印边界事件的声明》，将中苏分歧第一次公开于世。紧接着，1959 年 3 月，西藏达赖集团发动反革命武装叛乱，企图把西藏从中国分裂出去。苏联政府与印度政府则持一个立场，发布了对中国严加斥责的声明，公开表示对达赖集团的同情和支持。3个月后，即6月20日，苏共中央致函中共中央称，苏联与美国等西方国家正在日内瓦谈判关于在全球禁止核武器试验条约协议，如果西方国家知悉他们正在国防新技术方面援助中国，有可能严重地破坏社会主义国家为争取和平、缓和国际紧张局势所做的努力。因此，苏联提出：中断中苏《新技术协定》里不符合谈判协议中的所有重要项目，不再提供原子弹教学模型和技术资料、新型导弹的样品及技术资料图纸。

10月1日，赫鲁晓夫到北京参加中国国庆10周年庆典。他带着一丝威胁的口气告诉毛泽东："我们是不是把专家撤回去？"毛泽东喝了一口茶，从容地说："我们可以自己试一试，这对我们也是一个锻炼。"

1960年7月16日，苏联政府照会中国政府，决定自7月28日到9月1日，撤走全部在华苏联专家，中止两国政府签署的12个协定，废除200多个科技合作项目，并要中国归还在朝鲜战争期间购买苏联武器装备所欠下的350亿元债务，催讨《新技术协定》中所规定的中方应付款项。

中方的付款方式之一是以货还款。在1959年7月以前，苏联要的东西大多是肉类、中药、良种、土特产和手工传统艺术产品。而在这之后，苏联大量索要的却是涉及我国国计民生发展的重要生产资料、金属矿石和重大工程的开发主导权。

在站台上，人们真诚而热烈地欢送着苏联专家，感谢他们为中国导弹事业发展启蒙阶段所付出的辛劳和努力。列车缓缓开动，望着远去的列车，许多人流下了感激的泪水，他们还不明白这其中究竟发生了什么。没过多久，他们就知道了事实真相，面对方方面面的半截子工程，以及单方面、人为制造借口撕毁协议、全面中断合同的行为，表现出十分的惊讶和愤怒。指望苏联帮助已经没有可能了，人们开始明白，任何"洋拐棍"都是靠不住的，中国的事情必须靠中国人自己去办，自己去解决。走自己的路，这是唯一的选择。

对此，屠守锷却显得很平静，因为他有思想准备，早就料到会有这一天的，只是没有想到会以这种方式到来，而且来得这么快。

触动屠守锷神经的，有这样两件事：

在苏联提供的资料中，图纸及工艺文件，差不多是全的，而设计文件和计算资料大都没有，即使有也是残缺不全的。在苏联专家的定期答疑中，他们只尽可能地对图面标识和工艺条款做出详细解释，而对设计中的技术问题则含糊其辞，或干脆不予理睬。

还有一件事。一位苏联专家对我们很友好，有事回国前主动向我方技术人员询问需要什么技术书籍。我们的技术人员就把在技术文件里看到的参考书目列了出来。那都是一些在苏联公开发行的普通技术书籍，只是在中国境内一时还无法找到。那位苏联专家接过书单，看后当即表示：没有问题。

一个月后，当他返回北京时，却两手空空。原来他在苏联收集到的技术书籍，过境时都被当作违禁品给扣留了。

在仿制过程中，屠守锷经常要去工厂，对苏联专家有了更深的认识。他渐渐明白，苏联派到中国的专家更多的是在工厂搞工艺，绝大多数对导弹设计了解不多。这些事实给了屠守锷一个重要提示：人家只允许你照着图纸做出这种导弹，并不希望你学会如何设计导弹。

事实再一次教育了屠守锷。研制导弹这样的高新技术，不仅买不来，靠别人教也行不通。要想获得尖端技术，只有靠我们自己钻研进去、深入研究，探寻出有价值的设计方法和规范。对已签订的协议不认真履行，对书店公开售卖的书籍卡住不放，对已经过时的技术还要留一手的“老大哥”，还能指望他什么呢？

客观地说，来到中国的绝大多数苏联专家对我们的仿制工作确实给过很多帮助，但苏联的援助从一开始就是有保留的。

最典型的事例是“1059”导弹推进剂。苏联专家曾一再强调：中国试制生产的推进剂不合格、不能用，飞行试验用的推进剂只能向苏联订货，而且要求提前订货。可中国建设的第一个导弹试验基地远在甘肃酒泉，距离苏联最近的生产厂万里迢迢，而液氧又极易挥发，从苏联订货显然不合理。有人曾计算过，由于液氧是低温物质，沸点为 -183℃，在常温下贮存和运输需要专用的容器罐，即使全部满足运输条件，长途运输途中的自然挥发也是无法克服的。一罐液氧从苏联启运，到中国甘肃酒泉基地，正好挥发殆尽。

对此，屠守锷耿耿于怀。“1059”导弹总设计师梁守槃立下军令状：“如果用符合技术标准的国产液氧出现严重后果，我个人愿接受一切处分。”为人正直的苏联发动机专家施涅金对照设计要求，反复验证了样品数据，私下里明确表示：“中国生产的液氧性能符合设计要求，可以使用。”梁守槃通过计算证明，错误的结论源于对相关资料的误解，将杂质的气态容积当作液态容积，结果相差了一千倍，实际上，十几吨液氧中的杂质不可能集中到一点同时氧化。

1960 年 9 月 10 日，在甘肃酒泉基地用国产液氧进行了一次发射、飞行试验，将一枚经过拆装的苏制 P-2 导弹发射升空。结果表明推进剂性能良好，满足飞行试验需要。这样，在苏联专家撤走不到一个月的时间里，创业者们就打破了洋专家设置的第一个禁区，并且取得了成功。

失掉“洋拐棍”的中国导弹事业的创业者们发誓，即使蹒跚、踉跄着，也要挺直腰杆，一路向前。

3. 探索研制中国弹

苏联专家撤走了，被人家半路撂挑子的“1059”导弹，正处在仿制工作的关键阶段。

1960 年 7 月 18 日，毛泽东在北戴河中共中央工作会议上坚定地说：“要下决心，搞尖端技术。赫鲁晓夫不给我们尖端技术，极好！如果给了，这个账是很难还的。”聂荣臻、陈毅、贺龙等几位元帅也主张继续研究试制国防尖端武器。这样，仿制出“1059”导弹，在国防科研人员的心目中，就成了维护祖国尊严的“争气弹”。

1960 年 10 月 23 日，我国仿制的第一批“1059”导弹从北京出发，运往酒泉导弹试验基地。11 月 5 日，“1059”导弹首飞成功。

在当晚的庆祝酒宴上，聂荣臻元帅高举酒杯说：“今天，在祖国的地平线上，飞起了我国自己制造的第一枚导弹，这是一枚‘争气弹’，是我国军事装备史上一个重要的转折点。从此以后，我们有了自己的导弹。”

1964年2月27日，一枚“1059”导弹送到中国军事博物馆展出。半个月后，“1059”导弹改名为东风一号导弹。“东风一号”的名字，取义于“东风第一枝”。当时中国组建第一支战略导弹部队“地地导弹营”时，周恩来总理称之为“东风第一枝”。

1962年10月，中共中央政治局研究，建立由周恩来为主任的专门委员会，领导我国原子能工业建设和核科技工作。11月3日，毛泽东批准成立专门委员会和第二机械工业部关于力争在1964年实现爆炸我国第一颗原子弹的规划，并且批示：“很好，照办。要大力协同做好这件工作。”

毛泽东和中共中央自力更生发展原子弹等国防尖端技术的决心，更加坚定了国防科技战线广大干部群众突破“两弹”技术的信心和勇气，有力地促进了“两弹”的技术攻关工作。

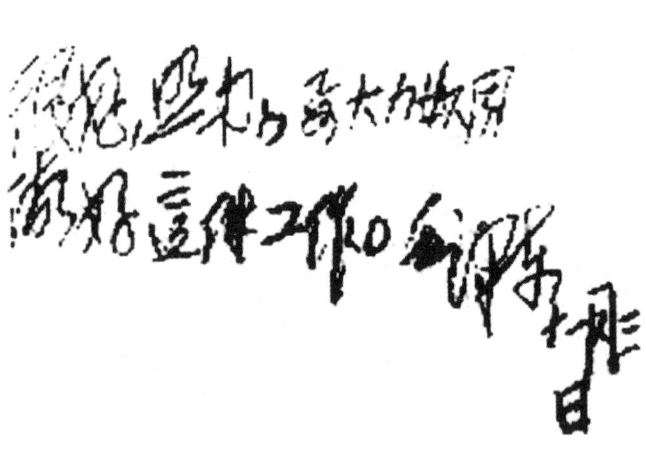

毛泽东手迹

1964 年 10 月 16 日 15 时，在中国西部大漠，随着震天动地的巨响，蘑菇云腾空而起，中国自行研制的第一颗原子弹爆炸成功！毛泽东和中共中央的战略决策和决心，化作了罗布泊戈壁滩上惊天动地的巨响。

原子弹试验成功后，中央专委立即开展了核弹头的研究，并加快中程地地导弹的研制，力争早日实现“两弹”结合。

其实，早在一年前，国防部五院就向国防科委提出研制射程为 2000 ~ 2500 千米中程导弹的设想。具体进展是，1964 年完成方案论证，确定战术技术指标。1964 年 3 月，总参谋部和国防科委颁发了经中央军委批准的各种导弹、火箭的命名和代号编排方法，将原东风一号导弹改称为东风三号导弹。4 月 22 日，国防部五院任命林爽、屠守锷为东风三号中程导弹正副总设计师，要求 1965 年 6 月完成方案设计，争取 1970 年前后研制成功。

20 世纪 60 年代后，国外公开出版物披露导弹技术方面的资料渐渐多了起来，为屠守锷研究导弹技术提供了可资参考、比较的内容。屠守锷特别注重研究导弹新技术，努力探索导弹技术的发展方向和技术途径，对各国导弹技术的发展水平心里有了底。

在中程地地导弹总体技术方案选择过程中，屠守锷花费了不少心血。在方案论证中，他选择了一种与当时正在研制的中近程地地导弹（东风二号导弹）完全不同的设计方案，在技术上走出了一条全面的创新之路。

例如，动力系统液体火箭发动机，采用硝酸和偏二甲肼可贮存推进剂。所谓可贮存推进剂，是指能在地面环境下的贮箱中贮存，不需外加能源对其进行加热或冷却，仍然能保持液态且不变质的推进剂。这就可预先将推进剂加注到导弹贮箱中，使导弹随时可处于待发射状况，大大提高了作战快速反应能力。

再如，控制系统采用捷联式双补偿惯性制导方案，能提高制导精度，保证发射出去的导弹打得更准。所谓捷联式制导系统，是把能间接测量火箭飞行速度的加速度表，直接安装到导弹弹体上，当飞行速度达到规定值时，制导系统会发出关机指令，从而控制导弹射程。采用这种设计，既避免了由于我国电子计算机与精密机械技术落后所造成的困难，用较简单的器件，达到较精确的制导。更重要的是，在提高导弹命中精度的基础上，实现技术进步。

另外，在弹体结构上，采用高强度铝合金新材料，应用化学铣切新工艺，既减轻了结构重量，又提高了结构强度。

地面设备设计方案，也有了质的飞跃，实现了全套装备车辆化，即发射台、起竖车、高空工作台、加注设备等比较复杂的地面设备，均采用液压气动和电动操作，大大缩短了作战准备时间。

需要特别说明的是，研制人员通过研究发现，在发动机推进剂中添加偏二甲肼可以提高比冲。但苏联专家却认为偏二甲肼有剧毒，不能使用。苏联专家撤走后，承担这一课题研究的梁守槃找到中国军事医学科学院教授朱鲲，共同研究偏二甲肼及其燃气的毒性测定方案和治疗方法。经过一年多的研究试验，找到了特效解毒药，不仅克服了人们在使用时的心理障碍，也真正降伏了这只“老虎”。

4. 诸事开头难上难

屠守锷在主持中程导弹研制工作中力求更多地使用新技术，是因为他太知道突破这些新技术的意义了。在他看来，这些新技术必须突破，不管它们有多难，否则研制出来的武器，就没有多少战略意义了。

“战略导弹的威力，体现在它在发射架上的威慑力，而不是真正发射出去以后。”“既然是个摆设，就要早响。”毛泽东一语道破了导弹的本质，对加速导弹研制工作起到了重要的促进作用。

历史的经验告诉每一位中国人，落后不仅要挨打，也没有尊严可言。作为主持中程导弹研制的副总设计师，屠守锷一刻也不会忘记少年时的梦想——制造中国自己的武器，打击侵略者，为死难的同胞报仇。屠守锷在党旗下宣誓，要为共产主义事业奋斗终生，但他知道，没有强大的国防作为后盾，中国人民今天享有的一切都有可能得而复失。要想巩固今天的胜利成果，就必须建设强大的国防。历史的教训使屠守锷非常坚定自己的信念，也鼓舞着他大胆尝试使用一切可能的新技术，率领年轻的导弹研制队伍，在导弹技术发展上，为中国人民争一口气。

屠守锷相信，采用新技术，开始一定会遇到种种困难，关键是能不能顶住，能不能坚持攻下来。当时国防战线上盛行一句口号“发奋图强”，对屠守

屠守锷的脸上充满了自信

锷很有鼓舞，这种奋斗精神和工作作风在中程导弹研制中尤其需要。他对确定的中程导弹研制方向，始终坚定不移。

导弹研制是一项系统工程，需要整合团队的力量协同工作。中程导弹技术方案，在讨论过程中的各种意见不可能总是一致，屠守锷作为副总设计师，他的意见和倾向性就显得格外重要。

每当遇到导弹新技术，屠守锷便自己先进行认真分析，再同各单位的技术负责人一起，进行缜密细致的研究，并组织课题论证，列出导弹各分系统的技术难点和攻关重点，力求做到心中有数。这些新技术，在国内基本都是第一次遇到，谁都无法真正做到心中有底，只能在实践的过程中，逐步摸索积累经验，依靠集体的智慧去尝试攻克。

事实证明，后来这些新技术的突破，就是依靠团结一致、齐心协力、硬拼硬闯完成的。

在安排预先研究项目时，先按照导弹的各分系统立项，然后再列出子项，以及需要在外单位协作研究的项目。中程导弹研究几乎是与中近程导弹同时起步，只是由于中近程导弹在 1962 年 3 月的飞行试验中出了问题，国防科委提出“缩短战线、突出重点”的方针，调整了工作计划，才将中程导弹研究暂时列为预研型号，但它同后来形成的管理办法中的基础技术应用研究，以及支撑性课题预先研究都不一样，是对整个型号进行预研。

国防科委在组织、协调中程导弹预研工作时，也未按一般的预研项目对待，而是将此作为导弹型号研制的第一阶段来安排，十分重视各项具体工作。虽然是预先研究，规模却很大，一分院、二分院以及相关协作单位，都参与其中。

5. 重重困境求探索

中程导弹研制工作，是在一个非常困难的时期中进行的，国家经济面临严重困难，导弹研究院还处于创业阶段，无论是工作环境，还是生活条件，导弹研制人员都遇到了很多困难。

一分院除1959年年底竣工的院机关办公大楼外，各研究所的科研楼还处于施工期，几个研究设计单位被暂时安排在机关办公大楼里，而机关各部门仍在那些旧的平房里办公。办公大楼里一下子进驻这么多单位，变得十分拥挤，原来只安排三四个人的办公室，挤进了十四五个人，办公桌不够用，一些科研人员只好在楼道里摆上个三屉桌，便开始进行研究和设计工作。直到1961年夏天，几幢科研楼开始陆续交付使用，一分院的工作环境才逐渐有了改善。

为了解决住宿问题，在科研楼顶层，有一个约3000平方米的会议室，也被暂时用作了单身职工的宿舍。上百人住在同一个屋子里，热闹非凡。由于研究院是按部队编制进行军事化管理，作息时间规定得非常严格，上下班、吃饭、睡觉都吹号，熄灯号一响，大家便自觉地上床就寝，以免影响他人休息。

工作条件非常艰苦，但却没有一个人发牢骚、讲怪话，干部与群众同甘共苦，共渡难关。

食品供应紧张，造成大范围营养不良。1960年年底，仅10天，一分院职工就有600多人因浮肿病就医，最多时人数达2500多人，甚至出现夜盲症。有些技术人员画着图纸就晕倒了，只能用糖精兑盐水喝下缓解。这些情况的出现，不仅威胁到职工身体的健康，还影响到科研生产的正常进行。但即使这样，加班的人数有增无减，许多研究室、资料室、试验场的灯光通宵达旦地亮着。

面对研究院出现的情况，各级党政机关十分重视，尽一切力量给研究院以支持和帮助。聂荣臻向海军及北京、广州、济南、沈阳等大军区寻求支援，他们从有限的资源中调济出一批肉、鱼、大豆、海带和水果等生活物资，帮助研究院渡过难关。当各类物资从全国各地一批批送到北京国防科委大院时，聂荣臻说："这些捐来的东西，以中央和军委的名义，全部分配给专家和技术人员，领导、行政后勤等机关人员一律不分，一斤一两都不能分。"

冬春是当年参与分配物资的领导，50多年后，当他回忆起当年那一幕时仍很激动："我亲眼目睹了来领取东西的专家和技术人员在领取单上签名时那感人的场面，真是催人泪下，铭记一生啊！很多人都是流着泪排队，领了东西的人不知是喜是悲，都是低着头哭泣着离开的。一千多人从上午到下午在礼堂里进进出出，秩序井然。科学家、技术人员得知他们手里捧着的肉、黄豆、水果是中央和军委从全军部队募捐来专门送给他们的，感激之情无法言表。屠守锷激动地说，同志们，主席、总理都喝白菜汤，却给我们送来了鱼、肉、水果，我们就是拼了命也要搞出‘两弹’来！”

“屠总说得好呀，不搞出‘两弹’，我们还有啥脸面接受党和国家的如此厚待。”一个领取生活物资的礼堂，瞬间变成了一个没人做报告、发号召，却人人都在给自己加码的动员会、接令出征会！

后来，聂荣臻派人来检查落实情况，国防部五院刘有光政委拍着胸脯自信地说：“要是我们的领导干部分了一两东西，查出来开除我的党籍。”

五院党委还派出以刘秉彦为首的工作组去京郊联系，得到大兴县的支持，先在高碑店开办农场，后又在河北省宝坻、黑龙江省北安、甘肃省甘南等地建了3个农场。

当时的情景，感人至深。直到今天，老一代航天工作者回想起当年分“科技肉”“科技鱼”“科技豆”的感人场面，仍泪流不止。原本是历史罕见的饥荒之年，因为有了党和国家的关怀，日子过得再苦，大家也不觉得苦，而且把这种苦当成人生最珍贵的记忆。

正是这种艰苦的环境，锤炼出一支意志坚强的导弹研制队伍，他们当中的一批人成为了向航天技术高峰攀登的勇士。

中程导弹的前期研制工作，遇到过很多难题，尤其是关键技术研究，几乎步步都是难关。

从事新技术研究的人员，绝大多数是年轻人，他们缺乏实际科研工作的经验，即使稍微年长一些的同志，多数也未接触过这些技术，所以在科研试验中步履维艰，往往是一旦出现异常，工作就被迫中断，还很难说清楚原因和来龙去脉，甚至是一头雾水，摸不着头脑。即便这样，这支年轻的科研队伍，凭着一股韧劲、一股狠劲，一种百折不挠的顽强精神，始终坚持不懈，永不言败，最终攀上了一座座导弹研制的高峰。

没有实践经验，他们就一遍一遍地反复做试验，在重复的过程中仔细观察和认真琢磨，并不断地展开讨论。在不断总结教训、不断积累经验的过程中，逐渐发现或顿悟破解了其中的奥秘。一个个难题在这样的基础和起点上被解决，一项项新技术成果应运而生。

火箭发动机试验过程出现了燃气压强剧烈振荡、燃烧室被烧损的问题，当时谁也说不清这是一种什么现象，由什么原因导致，是偶然出现的，还是由设计上的缺陷而产生的？后来研制人员进行了若干次试验，才彻底弄明白了产生此种故障的原因，即发动机工作时出现高频不稳定燃烧，由燃烧室固有声振频率与燃气生成频率相耦合而产生了共振现象造成的 。

问题找出来了，怎么解决呢？

当时还没有一种完全成熟的解决发动机结构设计问题的方法，科研人员只能通过反复试验分析比较，希望找到一种较为理想的技术方案。一时间这个问题成了难啃的骨头。

起初设计了几种解决方案，但经过试验都不能让人满意。数月过去了，此项工作几乎没有任何进展。科研人员把历次试验数据，分门别类地排列出来，一一进行比较，逐渐摸清了内在规律，最后采取在燃烧室内装设隔板与液相分区相结合的方法，抑制了振荡现象，最终闯过了这一难关。从最初的定性判断开始，到最终问题的全部解决，前后共进行了上百次试验。屠守锷带领着他的科技队伍，真正体会到了“探索”一词的内涵和意义。

新材料与工艺的科研攻关，也是一项十分艰苦的工作，需要特别的仔细与耐心。导电接点簧片是高精度陀螺积分仪上的一个关键零件，为了摸索出其合理的加工方法，研制人员做了上千次试验。再有，不锈钢板之间的真空钎焊，需要高温钎焊合金这样的特殊焊料，为了研制出这种合金材料，北京、上海、沈阳等地十几个科研单位协同作战，做了一系列研究性试验，最终获得成功。

屠守锷十分关注这些项目的进展情况，尤其是对在研究中遇到障碍的项目，他不仅经常亲自到研究试验现场观察指导，并且常常和设计、试验人员一起分析数据、做试验，对工作的基本进展和阶段性工作状态，做到心中有数，因而，在遇到疑难问题时，能提出清晰的工作思路；对下一步试验步骤，能指出深入研究的方向。正因如此，在科研生产第一线的科技人员心目中，屠守锷始终是一位值得尊敬和信赖的导弹研究设计与生产方面的专家。

同事们看到屠守锷太辛苦、太忙碌，都劝他不必什么试验都到现场察看，但他却不以为然，仍然坚持深入试验现场，通过观察试验过程中出现的各种现象，以及分析试验数据，随时掌握试验工作进展情况。

屠守锷认为，由于每个人的科研工作经历不同、岗位不同、知识面不同，分析和解决技术问题的经验、角度和判断能力也就有所不同，因而对科学试验中出现的各种现象的观察，以及对它们的本质认识，往往会有很大的差别。经常到试验现场，不仅可以用自己所掌握的理论知识和实践经验去指导工作，尽量使科研攻关沿着正确的方向前进，少走弯路，同时也是一种很直接而又有效的学习过程，而且还能通过对试验中出现的各种现象、试验结果、技术数据进行分析，学到许多宝贵的新知识。

正是依靠经常深入试验工作第一线、掌握第一手资料，屠守锷取得了指导实际工作的发言权。在此后30多年的航天工程实践中，屠守锷始终保持到试验现场工作的习惯。

6. 意气风发建队伍

随着研制工作的进展，导弹五个分系统之间的调度与磋商多了起来，越来越多的问题需要在各单位之间协调解决。

屠守锷个子不高，但身体结实，走路的步伐大且快，一步步迈得果断利索，绝不拖泥带水。屠守锷不喜欢使用模糊类词语，对不熟悉或不了解的事情，会直接告诉对方“对此没有研究”，“不清楚”，因而给人留下最深刻的印象就是坦率并且果断。屠守锷思维清晰、用词极为准确，说“不”的时候很干脆，语气坚决而肯定，不会婉拒或模棱两可，而且会把理由交代明白，不用对方猜测或琢磨。他不习惯重复说过的话，所以倾听的人要保持聚精会神，注意力高度集中，否则就跟不上他的说话节奏，更主要的是跟不上他的思维逻辑。屠守锷对基层技术人员说话时，眼神中会流露出鼓励和信任，特别是对那些反映工作问题的年轻人或对工作有想法的人，不管他们说的是对还是错，都会耐心倾听，不中途插话和打断，仿佛一位家长在倾听孩子说话，但对错误绝不姑息。

作为副总设计师，屠守锷对需要进行协调的工作内容，总是及时组织，绝不拖延和推诿，而且事先必做好充分准备，不参加无准备的会议。

作为科学家，屠守锷性格内向坚韧，其工作作风更是严谨、严肃、严格。有人说，凡屠守锷主持的会议，很少有迟到现象；标准时钟，就是屠守锷的身影，因为他总是在开会之前的最后一分钟走进会议室。在他看来，遵守时间不仅是诚信的一种表现形式，也是作风的一种外在体现。

在一次由总师系统召开的协调会上，一位分系统的副总设计师迟到了，屠守锷在会上对他作了严厉批评。有人说“屠守锷是杀一儆百”，其实，他只是单纯地希望每一位主管技术工作的领导者，能够身体力行地做遵守和执行纪律的模范。

屠守锷说：“总师系统组织的每一次协调会，要协调的事很多，导弹产品无小事，每个细节都举足轻重，因为任何一个环节的疏忽，都有可能造成灾难性的事故。你迟到一会儿，可能就偏偏漏掉了一个关键的细节，就有可能留下工作隐患。”

屠守锷坚信，作风是培养出来的。凡他主持召开的会议，会前一定会发文件，明确此次会议要讨论什么内容，解决什么问题，给参会者一个思考和准备的时间。

在一次调度会上，屠守锷要了解一个试验数据，由于设计员事先准备不充分，只给了他一个相对模糊的概念。屠守锷拒绝接受这样的回答，他说：“科学是来不得半点马虎的，我们糊弄科学，科学就一定会还以颜色，而我们的国家和事业都经不起这样的折腾。”

材料专家于翘对屠守锷的认真和严谨深有体会。在一次技术协调会上，当讨论到某个材料问题时，屠守锷忽然问道：“于翘（qiáo）来了吗？”在场的于翘一时没反应过来是在问他，大家也都楞住了，最后终于有人反应过来，用手指捅了他一下。于翘长这么大，除了父母和家人，还从没有人念对过他的名字，他已经习惯将周围同事发错的读音（qiào）当成正确的了。这件事让于翘感动了很长时间，一是因为屠老总的博学，二是为屠老总的认真，这也成为对他工作的一种鞭策和警醒，使他更加努力地做到认真细致，一丝不苟。

屠守锷看似苛刻的严谨不仅源于他对自己肩负责任的压力，更重要的是他深知这一代科学家肩负的历史使命，特别是20世纪60年代初中国所处的国际环境，使国防科研战线几乎是分秒必争，要把中国人自己研制的导弹送上天，粉碎帝国主义对我们进行的核讹诈。中程导弹正是中国人自己设计、研制、试验的导弹，寄托了中华民族的厚望。

在此情境下，屠守锷不仅工作积极负责，而且办事效率极高，虽然工作很繁忙，也很劳累，但看到一项项新技术在不断地被突破，疲倦之中他深感欣慰。

7. 开创科研好环境

20世纪60年代前期，是国防部五院发展的黄金时期，一方面表现在中央确定了发展国防尖端技术的“两弹为主，导弹第一”的方针，新型号一个接着一个上马，研制任务非常饱满，广大科技工作者干劲倍增；另一方面，中央制定了科学14条，落实知识分子政策，广大科技工作者普遍感到心气顺了，特别是社会地位提升了，人际关系也变得非常融洽了。

1961年7月17日，屠守锷同其他科技工作者一起参加了国防部五院在人民大会堂召开的干部大会。聂荣臻在大会上明确指出，科研机构的任务就是出成果、出人才，并且鼓励科技人员钻研技术，主张科技民主，反对“打棍子、扣帽子、抓辫子”。

会议之后，多年形成的思想禁锢，好像一下子就解放了。办公环境干干净净，办公室里安安静静，科研大楼彻夜灯火通明，各项科研工作的部署和开展，都进行得非常顺畅。屠守锷主持安排的预研项目，尽管每一项都困难重重，但多数项目进展迅速，为中程导弹正式立项研制，做好了充分准备。

屠守锷从中央领导人的讲话中意识到，可能在不远的将来，洲际导弹研制工作会被提上议事日程，必须早做准备，以免将来被动。

他同有关负责人商量决定开展调研工作。他组织一些技术人员，集中精力收集和整理国外期刊中披露的相关资料，尤为着重研究美国和苏联火箭技术的最新情况。此时美国和苏联正处于火箭技术发展的高峰期，代表着火箭技术的国际先进水平。由于苏联在技术保密方面的工作做得较严，因而，屠守锷他们几乎找不到能借以学习的资料，只能更多地偏重收集美国火箭技术资料。

从对资料的研究中，他们初步摸清了远程导弹和洲际导弹研制必须掌握的技术，并拟订出一个预先研究项目清单，以便尽早开始做技术储备。

经过自上而下、自下而上地反复讨论，并充分考虑到我国的基础条件和实际需要，最终确定了需立即着手开展研究的项目，报上级批准。

这些预研项目包括液体火箭发动机、弹体结构、弹上计算机、惯性器件、伺服机构、遥测技术、地面设备、空气动力、环境试验、材料工艺、测试计量、电子元器件等，其中有些项目在此后取得了突破，为新型号研制，提供了必要的技术储备。许多参与过当年预研工作的同志，对中程导弹和洲际导弹预研工作的及时安排，发出了由衷的赞叹：如果没有这些预先研究成果，新型号研制工作就困难多了，而且不知会延误多少年。

对此，屠守锷认为他的预研思想是从钱学森那里学来的。在屠守锷心里，钱学森是一位战略科学家，他能想人之不敢想、言人之不敢言、为人之不敢为，有超常的预见能力，都来源于其深厚的哲学思想。钱学森曾谆谆告诫技术指挥员们，要学一些哲学，要懂辩证法。

钱学森说：我们是搞科学技术的，但也要考虑经济、政治问题。党和国家给我们一些科技工作者重要的责任，要我们做科学技术参谋，这件事可不简单。现在科学技术在世界上竞争这么激烈，叫科技战、智力战。选择干什么、不干什么、怎么干，对这些问题专家出的主意要是差一点，国家的损失就大了。因此，首席科学家要是科学技术战略家才好！他们既是科学技术专家，同时又要懂得辩证唯物主义，会用两点论分析问题，了解世界复杂的情况。这样的人设计出的方案才不会出乱子，才会出奇制胜。

钱学森还说：我认为今天科学技术不仅仅是自然科学工程技术，而且是人类认识客观世界、改造客观世界的整个知识体系，而这个体系的最高概括是马克思主义哲学。

屠守锷长期跟随钱学森工作，耳濡目染，深受其哲学思想的启迪。屠守锷常说：和钱学森一起工作，除了佩服他知识的渊博，看问题的深刻，更重要的是看他那些思维的方法和担当的可贵。屠守锷始终认为，怀抱一颗热爱国家的心，做事从国家的利益这个基点出发，再掌握一点辩证唯物主义的方法论，就无往而不胜。

钱学森用他一生的智慧和实践告诉人们，不懂哲学的科学家是渺小的。同样，不懂科学的哲学家也是渺小的。屠守锷穷尽一生，脚踏实地地践行着钱学森的教诲。

8. 初创科研“三步棋”

聂荣臻对导弹型号研制，提出了“三步棋”思想，意即要经过预先研究、型号研制和批量生产三个阶段，如同下棋，要想下好，就要先布局。而一个单位的研制工作部署，也应预先看到这“三步棋”，在同一期间内妥善、合理地安排好三个层次的型号工作：探索研究、型号研制、批量生产，强调科研工作安排上的前瞻性以及预先研究工作的重要性，当一个型号研制定型，投入批量生产时，另一个新型号已正式立项，并开展全面研制，同时还有一个更新型号在进行探索性的预先研究和组织关键技术的科研攻关。这样，既集中精力完成了中心任务，保证了重点，又能兼顾到长远，保证有发展的后劲，不至于在技术上断档。

屠守锷对“三步棋”思想有透彻的理解，认为它是一个反映了导弹研制客观规律的科学管理思想，是一项在工作中必须遵循的原则。他对过去的一段亲身经历，感触颇深。

那是在 1958 年，国防科技战线上的一些人在“大跃进”思想的影响下，也想着能很快放一个大“卫星”：农业能做到亩产几万斤，工业能做到钢铁产量一年翻一番，我们为什么就不能造出一个比“1059”射程远一倍的导弹呢？于是，便开始设计此种导弹，并试图将它制造出来。而当时他们连“1059”导弹资料的复制工作还没有做完，仿制工作才刚刚开始，整个队伍毫无研制经验。真是应了那句老话“初生牛犊不怕虎”，还没有学会走路的小娃娃，放开腿就想跑，那是非摔跤不可的。

屠守锷并不同意这种鲁莽的做法，但是像这样的重大问题，又是在十分特殊的时代背景下，在群情激昂的形势中，一个基层技术指挥员的意见，是左右不了局面的。幸亏聂荣臻及时发现了这个思想苗头，批评这种情绪是“急于求成”，及时给予纠正，才避免了走更大的弯路。

屠守锷时时以这个教训为戒，在他全面主持一分院技术工作期间，总是十分认真地贯彻“三步棋”思想。中程地地导弹研制，可以说是贯彻“三步棋”思想的一个成功典范。

由于1960年就已对中程地地导弹进行了预先研究安排，预研工作相当充分，且所采用的新技术、新材料和新工艺，都落实在现实可行的基础上，并全部立足于国内生产制造，因而，1965年3月，当中央军委批准下达研制中程地地导弹任务之后，工作进展得非常顺利。总体设计部在技术负责人孙家栋的主持下，完成了总体技术方案的论证工作；一分院副院长任新民主持研制、使用可贮存推进剂火箭发动机，已进行了热试车；制导系统在惯性器件研究所所长郝复俭主持下，关键惯性器件——陀螺积分仪，已研制出样机；材料工艺研究所在所长姚桐斌的主持下，研究解决了不锈钢高温钎焊、铝合金化学铣切等工艺难题；弹体结构所需的新材料、新工艺，已研制出来，取得了可实际应用的成果；用于弹头防热的新材料，也已取得突破。

至 1966 年年底，中程地地导弹研制仅用了一年零九个月时间，首次飞行试验便取得基本成功。中国战略导弹研制工作，初步具备了厚积薄发的实力，可以真正“跑”起来了。

屠守锷

屠守锷院士传记

Academician Tu Shoue's Biography

第七章

临危受命

屠守锷在中近程导弹首飞失利的关键时刻，临危受命，主持故障分析工作。他率领年轻的导弹研制队伍，经过艰苦的工作，出色地完成了任务。

1. 艰难时刻挑重担

1962年3月4日，我国改型设计的第一枚中近程地地导弹出厂了，凝聚着无数人心血和汗水的导弹，经过科技战线广大职工一年零八个月的日夜奋战，终于要接受检阅了。列车徐徐开动，装载着中国第一枚改型设计的导弹，也满载着人们的喜悦和希望，驶向远方。

3月21日，是一个令人难忘的日子，也是航天人永远记忆犹新的日子。所有参加试验的人员在酒泉试验基地已经忙碌多日，经过精心的准备，中近程地地导弹就要开始飞行试验了。

谁知导弹点火起飞，如喝醉酒似地摇摇晃晃，69秒后坠毁在离发射台纵向68米、横向660米的地方。

如此惨烈的场景，令在场的导弹飞行试验人员惊呆了。眼看着自己千辛万苦，亲手设计、制造出来的导弹瞬间坠毁，许多人留下了眼泪，总装厂的工人师傅甚至伤心得痛哭起来。大家觉得，这个结果既对不起自己，更对不起国家。

消息传到前方研制单位，一时间，整个导弹研制基地都沉浸在悲痛之中。聂荣臻指示各级领导，不要追查责任，重要的是要找出失败原因，以利再战。

他勉励研制人员不要泄气，要集中精力投入到寻找失败原因的工作中。国防部五院迅速分析失败原因，从中吸取教训，提出解决办法。1962年9月18日，副院长兼总体设计部主任屠守锷临危受命，领导研制人员对中近程导弹进行故障分析和设计改进工作。

中近程导弹设计方案，是以从苏联引进的P-2导弹为基础，通过若干改进设计而成，主要是增大了发动机推力，改变了液氧贮箱和弹体尾段结构，使射程增加一倍。这个思路在当时的情况下，有很强的现实意义，既体现了实事求是、循序渐进的原则，也进一步培养和锻炼了队伍。

由于P-2导弹技术资料缺少设计文件，因而，屠守锷在接到这项任务后，遇到了许多困难。从导弹坠毁的表象推断，他认为很可能是导弹在飞行过程中失去了稳定性而最终导致失败。

屠守锷对于飞行器结构动力学问题，曾做过专门的研究，所以对于这类问题特别敏感。他的这个初步判断，事实上一下子就接触到了事物的本质。

是什么原因导致导弹失稳呢?

屠守锷先从分析试验资料入手，试图从中寻找到答案。从导弹飞行试验所记录下的数据中，凭借着多年从事飞机振动问题的科学研究和工程实践经验，他敏锐地发现，这可能是一个弹体横向振动问题。

他想查阅P-2导弹的设计资料，以便证实自己的想法，结果告缺；想查阅改型设计的文件，结果还是告缺。现实生活中，“没有”、“告缺”这类词，挺让人灰心沮丧，但对有些人来说，却常常可以刺激大脑神经，因为“没有”，就没有了因循守旧的资本，也丢掉了照本宣科的基础，必须从头开始，学习研究，孜孜以求，而恰恰是在这个过程中，有机会获得新的认识和发展的空间。屠守锷就属于这样一种人。

屠守锷是一位工作作风非常严谨的人，还是一位不轻易言败和放弃的人，他有一股韧劲，遇到问题必打破砂锅问（璺）到底，他决心沿着这个思路弄个水落石出。

2. 排查故障挂帅旗

中近程导弹全长20.9米，最大直径1.65米，弹体结构是一个又细又长、呈流线型的薄壁筒。因此，导弹本身是一个刚度不大的弹性体，在飞行过程中必然会产生弹性振动。它就像一个钓鱼竿，拿在手上被风吹动受力，会悠悠地产生振动。在中近程导弹初始设计中，却把导弹当成在运动中和受力后，其形状和尺寸都不会改变的刚体。

导弹控制系统总负责人黄纬禄在排查故障时说：“东风二号”为什么会失败呢？就是因为它打的距离要比“东风一号”远，所以导弹用来装推进剂的贮箱就要大一些，推进剂要多装一点。要想箱子大一点，我们采取的办法是导弹的直径不变，长度加长，长度一长就有“扁担效应”，就像挑扁担，走起来有点上下弹性振动。导弹在飞行中也会产生振动，我们叫弹体弹性振动。发射“东风一号”时，这个问题不明显，所以设计“东风二号”也没有考虑这个问题，结果弹性振动导致了两个恶果，一是弹体结构受到破坏，二是振动频率与控制系统发生耦合，共振加剧了导弹解体。

之所以会犯这样低水平的错误，一是我们对导弹还缺乏基本认识，二是在仿制工作过程中，我们对导弹设计，还处于学习过程，许多人甚至不同程度地对苏联导弹存在崇拜心理，很少有人想到改进提高，更少有人会有意识地去挑剔什么。

屠守锷带着总体部，尝试着把导弹看成一个变剖面，以分成若干个剖面，去计算其弹性振动参数。谢光选、梅相岩等人将计算方程式组画成表格，历经 3 个月，用手摇式齿轮计算机，得出一、二、三阶弹体弹性振动数据。梁思礼等人利用低通电子网路将一、二、三阶振动的波形滤去，留下频率低的绕导弹质心的角波形，经过综合放大后送伺服机构，纠正导弹姿态，达到全弹飞行稳定。钱学森对这些工作十分赞赏，并给予了充分肯定和鼓励。

这项工作的成果，预示着日后导弹飞行振动数据可以通过计算和地面模拟试验求证，而不再通过飞行试验来考验了。

中近程导弹由于在总体方案设计中，没有考虑到细长的弹体在飞行中会产生弹性振动，从而对控制系统造成非常严重的影响，因此出现这样的结果就是必然的了。后来人们在回想和总结这一阶段的工作时，常会发出这样的感叹：这真是一个天大的疏忽！

问题提出来了。屠守锷组织弹体结构研究设计人员，开始了艰苦的理论分析工作。他们先把这个系统性问题，分成若干个部分进行计算，然后做出系统

1964年4月18日，屠守锷（左四）与谢光选（左一）、梁守槃（左二）等战友在一起

性的分析，同时对可能造成此故障的因素，逐项展开分析。

屠守锷对故障排查工作抓得很紧、很细。从计算和分析方法的选择，到每一个计算公式和计算步骤，他都要亲自过问和审查，对一线工作人员给予精心指导。由于故障分析工作的周期较短，一线工作人员十分疲劳，有些人睡觉时都想着发现新问题，或是梦到故障原因，可真把大家叫醒后，又记不清梦里的具体方案了，怔怔地望着被自己吵醒的同事们抓耳挠腮，不知该怎么开口。

在分析故障的工作中，由于需要处理的数据很多，相互之间的关系又很复杂，导弹研究设计人员计算和分析的工作量很大，单是将最后分析出的结论性意见，汇集成故障分析报告，打印出的正式文件就达67页。

通过理论分析，研究设计人员发现弹体在飞行中的弹性振动，与导弹姿态控制系统发生耦合，导致弹体飞行失控，弹体振动与控制系统仪器、仪表发生相互作用，仪器仪表便发出错乱的指挥信号，险情就这样发生了。

问题找出来了，但如何解决呢？特别是那些能反映飞行姿态的敏感元件，到底安放在导弹的什么位置才是最合理的呢？

一切都没有现成答案，甚至没有可供参考或提示的信息资料。研究设计人员只好采取最原始也是最有效的方法——做试验。他们通过大量的试验，一点

点积累数据，并在判读数据的过程中，不断总结经验，逐步摸索出运行规律，以确定这些敏感元件最终的摆放位置。

通过理论研究和大量试验数据验证，研究设计人员对故障原因做出了科学解释，而且提出了修改设计方案，但还不敢贸然确定最终的修改设计方案。导弹结构非常复杂，理论计算与实际情况，多少会有些误差，误差的最大允许值是多少？如果超出允许范围，会造成什么样的严重后果？利用地面试验，确认理论方案的可行性，迫在眉睫。

首次飞行试验出现的另一个问题，是火箭发动机在改进设计时增大了推力，但由于结构强度不够，导致局部被破坏而起火。

故障分析工作有个特点，如所发生的问题涉及不同分系统，故障分析就特别复杂，很难一下子就找到真正的原因，弄得不好，相关单位还会被各打五十大板。但修改设计，解决问题，往往不会遇到很大的困难。如所发生的问题只属于某一分系统内部的某一部件，问题解决起来就会相对容易。

发动机故障分析就比较直接，哪个地方因为强度不够被烧漏了，此处便会冒出火苗，问题现象是显性的。

研究设计人员采取了许多结构加强措施，对某些部位采取局部加强的方式，从外观看像贴了几块补丁，被戏称为“等强度设计”。虽说外观不好看，但这些措施却很有效，马上解决了问题。

屠守锷向上级领导提出建设若干大型地面试验设施的请求，得到了相关部门的高度重视。1962 年 7 月，中央军委详细研究了国防科委关于导弹故障分析和请求解决有关问题的报告，决定迅速采取措施予以解决，有些重大问题当即转报中共中央审定。7 月 13 日，中共中央书记处听取了有关汇报，同意国防部五院关于改进设计和充分进行地面试验的安排，决定加速建设急需的地面试验设施。

此后，在国务院有关部委和北京市政府的大力支持下，全弹试车台、全弹振动试验塔、静力与动力实验室和控制系统仿真实验室等 18 项大型地面试验建设工程，被列入“抢建”的工程项目，加速建设。

在此期间，围绕着导弹首次飞行试验所暴露出来的问题，各分系统开展了大量的研究工作。为了降低弹体振动影响，提高导弹的抗干扰能力，各分系统对控制系统进行了大量的研究试验，提出修改意见；对火箭发动机进行了各种方案对比的地面试车，经过充分研究，确定了设计修改方案，以提高结构的抗振强度，使整体性能得到明显改善。同时还对总体技术方案进行重新论证，完成了相应的改进设计。随着各种大型地面试验设施的相继建成，中近程导弹的研制条件有了很大改善。

在整个排查故障过程中，林爽、屠守锷率领总体部修改了总体方案，任新民带领发动机研究所改进了发动机，郝复俭主持修正了控制系统高精度陀螺和加速度表，姚桐斌攻克了材料工艺难关……大家清楚地认识到，研制导弹是一项综合性的尖端技术，只有紧紧抓住全系统中每一个环节的质量，并经充分的地面试验，反复证明系统的正确性，才能进行飞行试验。在此过程中，钱学森提出“加强地面试验，凡是能在地面试验证实或模拟试验证实的，不要带到飞行试验中去考验”的思路，被航天人精练为“把故障消灭在地面上”！

经过修改设计后的中近程导弹，先后通过了17次大型地面试验，充分验证了所采取的各项改进措施的可行性和有效性。1964年5月4日，国防科委听取了改进型“东风二号”研制情况汇报，正式批准导弹出厂。

3. 技术挖潜创佳绩

1964年6月29日，修改设计后的东风二号导弹在酒泉试验基地进行发射试验，导弹按预定的弹道飞行，取得圆满成功。7月9日和11日，又相继发射了两枚东风二号导弹，均获得了圆满成功。飞行试验成功表明，中国已初步掌握了地地导弹的设计技术。

这个成功，对于中国年轻的导弹研制队伍来说，是一个巨大的鼓舞。事实证明，他们不仅掌握了导弹研制的若干重要技术，更重要的是摸索出了导弹研制的基本规律，为日后独立研制提供了借鉴。正是通过由失败到成功的锤炼，培养锻炼了这支年轻的导弹研制队伍，使他们能够坚定地迈开独立研制的步伐。

为挖掘产品的技术潜力，增强其使用功能，从1964年7月起，屠守锷领导总体设计部，再次对已试飞成功的导弹做进一步改进，取得了新的成果。

第一，使中近程导弹射程增加20%，增强了武器的作战能力；

第二，将控制系统改进为全惯性制导，提高了武器的适应能力。

导弹制导系统，是无线电制导与惯性制导相结合的混合型制导系统。由于导弹横向精度是通过无线电横偏校正系统来保证的，所以需要在发射场导弹射向的后方，配置一个横偏校正阵地，被称之为“大尾巴”。

这个“大尾巴”对地形的要求很苛刻，尤其山区地形，很难适应发射需要，这就大大限制了武器的使用范围及其实战性能。如将导弹横偏校正系统改为惯性制导系统，这个问题便迎刃而解。

惯性制导系统是利用惯性仪表来测量导弹的运动参数，并根据参数，对导弹飞行实行控制，保证导弹按照预定的弹道飞行击中目标，无需再受地面的指挥或干预，自然就甩掉了“大尾巴”。

为了满足国内地理环境的特殊需要，提高战略武器的作战实用性能，屠守锷下决心割掉导弹这个“大尾巴”。

屠守锷的这个想法，与控制系统研究所研究设计人员的想法不谋而合。经过半年多的群策群力，研制人员大胆创新，成功地对纵向、横向制导，采用新的惯性制导系统，进一步提高了导弹的实用性和生存能力，一举实现了改进目标。

至此，屠守锷圆满结束了对中近程导弹的技术领导工作。1966 年 10 月 27 日，在我国西部地区的国土上，首次进行了导弹核武器试验，即用导弹发射原子弹。中国用改进后的中近程地地导弹“东风二号甲”，运载真实的核弹发射升空，核弹头在预定地点上空成功地实现了核爆炸，导弹顺利地通过了实战考验。从此，中国有了具备实战效能的核武器，国防实力得到了突破性增强。

1969 年，经过改装后的东风二号甲导弹正式装备部队，成为了为祖国“站岗放哨”的第一代战略核导弹。

屠守锷

屠守锷院士传记

Academician Tu Shoue's Biography

第八章

规划未来

居守锷作为国防部五院第一届科技委成员，主持了《地地导弹技术发展途径和步骤》报告的论证，并参与了“八年四弹”规划的制定。

1. 总结经验向未来

在导弹研制工作出现困境的关键时刻，屠守锷临危受命，主持中近程导弹故障排查工作，领导完成了对导弹性能做若干重大修改的研制工作。正是通过中近程导弹从失败到成功的历练，大家对失败原因，有了更加深刻的认识：对导弹的设计原理和设计方法还没有吃透，对导弹系统的复杂性认识不足，对设计方案的可行性论证与地面试验验证重视不够；没有建立技术责任制，以及没有严格按照研制程序办事，对产品存在的缺陷和隐患没有及时采取有效的措施加以消除；急于求成，缺乏科学态度，对独立研制困难估计不足。

在主持中程地地导弹研制工作期间，屠守锷领导研制团队开展了大量的预先研究工作，卓有成效地解决了许多关键技术问题，同时加深了对导弹研制规律的认识，在导弹技术研究及其工程研制管理思想方面，取得了重大进步和一些重要成果。

第一，认识到按程序办事的重要性。屠守锷认为，关键技术最好先做预先研究，待技术上取得突破后，方可采用；技术方案必须经过充分论证，尽可能采用成熟技术；型号研制应先开展全面预研，待各项技术过关后，再转入可用来做飞行试验的正式产品的全面研制。如前一阶段的工作没有做完，不可贸然转入下一阶段。这些思想，对后来明确将导弹研制工作划分为“模样”、“初样”、“正样”等体系，有着重大影响。

第二，认识到地面试验的重要性。屠守锷认为，导弹是一个复杂系统，有许多问题不能单纯依靠理论的方法来解决，而必须通过试验验证。总体、分系统、子系统等，都要通过试验来证明其是否完整、可靠，满足设计要求，这是导弹研制的一个基本规律。绝大部分试验，应首先在地面进行，飞行试验只是对总体技术状态的最终考核，不能把什么问题都带到天上去验证。导弹研制费用，较地面试验设施建筑费用低；导弹是一次性使用，而地面设施却可以反复使用，多年不会再有大的投入；一项技术问题的解决，往往需要多次试验，如果各分系统、子系统问题，都靠飞行试验去暴露和解决，得用很多枚导弹去做这种试验；一个分系统问题，在一次试验中可能不会暴露出来，所以仅凭一次试验是远远不够的，只有通过各种类型的多次试验，问题才有可能充分暴露，整个系统也才有可能不断得到完善。以地面试验为主要手段，不仅在资金利用上是经济的，而且在时间利用上也是最有效的。

第三，注意到总体单位提高集成能力的紧迫性。导弹研制是一项庞大的系统工程，正如钱学森所说：

所谓尖端的“尖”，就在于综合。导弹是尖端技术的综合体，如何把成熟的技术组合到一起，在最短的周期里用最经济的代价完成一个型号，总体设计部要做许多综合协调工作。导弹研制，从设计、生产、试验到定型，这期间的工作千头万绪、纵横交错，需要科学统筹地进行安排。屠守锷认为，总体单位是导弹系统工程的管理中枢，无论工程技术，还是科研生产管理，都应当按照系统工程的方法进行。比如对工程技术，总体单位不应当只是简单地把各个分系统拿过来拼装了事，而必须将它们综合在一起，使它们相互配合，协调工作，形成一个有机统一的整体，以实现设计中规定的导弹运载功能。设计中近程导弹时，就没有注意到这个总体集成问题。尽管设计中较多地借鉴了 P-2 导弹的成熟技术，但由于苏联提供的是已经定型了的图纸和工艺资料，各个分系统、子系统之间的技术协调，已在其研制过程中磨合完成，所以对于磨合过程以及其中经历过的种种挫折，对协调与综合的重要性和技术上隐含的诀窍等，仿制人员均无从知晓。加上我们的测试手段还比较落后，缺乏更多的参考数据，无法在研制过程中发现问题，所有处理结果都要在飞行试验中进行总检查，这就给我们的研制工作带来了极大的风险和隐患。

事实上，这些经验仅凭仿制是很难学到的，只有通过自行独立设计，在实践的过程中摸索规律，经过由此及彼、由表及里的多次反复，才能真正掌握导弹研制的规律。中近程导弹由于振动导致飞行失败，究其根本原因在于总体单位集成能力不够强，经验不够丰富。弹体结构产生振动，本来是一种很正常的现象，这是一切弹性物体所固有的特性，无法避免。就一般情况而言，它不会对弹体结构本身造成威胁，负责弹体结构分系统研究的设计人员，单从其自身的要求，甚至可以不用考虑它对弹体结构造成的影响。但总体研究设计人员则不同，他们必须考虑这种影响，因为弹体变长了，其振动特性势必发生变化，控制系统中那些反映导弹飞行姿态的敏感元件，在变化了的总体环境中，就应被重新考虑它们在弹体上的安装位置，否则有可能留下隐患。中近程导弹飞行试验，问题恰恰就出在这里，这是一个非常典型的案例。屠守锷抓住了这件事，举一反三，组织总体设计部的科技人员认真总结经验，吸取教训，强化总体意识，以极端负责的态度全面检查原有的设计规范，纠错补漏，完善制度，从而在技术上极大地提高了总体集成能力。在此后的型号研制中，再也没有出现总体方面的方案性失误。

第四，重视预先研究工作。在仿制“1059”过程中，屠守锷面临着国内基础工业所提供的产品不能满足导弹生产需要的问题，如原材料的品种与规格不全，缺少大型机床等生产加工设备和精密仪器等。在汇总和解决这些问题的过程中，屠守锷亲身感受到了我国基础工业薄弱的现实，同时他也从导弹研制实践中深刻地感悟到必须重视预先研究。

导弹技术是现代科学技术的综合性产物，它需要有自然科学、技术科学等许多学科研究成果的支持，同时更需要有基础工业生产能力的支持。如果没有这些条件做支撑，设计再好，技术再先进，也无法实现。仿制“1059”导弹都这么困难，将来研制技术更先进的导弹就更困难。严峻的国际环境又不允许我们等各种条件都具备了再去研制导弹，所以必须闯出一条路，以导弹技术的发展，去促进、带动相关学科和基础工业的技术进步。这就需要充分发挥预先研究的开路先锋作用，探明道路，创造出导弹技术研制的必要条件。

屠守锷认为，一个新产品的研制，必须弄清哪些是关键技术，解决这些关键问题需要运用何种技术手段，拥有哪些技术、设备和生产试验条件，才能使我们具备这种手段等。所有这些问题，都应该在预先研究中找到答案。这就是技术储备，有了这种储备，在产品研制工作全面展开时，就会比较顺利，遇到的技术难题和阻力，也会少许多。“1059”仿制的启示，对屠守锷日后的工作帮助很大，他在主持中程导弹研制工作初期，就非常重视预先研究工作，狠抓不懈。在此后参与制定国家航天技术发展规划的研究工作，以及在主持研制我国第一个洲际导弹型号的科技实践中，他又将这些科学思想进一步深化，使之变得更加丰富和全面。

2. 中国式发展途径

限于经济基础薄弱和科技水平落后，1956 年，在国家制定的十二年科学技术发展规划中，导弹项目仅提出对地空、空空等各种防御性战术导弹进行研究，对各种技术和需采取的措施，大多没有提出具体要求。随着科研工作的逐步展开，这些课题项目需要进一步细化。同时，国防部五院在结束仿制、全面转向独立设计阶段之后，地地战略导弹研制已有相当进展，具备一定的技术基础和实现下一步跨越式发展的条件。聂荣臻多次提到，要准备在适当的时候，开始研制远程或洲际导弹。

制定全面发展规划，指导日后工作，被迫切地提上议事日程。日趋紧张的国际形势，也逼迫我们必须加快现代化军事装备的研制步伐，以保证国家利益和安全不受损害。

为确保国家安全，维护世界和平，中共中央、国务院、中央军委要求加强战备和国防现代化建设，加速发展国防尖端技术。中央专委陆续向有关部门部署了制定核武器、导弹和运载火箭、核潜艇，以及人造卫星的发展计划等工作安排。为此，国防部五院在20世纪60年代前期，两度就航天技术发展规划的相关课题，展开全面的论证。

1961年7月12日，钱学森向聂荣臻建议成立由专家组成的国防部五院科学技术委员会，作为研究院的技术“高参”，研究型号发展的技术途径、技术发展方向和有关问题，为党委和行政领导提供建议和咨询。

经聂荣臻批准，1962年2月2日，国防部五院科学技术委员会（简称科技委）成立，钱学森任主任委员，任新民、屠守锷、庄逢甘、吴朔平、梁守槃、蔡金涛等任副主任委员，下设16个专业组，重要的专家组组长由科技委副主任兼任。

1963年4月2日，首届科技委年会召开，会上讨论了地地、地空、海防导弹的技术途径和发展步骤。各路专家按照专业分工和技术配套原则，被分成三个小组，分别研究地地导弹、地空导弹和海防导弹的技术途径和研制步骤。

屠守锷代表一分院，在会上做了《地地导弹技术发展途径和步骤》的报告，就导弹射程、分类、级数、并串联、燃烧、弹体直径、制导方式、发动机类型、运输方式、机动性能等十几个问题，进行了充分论证。这个报告为后来研究院“八年四弹”发展规划提出了设想，勾画了蓝图。这个报告，得到了钱学森的赞同。

谢光选院士回忆说：“八年四弹”规划的形成有两个过程，一是国防部五院科技委地地型号组组长屠守锷组织分院各有关单位收集资料，研究国外技术发展情况，邀请有关专家座谈讨论，各抒己见，从我国实际出发综合各方面意见，提出我国发展地地导弹技术的初步设想。二是广泛征求部队用户意见，总参派了一位高级参谋参加我们的研究讨论。综合两方面意见，形成了发展四种导弹的意向。

是否需要搞一个科学研究规划和计划，在当时并不是很统一。有人提出，没有多大必要大张旗鼓地搞什么规划，谁能保证探索中的国防科研单位确立的项目是合理、科学的？谁又能保证需要研究的项目，到时候就一定能搞出来？

聂荣臻认为，这种认识是片面的。“诚然，科学研究是一种创造性劳动，会有许多探索甚至失败，硬性规定时间实现某项具体目标，是不合适的。但是，根据需要和可能，提出研究课题，探索途径，对预期取得的目标和进度做出预测，则是可能的和必要的。”聂荣臻的讲话，对统一认识起到了关键性作用。

屠守锷（左二）与谷景生（右二）、梁守槃（左一）、谢光选（右一）在一起

那段时间里，钱学森更是殚精竭虑，呕心沥血。他经常深入基层，和技术员们一起讨论问题，亲自审查计算结果，并且指出我们的导弹发展思路是既要有先进性，又要有继承性，力争在较短的时间内，花费较少的经费，研制出性能指标优良的系列产品。有了钱学森的支持，屠守锷的信心更足了，工作的具体步骤更加明确了。

按照钱学森的发展思路，屠守锷领导的地地导弹规划研究小组提出了地地战略导弹研制规划分四个步骤实施的构想；在技术途径上，采用可贮存液体推进剂，同时加强固体导弹研究；在单级导弹成功研制的基础上，过渡到多级导弹研制等。

此时的屠守锷刚刚经历中近程导弹飞行试验成功的喜庆时刻，成功让他更加的自信，在投入航天技术发展规划的制定中，对祖国航天事业的无限激情，以及满腔热情所焕发出的无穷智慧和能量，又有了充分施展的广阔天地。

3. 全面论证新规划

制定规划是一件非常严肃的工作，为此，国防部五院广泛发动群众，充分发扬技术民主，组织广大科技人员进行反复讨论和论证。地地导弹规划先后组织了两次群众性的大讨论：第一次是 1962 年至 1963 年，工程组长以上的干部 2000 多人参与了讨论和修改；第二次是 1964 年至 1965 年，一分院组织院、所（厂）两级领导和机关人员，深入科研生产第一线，充分听取领导干部、科技人员和工人的意见，还组织了 2400 多人参加不同形式的“三结合”小组，充分发表个人的意见和看法。

1963 年四五月间，在国防部五院科技委年会上，专家们对航天技术发展规划进行了最后一次集中、全面的研讨，并形成了《火箭技术发展途径的意见》。

在此基础上，国防部五院拟定出规划草案。

经过三年国民经济调整，1964年，我国经济又进入一个新的发展时期。这一年里，国防尖端技术也取得了重大突破，中国自行设计的第一枚中近程导弹于6月实现了成功发射，中国第一颗原子弹也于10月试爆成功。

社会主义建设新高潮的到来，为加速我国航天事业发展创造了极为有利的条件。同时，鉴于对当时国际环境和战争危险的分析，国家对导弹与火箭技术的发展提出了更高的要求。

为了适应新形势的需要，国防部五院于1964年11月，完成了自建院以来规模最大的改组：

在原国防部五院的基础上，增加若干个工厂和科研所（从其他工业部门或地方抽调），组建成第七机械工业部（简称七机部），统一管理航天工业科研、设计、试制、生产和基本建设工作，并决定1965年6月1日，有军籍的工作人员集体转业。

与此同时，原国防部五院按专业分工组建的四个分院，依照按导弹类别分工的原则，改组成四个导弹研究院（简称型号院）。每个院负责一种类型导弹（如地地、防空、海防等）的研制工作，并根据该类导弹总体和各分系统研制的需要，设置相应的研究设计机构，在管理上自成体系。

如此，一分院成为七机部第一研究院（简称一院），即运载火箭技术研究院，屠守锷仍然担任副院长。一院内部设置了火箭总体、火箭发动机、控制系统、惯性器件、地面设备、强度与环境、材料工艺、遥测技术、计量测试、计算机应用等门类比较齐全、配套的科研机构，以及相应的试制工厂和试验站等，对运载火箭的研制，实行集中、统一管理。

在发展国防尖端技术问题上，中央军委确定的方针是“两弹为主，导弹第一”。而在计划制定方面，二机部已经走在了前头。他们以中共中央和毛泽东主席批准的中央专委 1964 年 1 月的报告为依据，计划首先完成空投原子弹的研制、试验和实现导弹核武器的发射试验，争取在 1968 年进行氢弹试验，接着实行氢弹武器化，为地地战略导弹配上核弹头，力争于 20 世纪 70 年代中期实现这一目标。在计划的实施上，他们于 1966 年实现了第一颗原子弹试爆成功。

这一年，我国组建了战略导弹部队——第二炮兵。

毛泽东主席曾这样兴奋地说过：“谁说我们中国搞不成导弹核武器呢？这不是搞出来了吗？”“原子弹要有，氢弹也要快。”

毛泽东主席的话，对核工业是一个巨大的鼓舞。这无形中对导弹主管部门的工作，形成了很大压力。特别是“两弹为主，导弹第一”，核工业部的原子弹已经炸响，而导弹这个第一，却不见动静。核大国们也嘲笑我们是“有弹无枪”。因此，尽快地制订出航天技术发展规划，便成为七机部成立后要办的第一件大事。

1965 年 2 月，在原规划草案的基础上，再度组织了大规模的规划论证。这一次参与的人员范围，比前一次更加广泛，人数也大为增加，共有 3000 多人（其中一院有 2400 多人）参加了各种问题的讨论。

由于规划论证工作采取了两个“三结合”，即领导干部、技术人员和工人“三结合”，设计、生产和使用单位“三结合”，充分发挥了技术民主，因而来自各方面的不同意见，几乎都征集齐备，从而为保证规划的先进性和可行性，创造了条件。

经过近 20 天的大讨论，在集中群众智慧的基础上，终于拟制出“八年四弹”规划，即在 1965 ~ 1972 年八年时间里，计划研制出中近程（改进型）导弹、中程导弹、中远程导弹和洲际导弹；优先发展液体导弹，同时抓紧研制固体导弹；重点发展战略导弹，同时发展战术导弹；在发展弹道式导弹技术的基础上，发展卫星和运载火箭等一系列指导原则，对各项具体研制工作做了统筹安排。

1965 年 3 月 20 日，周恩来总理主持的中央专委第十一次会议批准了这个规划。这就是后来人们常说的“八年四弹”规划。在此期间，作为一院的技术总负责人，屠守锷主持了一院承担的地地弹道导弹发展规划的制定工作，对四种战略导弹，详细规划了研制技术途径和实施步骤。他为这个规划的成功制定，备感欣喜和振奋。

在这断断续续、前后历时三年的规划制定工作中，作为一院技术总负责人，屠守锷有更多的机会领受国家高层领导人的指导和教诲，对国家经济和科学技术现状，有了更加深入和全面的了解。

他开始尝试着从国情出发，集中、全面地研究中国航天技术的发展道路问题。在这种学习研究的过程中，他的思维方式得到了升华。从此以后，每当遇到重大科学决策问题，从国情出发，从国家的全局利益出发，成为他思考问题的基本出发点和思维习惯。

在规划制定过程中，有两个问题，无论如何也绕不过去：一是国防建设需要与国家经济实力不足之间的矛盾。当时急需拿出先进的导弹武器，而研制导弹需要相当多的投入，而国家却暂时拿不出太多的资金。二是导弹技术先进性要求与国家科学技术基础薄弱之间的矛盾。

与国外导弹先进水平相比，我国当时距离这种先进性的要求差距较大，中间还差着若干个台阶。一个好的规划，必须在这两种矛盾中，找到一个科学平衡点，既要做到少花钱，又能保证导弹性能达到先进水平。

为了达到这个目标，屠守锷绞尽了脑汁。

对国外火箭技术发展历史和现状，屠守锷从没中断过研究。但要实现这个更高目标，光有这些还远远不够。可喜的是，国防科研战线形成了苦干攻关、无私奉献的主流风尚，上上下下充溢着空前高涨的国防建设热情，蕴藏在人们内心已久的奋发图强、为国争光的民族激情，正孕育着一次大规模的爆发。

此时，七机部一院已配备了相当完备的科研设施，导弹研制所必需的科技协作网也已形成。更为重要的是，经过七八年仿制、独立设计和自主研制的锤炼，导弹研制队伍无论在技术水平上，还是在组织管理能力上，都已进入快速成长期，具备了相当强的科技攻关能力。

有了这些条件，我们完全能够做到“少花钱，多办事”，关键是我们能不能找到一条最合理、最科学、最经济的导弹技术发展途径。屠守锷清楚地看到，我们的导弹技术现在仍处于起步阶段，技术水平不算很高，技术储备还比较少，因此，对前进道路上的困难绝不可低估，更不能盲目乐观，必须保持清醒的头脑。

4. 导弹发展理思路

屠守锷通过对导弹研制规律的深入研究，对上级指示精神的深刻领悟，以及不断地与同事们进行讨论、交流中，逐渐廓清了自己的思路。

首先，在型号安排问题上，我们不能向外国学。超级大国的军备竞赛非常激烈，他们的导弹型号非常多，为了抢先，甚至不惜重复，常常同一种用途的导弹，几个型号齐头并进，拼的是大量财力的投入。我们没有这个经济实力，就是有，也不能采用这种劳民伤财的办法。为了尽快缩短与世界先进水平的差距，我们必须突出重点，不同别人攀比数量，而是要在质量上有所突破，强调在一种导弹型号上从总体功能和有效性上“有所赶超”。用这种“集中优势兵力打歼灭战”的办法，逐个突破，完全有可能以最快的速度，把装备的品种搞齐全。所以，在工作规划中，必须明确重点。

其次，在技术发展道路问题上，我们不能跟在别人的后面亦步亦趋，把别人走过的路重复再走一遍。如果那样，我们永远也不可能缩短同世界先进水平的差距。要想有效地缩短同发达国家在导弹研制上的差距，必须有一个跨越式的进步，在一个型号上尽可能多地采用最先进的技术。当然，同美国、苏联等国家相比，我国的航天技术起步比较晚，技术差距大，但这也有其有利的一面。我们可以充分借鉴别人的经验，吸取他们的教训，少走或不走弯路，有可能一步跨过别人需要若干步才能实现的技术发展阶段。例如，国外洲际导弹采用的液体推进剂，多经历过由不可贮存到可贮存的发展阶段，我们可以跳过不可贮存阶段，而直接采用可贮存的推进剂。再如，控制系统中的平台计算机技术，当时在国外也是比较新的，是别人经过多次探索后才获得的，而我们则可以跨过那些探索阶段，直接去研究和应用它。这样做，有可能使我们研制的第一代产品在技术上达到国外第二代产品的水平，第二代则可以达到国外第三代或第四代的水平。

第三，在技术途径的研究上，必须细之又细，才能选择出一种好的方案。判别各种技术途径的优劣，不能仅凭单项技术的比较，更要注重它们的整体效能，从系统的角度去分析和评价，并且要为以后的发展留有余地。例如，制导系统可以有几种不同的技术途径供我们选择，最后之所以选择了平台计算机制导方案，就是考虑到它有一个稳定平台作保护，不仅能为制导方程的计算提供很大方便，同时也能使惯性仪表的工作环境大为改善，从而有利于制导系统精度的提高。尽管在研制初期曾遇到过一些困难，但是凭借这种整体方案的正确选择，最终保证了设计目标的实现。实践表明，这条路径的选择是正确的。它不仅保证了洲际导弹和长征二号运载火箭的研制成功，也为后来几种大型运载火箭控制系统的研制，提供了技术支持。

第四，在赶超世界先进水平问题上，我们既要有赶超世界先进水平的雄心壮志，又要使规划的一切设想都建立在切实可行的基础上。新技术的研究和应用，必须先打好基础，绝不能急于求成，跨的步子过大。例如，从作战使用的角度来说，固体导弹明显比液体导弹更优越，因为它的推进剂（固体药柱），事先就装填在导弹里面，随时可以发射，而不需要经过像液体导弹那样的推进剂加注程序，因而作战反应时间可以大大缩短。但是在我国，固体推进技术研究才刚刚起步，还需要突破许多关键技术，才能达到可以在导弹型号上应用的水平。而在液体导弹技术方面，情况则好得多，我们已经掌握了基本技术，具备了实际应用和快速发展的条件。因此，应当重点发展液体导弹，待将来固体推进技术过关了，再去实现导弹的固体化。

第五，对于花钱较多的技术项目，必须进行深入的研究和充分的论证，尽量选择那种花钱较少的技术途径。发展航天技术，自然需要一定的资金投入，但投入的多寡，却与技术途径的选择有很大的关系。在满足总体要求的条件下，如果有多种技术方案可供选择，则应优先选择最省钱的方案。例如，随着导弹射程的增加，发动机的推力也要随之增大。采用单台大推力发动机，固然有结构简单、重量较轻的优点，但其技术却复杂得多，研制风险和费用都很高。而用若干个推力较小的发动机并联使用，也能具备同样的功能，研制的技术难度却降低了，费用也省很多。所以，应优先选择后者。但发动机并联太多又面临着更复杂的技术问题。苏联在载人登月火箭上采用几十台发动机并联的方式，多次试验均告失败，也是一个教训。

……

经过深入思考，屠守锷得出的这些观点，不仅得到了多数同事的认同，对后来航天规划和技术改造工作，也有着相当大的影响。

屠守锷是一位严谨务实的科学家，在科学研究领域，他始终恪守实事求是的原则，坚持认为规划中先进的指标，必须是经过努力完全可以达到的，绝不能好高骛远。对在规划草案讨论中某些意见的取舍，特别是那些不仅技术指标很先进，而且在某一阶段还很热门、但在当时却很难实现的意见的取舍，屠守锷总是以实事求是的态度，对问题做出精辟分析，这在当时“左比右好”成主导舆论的社会环境里，不仅需要难能可贵的勇气，更需要有科学的态度、严谨的作用、扎实的理论、过硬的技术、严密的逻辑做支撑，还要有一颗赤子之心做基石。

“八年四弹”规划是航天领域众多参与者集体智慧的结晶，她凝聚着屠守锷等一批老专家对航天技术途径潜心研究的成果，鼓舞了一代航天人为实现祖国科学技术和国防建设现代化而努力拼搏，谱写出一页页壮丽篇章。

屠守锷

屠守锷院士传记

Academician Tu Shoue's Biography

第九章

肩负重任

“八年四弹”规划实施后，屠守锷主持了洲际导弹研制工作。为了保证导弹的先进性，他率领研制队伍，在非常困难的情况下，完成了导弹的方案设计和试制。

1. 洲际导弹上日程

“八年四弹”规划获批准后，洲际导弹型号研制任务正式确定。七机部决定由运载火箭技术研究院负责研制，屠守锷作为技术总负责人，主持洲际导弹研制工作。

这是中国人研制的第一枚洲际导弹，在兴奋之余，屠守锷感到自己所肩负的责任从未像现在这样沉重。他工作兢兢业业，不敢有丝毫疏忽和懈怠。虽只担任技术总负责人，但从型号研制开始，他就在履行总设计师的职责，潜心钻研中国的洲际导弹技术。

屠守锷接受任务后做的第一件事，是组织方案论证。

洲际导弹技术方案早在一年前便开始酝酿。1964 年 1 月，在国防部五院的规划草案中，就提出 20 世纪 70 年代的主要任务是研制洲际导弹，同时在各研究设计单位成立相应的方案论证小组，开始方案论证的前期准备工作，但技术方案一时还很难确定。

首先，由于洲际导弹的结构方案是串联式两级导弹，尺寸较大，研究设计人员缺少设计大型导弹的经验，心里没有底。东风二号和东风三号导弹，采用的都是单级结构的小型火箭，原来设想先通过中远程导弹“东风四号”研制，摸清两级导弹的结构设计规律，再开展洲际导弹研制工作，可事实上，中远程导弹与洲际导弹研制同时起步，限定了技术上的借鉴性。尤其是洲际导弹直径，从结构设计角度讲，大家都希望直径数值能选取得大些，但在制造与运输方面又受到限制，所以，直径究竟应该选取多大的数值，也亟待进行调研后才能确定。

其次，洲际导弹必须采用许多新技术。这一方面是由于洲际导弹技术本身的先进性所决定的，另一方面是因为洲际导弹在中国属第一次研制，很多课题是第一次接触，这些新技术缺乏相应的预先研究成果予以支持，因而需要一边进行方案论证，一边进行试验研究。有的子系统还要两种不同方案同时并行研究，才能明确究竟哪一种方案既符合设计要求，又简便易行。

第三，由于国内计算机制造技术比较落后，能否研制出满足设计要求的弹上计算机，要视科技攻关进展情况而定。

因而，在技术储备极度匮乏的情况下研制洲际导弹，注定要闯过更多的技术难关。屠守锷在开始主持洲际导弹方案论证时，就确立了清晰的目标：一定要将洲际导弹研制成性能比较先进、能满足实战要求的战略武器；在技术进步上，迈的步子尽可能大些，以建立丰厚的技术储备基础。

事实证明，中国导弹工业取得了巨大收获。中国航天在研制出洲际导弹的同时，在制导、推进、结构材料、发射试验技术等方面取得了重大技术突破。其中，先进的平台计算机制导方案、高可靠性的大推力摇摆发动机、高强度的铝铜合金箱体结构、精密灵巧的电液伺服机构等先进技术的成功应用，使洲际导弹在制导精度和运载能力等方面，都达到了相当先进的水平。

2. 实事求是定方案

为了使方案建立在现实可行的基础上，在方案论证过程中，屠守锷率领设计人员做了大量的调查研究和科学试验工作。

万事开头难。首先要确定洲际导弹直径。

根据“八年四弹”规划，洲际导弹直径确定为3～3.2米间的数值。但究竟哪个数值更合理、更符合我们的实际需要，屠守锷率领总体部很是费了一番周折。

设计人员从公开的资料中查明，美国的大力神洲际导弹，以及据美国分析，苏联国庆节在红场上展示的导弹，其直径都是3.05米。中国洲际导弹直径将根据什么标准确定呢?

有些设计人员联想到我们自己的经验教训，中近程导弹第一次飞行试验由于没有考虑到细长的导弹在飞行中会产生弹性振动而导致失败，因此希望洲际导弹直径尽可能大些，这样能使导弹显得粗壮些，也能给控制系统设计创造一个良好的基础条件，所以，建议洲际导弹直径尽量取最大值。屠守锷很欣赏这个建议的立足点，他提醒设计人员，愿望是美好的，但愿望一定要建立在现实的基础上，否则就会成为空想。“如果导弹直径过大，必然要增加它的运输成本，关键是怎样实现其运输。”他鼓励设计人员通过调研找出答案。

为了确定洲际导弹最大的直径数值，洲际导弹方案组人员会同战略导弹部队和铁道部等单位的有关人员，到全国各地进行实地考察和调研。他们搜集了国内铁路、隧道、涵洞、桥梁等大量资料，为弹体及地面设备的设计提供了可靠的依据。

对如何运输洲际导弹这样的大型产品，技术人员也做了多种调研。我国是一个地域辽阔而又多山的国家，导弹运输不可避免地要穿梭于崇山峻岭之间，因而采用铁路运输方式，比较符合我国国情。

经过广泛深入的讨论，洲际导弹方案组最终决定：以通过铁路涵洞的特殊外形铁路运输车的最大允许直径，作为技术上的外部约束条件，以此确定洲际导弹的最大直径为 3.35 米。

后来，一位工程技术人员做了一个计算，正是洲际导弹直径的增大，使我国以洲际导弹为基础的长征系列火箭的运载能力，普遍地提高到了 20% 至 30%。

这辆有着特殊使命的铁路运输车，由铁道部一位年近八旬的资深工程师设计。可这位设计师并不知道，他设计的运输车所限定的技术条件，确定了中国第一枚洲际导弹的最大直径。

减轻导弹结构重量，是提高射程的重要手段。参加洲际导弹研制的设计人

专列行驶在祖国的崇山峻岭中

员为减轻导弹重量竭尽全力，真可谓是“斤斤”计较。

推进剂贮箱是贮存强腐蚀性介质的压力容器，其结构材料要与推进剂有很好的相容性。同时它又是弹体的一个主要承力构件，需要有足够的强度和刚度，而且结构重量还要尽可能的轻。洲际导弹一、二级贮箱长度占导弹全长60%以上，减轻其结构重量，将会十分有效地增加导弹射程。由于结构减重的实施手段主要取决于所选用材料，以及由此而决定的结构形式，因而贮箱设计选用何种材料，就成为导弹能否减重的关键。

屠守锷把这项任务交给了著名材料专家姚桐斌负责。接到任务后，姚桐斌率领总体设计部、材料工艺研究所、导弹总装厂等单位，会同冶金部，对国内生产的多种材料进行对比分析，做了许多工艺试验。通过对材料性能和国内生产能力的全面分析和综合比较，最后确定采用高强度铝铜合金，作为推进剂贮箱的结构材料。跨越铝镁合金应用阶段，而直接采用铝铜合金材料，并与合理的结构设计相结合，仅此一项，就可以使贮箱减重30%，从而显著地减轻导弹弹体结构重量。采用高强度铝铜合金作为推进剂贮箱结构材料，是一个重大技术决策，使我国在向导弹技术高峰攀登的征途中，迈上了一个重要台阶。

此后，总体设计部还会同相关研制单位，对导弹弹体结构、总体布局、级间比、弹体底部防热，以及级间分离等各项技术方案，进行深入研究和分析，并一一做出相应的选择。

在新技术应用中，又遇到了极大困难。铝铜合金材料有一个致命缺点——

焊接性能较差。而导弹贮箱制造，恰恰需要采用大量的焊接工艺，这是一个绕不开的技术问题，也因此在铝铜合金技术被攻克后很长一段时间内，无人敢问津其技术应用。洲际导弹确定采用铝铜合金作为结构材料，冒着很大的风险。

设计人员发现，利用铝铜合金试验片进行焊接，其焊接系数很低，一般只能达到 0.5，即焊缝强度只能达到原材料断裂强度的一半，这远远超出他们原来的想象。设计人员后来又做了若干次试验，仍没有取得根本性的改观。大家的心悬了起来，如果此问题不解决，不但减重无法实现，技术跨越的设想也无法实施，更严重的是还会动摇正处于成长期的导弹研制队伍大胆采用新技术的决心。

屠守锷把各个分系统的负责人召集在一起研究对策。大家一致认为：从当前情况看，采用铝铜合金确实存在很大风险；但从未来技术发展趋势看，它却又是提高导弹射程的必经途径；如果不愿冒此风险，避开它，将来还会受它困扰，那将是更大的冒险。因为洲际导弹的射程一般为 8000 千米到 14000 千米，用铝镁合金实现导弹射程 8000 千米没有问题，但要再往上提升，就没有可能了。

难道中国的洲际导弹就只能停留在 8000 千米的低水平上吗？这显然违背了国家战略发展的需要，也违背了广大科研人员的初衷。

屠守锷告诫大家，中国只有一个运载火箭技术研究院，目前他们所做的一切，代表着国家水平，关系着国家的利益和安全。采用铝铜合金，虽然目前有困难，但中国要想在火箭研制方面缩短与世界水平的差距，唯一的出路就只有大踏步前进，一步一个台阶，使我国大型运载火箭技术在尽可能高的平台上起步。

屠守锷决心攻克这个技术堡垒，让中国的洲际导弹插上翅膀，腾空飞翔。他毅然拍板决定：克服一切困难，推进剂贮箱采用铝铜合金！

接到命令，设计人员非常兴奋。他们一方面感到自己肩负着对国家那份沉甸甸的承诺；另一方面，他们的内心充满忐忑，之前的试验结果告诉他们，横亘在面前的困难有多大。大家决心同舟共济、共渡难关，在总设计师、老专家的带领下，为研制出适用的焊条，探索出合理的焊接工艺而努力。

3. 向科学高峰进军

在接下来的日子里，屠守锷率领焊条攻关队伍做了无数次试验，但结果几乎令他们陷入绝境。有时费了九牛二虎之力才想出的新方法，效果反不如前，焊缝质量之差，超出了设计要求的最下限，也超出了他们心里能承受的最大限度，但大家一直坚持着，因为他们知道，只能向前，不能退却，只有坚持，才可能通向胜利。

在攻关焊接技术过程中，屠守锷带领攻关队伍，吃住全在试验现场。一个方案失败了，又去探索另一个新方案。在反复试验中，他们积累了大量的技术数据和宝贵经验，边学习、边探索、边实践、边总结，仅焊丝化学成分的配方，就试用过500多种，最后终于研制成功铝铜合金的专用焊丝，同时探索出一套特殊的焊接工艺方法。利用此项科技成果制成的推进剂贮箱，完全达到设计标准，并在后来的导弹飞行试验中经受住了考验。

贮箱焊缝攻关成功后，还发生过一个小插曲。

在洲际导弹第一次飞行试验中，当导弹飞行到一定高度，从弹体处突然冒出一股白烟，那个部位正好是贮箱位置。难道是贮箱泄漏？有人立刻想到了贮箱焊缝，那可是最薄弱、最让人担心的地方。

这次试验虽没有因这股白烟而发生意外，但谁也不能给它一个合理解释，它的存在就是埋伏在洲际导弹上的一颗定时炸弹，也是人们的一块心病。

一时间，各种指责纷纷指向拍板此事的总设计师屠守锷。

屠守锷陷入了深深的沉思，他太想解开这股白烟背后的谜了。他不在意这些指责，因为他知道说这些话的人的出发点是善意的，是从导弹的安全性考虑，但他在意飞行试验结果的分析与评定。为研制洲际导弹，国家付出了那么多财力、物力和人力，工程技术人员投入了那么多心血，而自己作为技术指挥员，必须对每项工作高度负责。做一次飞行试验很不容易，各种新技术、新设计和新工艺，都要在这里接受考验，必须珍惜试验中发现的问题，绝不能放过任何一个疑点、任何一种缺乏理论依据的现象。

屠守锷脑海里时常浮现出导弹图像，他苦苦地回想着试验过程中的每一个细节，可就是找不到能合理解释白烟产生的原因。

一个偶然的机会，设计部一位设计员，一个刚刚大学毕业参加工作的毛头小伙子，在路上碰见了屠守锷。看着因承受巨大压力而显现在总设计师脸上的万分焦虑，便上前说道："我在一本杂志上看过一篇报道，说是当导弹飞行到一定高度，只要温度和湿度适宜，就会产生白烟。"

听到这番话，屠守锷顿觉精神一振，他真希望是自己的思维出了偏差，陷入到"问题"之中，也许它本身就是一种正常现象。但这需要用数据给出证明和结论。

屠守锷对这位年轻的设计员说："请你赶紧帮我找到这本杂志，给我看一下。"

当屠守锷拿到那位设计员几经周折终于找到的那本杂志，立即赶到几十千米之外的空气动力研究所请教。空气动力研究所所长、著名空气动力学专家庄逢甘十分重视此问题，立即组织科技人员开展研究。经过一个星期的理论研究和实验验证，最终证明白烟与贮箱焊缝无关，是一种正常现象。

屠守锷一直悬着的心，终于落了下来。

在中国液体地地战略导弹中，洲际导弹使用的液体火箭发动机推力最大。它采用常温下可贮存的四氧化二氮作为氧化剂，用偏二甲肼作燃料。其中，一级发动机由 4 台单机并联组成，每台单机可沿弹体做切向摆动，用以控制导弹的飞行姿态；二级发动机由 1 台主发动机和 4 台游动发动机组成，每台游动发动机可做切向摆动，用以控制二级火箭的飞行姿态。

在动力系统方案设计中，还有一项重要课题，即是确定推进剂贮箱的增压方案。这种增压必不可少，因为它要保证发动机的泵入口处有足够的压强。

方案论证初期，曾提出过自生增压和化学增压两种方案。前者是用推进剂汽化后的蒸汽给贮箱增压；后者是用推进剂燃烧后产生的燃气给贮箱增压。经过总体设计部王德臣等人的研究论证，最后确定采用自生增压方案，以便减轻增压系统的重量，减小外廓尺寸。

液体火箭发动机通常是借助于高压气体的压力，或是高转速的泵，将贮箱中的推进剂输送到燃烧室中去。在制定洲际导弹第二级游动发动机技术方案时，最初提出的方案是利用气瓶挤压的方式，实现推进剂输送。由于结构简单、可靠性高、制造便宜，在发动机推力较小、工作时间不长的情况下，采用这种供应系统是合理的，于是便按照这个方案，全面展开了工作。

1967 年下半年，情况发生了新的变化，研制返回式遥感卫星的任务被提到议事日程上来。进行总体方案论证期间，便已确定发射卫星的运载火箭，将在洲际导弹的基础上进行设计改进。因而，洲际导弹研制任务不仅是单纯的导弹武器研制，还要考虑将来改装成运载火箭后能否满足发射卫星的需要。

按照这样的要求，原方案的缺点便十分突出。火箭发射卫星时，二级游动发动机需要工作很长时间，挤压式供应系统的质量就会随之大大增加，这显然是不合理的。如果采用泵压式系统，由于涡轮泵的质量与发动机持续工作的时间长短无关，因而能显示出其优越性。于是，又提出采用小涡轮泵供应推进剂的新方案，这样既能增大火箭的运载能力，又可以实现卫星在小推力条件下入轨。但这又是一个新课题，研制中将面临一系列难关，能否按期攻下，保证卫星发射的节点，屠守锷没有把握。

洲际导弹是“八年四弹”规划中的最后一项任务，能否按期完成规划任务，解决洲际导弹有无问题，这是国家的大事。作为总设计师，屠守锷必须要有全局观念，同时还须顾及长远。未来我国卫星发射，由于其功能和装备上的差异，每次发射对运载火箭飞行程序的要求都可能不一样。为满足这种需求，迟早须采用泵式方案。于是，屠守锷毅然决定挤压式和泵压式两个方案一起上，即使短时间拿不下来这个课题，也可以为以后的工作打下基础。

在中国运载火箭技术研究院广大科技人员的心目中，屠守锷有着很高的威望，特别是他的胸怀和气魄，让很多人折服。

屠守锷的全局观念，不仅仅局限在一个型号上，或是一个研究院，他总是习惯于从国家这个大局出发，放眼世界。

屠守锷常常告诫身边的设计人员，中国只有一个运载火箭技术研究院，我们考虑问题一定要从国家的利益出发，因为在这方面我们就是国家利益的具体代表者和执行者。屠守锷不仅这样告诫身边的人，更是以身作则，用实际行动影响着身边的人。

现实的确是这样。中国运载火箭技术研究院是中国唯一的战略导弹研制基地，也是中国航天事业发展的摇篮。从全局出发，对国家有利，是屠守锷思考问题的准则。他相信，判断任何事物的天平，都应该服从国家利益这个根本。只要心中有了这个天平，决心是不难下的，决策往往也就呼之欲出。

在屠守锷的正确决定和带领下，经过研制人员的共同努力，最后攻下了泵压式发动机的种种难题，在提高导弹先进性的同时，也保证了研制周期。

4. 展开方案攻坚战

屠守锷将自己的全部精力，投入到洲际导弹方案论证工作中：听取基层研究设计单位的情况汇报，到试验现场考察课题进展情况，研究和审批论证报告。他还经常到各个研制单位参加各种技术方案的研讨和论证，直接听取设计人员的各种意见。他的目标是尽一切可能，把洲际导弹的技术方案确定在既保持先进性、又现实可行的基础上。

至 1966 年 7 月，洲际导弹大部分方案设计报告完成，只有控制与弹头两个重要的分系统还在继续论证。对屠守锷来说，形势变得十分严峻，他必须抓紧完成洲际导弹方案设计阶段的工作，因为“文化大革命”开始了，一切正常的

屠守锷（左一）与同事们在一起讨论工作

工作秩序被打乱了。科研机构不遵循科学规律，科研人员没有科学的思维方式，在科学试验活动中只许成功，不许失败。七机部的技术专家开始虽没有被当作“反动学术权威”批斗，但也受到干扰，尤其是各级党政机关干部受到了很大冲击，行政指挥线遇到阻力，各项工作的布置落实远不如从前畅通，这为导弹研制工作增加了很多技术因素之外的困扰。

洲际导弹控制系统是采用新技术较多的一个分系统，尤其是其中的制导系统，几乎全部采用了新技术。在制导与控制专家黄纬禄和梁思礼领导下，控制系统研究所、惯性器件研究所、总体设计部等单位共同对其方案进行论证。

为了保证洲际导弹有较高的命中精度，方案论证之初选择了平台计算机制导方案，同时将捷联制导方案作为备选方案。

平台计算机制导方案的特点，是将敏感轴相互垂直的三个加速度表，安装在能够提供惯性坐标系的陀螺稳定平台上。它们测得的加速度信号被送到弹上计算机，经过运算（按照关机方程和导引方程计算），由计算机发出导引信号和关机指令，从而控制导弹精确命中目标。

为了提高制导精度，同时尽可能地不给弹上计算机研制带来太大困难，控制系统设计人员在梁思礼的指导下，经过深入的理论研究和反复计算，建立了一组新的关机方程和导引方程，旨在用一个中等速度、小容量的计算机，完成导弹高精度制导的复杂运算。

但方案仍然不能确定。原因在于，陀螺稳定平台是制导系统各主要器件的安装基准，加工精度要求很高，所研制出的平台能否满足设计需要，在没有充分试验之前，没有十分把握，需进一步探索，才能做出结论。

类似情况比比皆是。原因在于我国基础工业相对落后，即使理论问题解决了，现实中能否加工制造出满足设计要求的产品，都考验着研究、设计、工艺、试制、生产等方方面面的能力。

为此，惯性器件厂的技术人员做了大量的工艺技术研究工作。他们在台体加工基准的选择与转换、精密铣削工艺参数的选择和台体热处理规范等方面，进行了多次试验和多种模式的探索，经过艰苦努力，终于研制出先进合理的工艺流程和工艺方法，从而保证了加工面的精度指标和稳定性要求。

同时，弹上计算机也是制导系统的一个重要设备，应具有实时计算制导程序，以及发出各级导弹关机和俯仰程序等信号的功能。在尚未掌握大规模集成电路制造技术的情况下，能否按时研制出来，也是一个关键问题。

弹上计算机最初由中国科学院156工程处负责研制，后改由微电子研究所负责设计和制造。进行样机试验时，发现它所使用的组件数量太多，可靠性比较低。经改进设计，采用存贮程序式数字增量计算机方案，使组件数量减少了一半，其工作可靠性得到显著提高。直到此时，控制系统的技术方案才最后确定下来。这台计算机也成为中国第一台集成电路弹上计算机。

此外，科研人员对伺服机构也进行了大量的试验研究。伺服机构是控制系统中的一个执行机构，主要用来操纵、控制发动机的摆动。

由于洲际导弹的控制力很大，对伺服机构提出了许多特殊要求。总体设计部会同伺服机构试制厂，研制出一、二级伺服机构整体模型，并连同配重系统做了多次冷摆试验，测得了伺服机构的大量性能数据，为最终方案的确定，提供了充分的理论依据。

洲际导弹弹头研制，也十分困难。导弹重返大气层时，飞行速度比声速快一二十倍，弹头顶端大气压强高达十几兆帕，弹头表面温度可达2000～3000℃，因而需解决高温防热、再入姿态稳定等一系列问题。这些问题对年轻的运载火箭技术研究院来说都是新课题，需做许多调研和试验。经过较长时间的探索，技术方案最终确定下来。

就这样，直到1968年1月，洲际导弹的方案设计工作才基本结束，可以全面转入下一个研制阶段。

在此阶段，方案设计上仍然遗留两个问题：一是虽然大部分新技术都进行了试验研究，但还有少量新技术没来得及做试验，而且都是难啃的“硬骨头”；二是二级主发动机是否采用高空喷管，游动发动机是否采用小涡轮泵，还没有最后确定。究其原因，仍是因为先进性和现实可能性之间的矛盾。可以说，这始终是这一时期困扰中国运载火箭技术发展的焦点问题之一。

二级发动机安装高空喷管，虽然可以显著提高其性能，但由于材料工艺方面还有一系列难题没有解决，所以不敢贸然采用。游动发动机采用小涡轮泵方案，虽然优点明显，但由于对该方案的研究起步较晚，而上级机关在导弹研制进度安排上，时间要求又很紧，小涡轮泵能否在较短的规定时间内研制出来，谁也没有把握。这一系列问题，又经过两年的试验研究之后，才得以解决。直到1970年年初，全部技术方案才最终完全确定下来。

研制洲际导弹，屠守锷从总设计师的角度和总体的高度考虑，还有许多特殊的问题需要综合研究。因此，在开展技术方案论证工作的同时，他还组织若干项目的专题研究，以及相关大型试验设施的工程方案论证。其中，飞行试验的特殊弹道研究，最具特色。

由于洲际导弹的射程超过8000千米，必然超越国境，正常飞行试验时，其落区必须选择在海上。为了满足上级机关规定的洲际导弹在国内进行飞行试验的原则，必须设计出几种特殊的弹道。总体设计部余梦伦等人通过大量分析和计算，提出了高、低弹道的几种试验方案。

余梦伦提出改射程关机为速度关机的方案和模拟再入环境设想，开创了在国内有限射程范围内进行远程导弹试验的先河，它使洲际导弹在全程飞行试验之前，通过在国内进行短程飞行试验，对导弹系统进行全面考核。这一方案很快获得了上级批准。

屠守锷对他所主持的这一阶段工作，并不十分满意，认为预研准备不足，方案设计阶段花的时间太多。

客观地讲，在当时的条件下，像洲际导弹这样复杂而且技术难度很大的武器系统，不花费足够的时间和精力，是很难把方案做好的。尽管在20世纪60年代前期曾安排过许多预研项目，但限于当时的财力、物力和技术能力，预研工作部署距真正开展洲际导弹研制的要求，还有相当大的差距。所以在方案设计时，就缺少技术储备。如果条件允许，先做必要的预先研究，取得成果后再进行型号研制，自然会顺利得多。从实际效果看，型号预研往往比单项预研取得的成果更快、更适用。加上当时的科研生产秩序已经变得很不正常，难免会做些无用功，白白浪费许多大好时光。而准备发射东方红一号卫星是当时的头等大事，所以运载火箭技术研究院当时的工作重点，是研制发射东方红一号卫星所用的长征一号运载火箭，这就必然在一定程度上影响洲际导弹研制计划的执行。由于这样一些客观因素，屠守锷在后来总结这段工作时，既把它作为教训，也把它当作经验。

5. 生不逢时洲际弹

中国迫切需要研制出洲际导弹，这是在当时非常严峻的国际形势下的主动选择，但它却又有些生不逢时，因为其主要研制工作，大部分是在十年“动乱”中进行的，而七机部又是“文革”的重灾户之一，因此，屠守锷主持的研制工作经常会遇到意想不到的困难。在整个洲际导弹研制过程中，他忍辱负重，在极端困难的条件下，仍竭尽全力完成洲际导弹的各项研制任务。

运载火箭技术研究院科研生产秩序的大动荡，始于1966年5、6月间。自中共中央“五·一六通知”下达，尤其是《人民日报》6月1日社论发表之后，在工作时间写大字报、大标语，似乎成了最革命的行动。

这期间，屠守锷和其他院级领导干部，以及基层单位的多数领导干部均被点名批判。到9、10月间，职工队伍逐渐分裂成势不两立的两大派，无政府主义思潮泛滥成灾。

1967年1月，群众组织又效法上海“一月风暴”的做法，在单位进行夺权，两派群众的对立情绪发展到发生武斗的尖锐程度，科研生产陷入全面瘫痪状态。

为了扭转这种瘫痪局面，聂荣臻副总理在请示了周恩来总理后，于1967年

3月向中共中央递交了《关于军事接管和调整改组科研机构的请示报告》，获得毛泽东主席的批准。随后，即对七机部全面实行军管，形势开始逐步好转。

可仅仅过了一年，1968年3、4月间，形势又发生逆转，两派之间的对立和冲突逐渐加剧，终于酿成6月8日大规模武斗流血事件，著名材料科学专家、材料工艺研究所所长姚桐斌被毒打致死。

姚桐斌是中国航天新型材料、新型工艺的开创者，是领军这一领域的杰出科学家。我国长征火箭上所用的新材料、新工艺，都记录着姚桐斌的创新与发明。他曾主持了500多项新材料的研究课题，并都获得了成功，包括高强度钢、高强度铝合金、难熔金属、高温钎焊合金、新型不锈钢密封件材料、复合材料等课题，以及焊接新工艺、化学铣切工艺、金属软管工艺、蜂窝结构工艺等，真可谓花开满园，硕果累累，填补了我国工业领域的许多空白。其中，高强度铝合金、复合材料、化学铣切、蜂窝结构工艺等，至今仍在航天型号研制中发挥着巨大作用。

周恩来总理闻讯后，立即派国防工业军管小组组长粟裕到南苑制止武斗，才使事件逐渐平息下来，局面逐渐趋于稳定。为确保类似事件不再发生，周恩来总理还要求七机部列出必须重点保护的科技专家名单送给他，实施“重点保护”，责成七机部军管会副主任杨国宇每天向他做一次汇报，并强调说：

"凡是这名单上的每一个人，你们都必须保护好，出了问题我就找你们！"屠守锷等专家因此没有受到进一步冲击。

根据上级部署，运载火箭技术研究院在1969年3、4月间对所属人员实行一次规模很大的精简下放，近半数研究设计人员被迁走户口，下放到中国人民解放军各部队军垦农场，从事农业生产劳动，接受"改造"，其中多数人在农场一干就是3年。在林彪发布"一号命令"，全国处于紧急战备状态期间，还进行了人员疏散准备和档案资料转移，组织职工开挖防空工事等。在相当长的一段时间里，各项研制工作几乎都陷入了停顿状态。洲际导弹发动机的研制人员和设备，在此期间被迁往地处陕西凤县的067基地。

1973年9月底，运载火箭技术研究院军事接管结束，军管人员全部撤出研究院。进驻研究院的军管人员完成了历史使命，却无力回天，院规章制度废弛、管理混乱的局面，仍未有根本性的改变。此后，又有1974年"批林批孔"、1976年"反击右倾翻案风"等一连串事件的干扰，科研生产始终难以维持正常秩序，干扰接连不断。1975年3月，国防科委主任张爱萍来到运载火箭技术研究院，进行了一次强有力的科研生产秩序整顿，使局面大为改观，但也未能维持多久。就这样，研究院的形势时好时坏，反反复复，一直延续了10年。

在这10年里，各种各样的事件纷至沓来，几乎没有间断过，致使每个人的心里都乱糟糟的，特别是在那样一个突出政治的年代，没有谁敢背离当时的社会大环境，专心致志地进行科研工作。洲际导弹就是在这种环境下开展研制工作的，可想而知，屠守锷和他率领的洲际导弹研制队伍的处境是何等艰难。

1967年6月17日，我国第一颗氢弹空爆试验获得成功，核工业部的工作又走到了前头，七机部的工作显得很被动，因而要求积极调整力量，加快研制洲际导弹速度。

1968年1月，洲际导弹研制工作开始转入初样阶段。所谓初样，即在技术设计完成之后，通过试验发现问题，然后修改设计，再试验，直至产品性能达到规定的技术指标。对于屠守锷来说，此时肩上的担子更重了。

尽管屠守锷率领的研制队伍为加速研制尽了最大的努力，但由于队伍不整、管理无序、指挥无力，具体工作计划在执行过程中往往受到各种形式的冲击，科研、生产和试验组织仍然相当困难。其中最感艰难的是科研力量的锐减，大型攻关项目无法组织起有效的研制、试验队伍。

面对这种困境，屠守锷万般无奈。

6. 开展全国大会战

面对这种形势，主持洲际导弹研制工作的副总设计师们一筹莫展。

一天，副总设计师们从国防科委开会回来，天色已很晚，由于工作进度迟缓，很多攻关和试验项目还没有布置下去，大家不由得又坐在一起商量下一步工作安排。可是技术力量短缺和任务紧迫性的矛盾非常突出，无论怎样精打细算都安排不过来。

无奈中，发动机专家于龙淮提起了一个话头：“还是搞非军工产品好，人家上海遇到类似问题，就采取全市大会战的形式，甚至还动员了有关部委的力量参加，通过优势互补，集中兵力打歼灭战，问题一般都能很快解决。”

于龙淮是延安时期在马背上的摇蓝里长大的红小鬼，解放后，被国家选送到苏联留学，是最早在苏联学习导弹工程的留学生。于龙淮是个乐天派，也是个直肠子，他为人热情豪放，性格爽快，语言直率，是一位不会被枝节问题束缚手脚的人，也是一位特别善于做战前动员的技术指挥员。

于龙淮的一番感慨，竟一下子将大家的情绪全给调动起来了。导弹虽是军工产品，但按系统分解后，那些具体项目与非军工产品并没有本质区别。于是，大家按照这个思路重新把任务做了分类，将那些属于总体和核心部分的项目保留在部内研制，剩下的采用协作方式去解决。这样一来，刚才还愁眉紧锁的副总设计师们，心情豁然开朗了许多。

尽管此时已是深夜 1 点多，他们还是按捺不住兴奋的心情，立即给七机部部长王秉璋打电话，建议借鉴上海的模式，在洲际导弹研制工作中采用“大会战”的攻关方式，请求上级领导给予支持和帮助。

王秉璋部长答应第二天一早，去请求有关领导机关研究。不久，这件事便被确定下来。

1970 年春，国防科委、七机部与国务院有关部门和北京市一起动员所属工厂、科研单位和高等院校等 178 个单位，在北京共同参与“大会战”，开展以洲际导弹为主的型号技术协作攻关。

总的来说，这次会战对洲际导弹研制有很大的促进，但由于这些单位大多是仓促上阵，缺乏充分的技术准备，因而很难在关键技术上取得实质性的突破。而由研究院组织攻关，或由院内单位与专业基础雄厚的相关科研单位协同攻关，逐个突破实为良策。

此时，中远程导弹飞行试验已获得成功，长征一号运载火箭已成功地发射了东方红一号卫星，运载火箭技术研究院的工作重点开始向研制洲际导弹转移，院内组织科研攻关的条件变得比较有利了。

在李伯勇的主持下，液体火箭发动机研究所攻克了发动机摇摆结构、推力室头部结构、同轴立式涡轮泵、发动机减振与抗振等关键技术。

在郑元熙指导和参与组织下，惯性器件研究所先后攻克了平台减振、抗干扰、压力保持等技术，并且通过改进电路设计、减弱干扰信号等途径，解决了由干扰造成的平台功能和精度下降问题。

采用特殊弹道，会给飞行试验带来一些特殊问题。首先是飞行安全问题。由于发射场到国境线的距离远小于洲际导弹射程，万一飞行程序出现故障，不论是低弹道还是高弹道，都会给实际射程带来巨大变化，如果超程出境，麻烦更大。其次是跟踪测量问题。由于低、高弹道试验射程仅为导弹全射程的 10% ~ 20%，弹道最高点显著低于或高于正常弹道最高点，会给跟踪测量带来相当大的困难。此外，洲际导弹遥测参数的数量很多，测量精度要求很高，也给飞行试验带来很大难度。

为了解决这些问题，遥测设备研究所、四机部十院和试验基地做了大量工作。在试验基地增配了大速变、微波遥测，以及大容量综合遥测等新型设备，安装了无线电弹道测量系统、高精度电影经纬仪等测量设备，装备了高精度时统设备、高速率数据传输设备、先进的数据处理设备等，从而满足了洲际导弹试验测量的需要。同时还在弹上装设了超程自毁系统，在地面设置了安全遥控系统，如遇导弹有超程出境的危险，即将导弹适时炸毁。

在空气动力学专家庄逢甘等领导下，七机部空气动力研究所、中国科学院力学研究所、中国空气动力研究与发展中心等单位，共同进行了弹头防热问题理论研究和多次地面试验，解决了弹头防热的可靠性问题，以及因烧蚀所引起的气动力变化而影响的弹头飞行稳定性等问题。

在弹头研究所所长李绪鄂主持下，有关单位研究解决了防热套的高硅氧布斜缠热压成型工艺，并确定了结构方案。

在严东生主持下，中国科学院上海硅酸盐研究所研制成功碳/石英端头防热材料，有效地提高了弹头抗烧蚀性能。

总体设计部、材料工艺研究所、导弹总装厂与北京、上海等地有关科研和生产单位协同研究，从结构与工艺设计、焊接工艺方法、新焊丝研制、焊接夹具等方面，对推进剂贮箱焊接进行艰苦攻关，终于取得了技术上的突破。

此外，用于操纵发动机摇摆的大功率、高精度、具有快速响应能力的整体式电液伺服机构，以及增压系统中的关键部件，也都相应取得了技术上的突破。

屠守锷非常关注这些关键技术的研究进展情况，每逢重要试验，他总会到试验现场观察、指导，对研制任务起到了重要的把关和推动作用。

7. 艰难困苦勇拼博

到 1970 年年底，洲际导弹各个分系统关键技术，基本都已被攻克。

按照屠守锷的设想，此时再做一些导弹总体方面的试验，以初步摸清和解决导弹总体设计问题，再转入试样研制。在试样阶段前期，仍要做大量的地面试验，通过相当充分的地面考核，对导弹总体技术状态比较有把握后，再通过飞行试验，全面考核导弹系统。

但实际研制工作并没有如此安排，因为这项任务的具体落实决定权属于军管会。

中国战略导弹研制，历来有两条指挥线制度。一条是由各级行政负责人（院长、所长等）组成的行政指挥线，负责人、财、物的保障，以及计划、调度等项管理；另一条是由各级技术负责人（总设计师、主任设计师等）构成的技术指挥线，负责组织产品设计、技术决策与技术协调。两条指挥线都在各级党委的统一领导下工作。“文革”军管会期间，研究院则由各级军管会实施统一领导。

1969 年年底，在林彪控制下的军委办事组，实际上已掌握了国防工业领导权。他们在组织制定第四个五年（1971—1975 年）计划时，全然不顾客观事实，对战略导弹和航天技术的工作计划，异想天开地提出了“前三年赶上、后两年超过”世界先进水平的高指标，并且要求在 5 年内把 14 种航天器送上天，平均每年发射 9 颗卫星。

在当时的技术水平下，这样的工作目标无异于痴人说梦，难以实现。

周恩来总理对于这些脱离实际的高指标，也极不赞成，曾多次提出过批评，指出我国虽然炸响了氢弹，卫星上了天，但国防科技现在仍处在试验阶段，一定要谦虚谨慎，头脑冷静，考虑问题要符合实际，实事求是……国家虽然重视发展国防科技，但不可能投入过大的力量，还要把积累的资金用到更需要的地方。但周恩来总理的批评，并未能制止林彪一伙在实际工作中的一意孤行。

当时的国防科委要求洲际导弹在1970年“十一”前实现第一次发射。在这个思想指导下，1970年3月，洲际导弹研制便转入试样（正样）阶段，而方案论证阶段遗留下来的问题，此时才刚刚做完。转阶段之急迫，由此可见。

此后不久，为了实现上级领导关于在“十一”前发射第一发洲际导弹的要求，七机部采取了改革研制程序、不搞繁琐哲学、减少（试验）导弹数量、缩短研制周期等6项措施。改革后，导弹的研制速度明显加快了，但仍未能实现“十一”前发射的目标。

对于这一阶段的工作，屠守锷晚年曾评价说：

“本来在试样阶段要做大量的地面试验工作，以进一步认识所采用的新技术还有什么薄弱环节和不协调的地方。但是1970年3月，当时的七机部军管会领导要求我们争取在当年国庆节前发射第一发导弹，向国庆献礼。我迫于形势，明知这个要求不容易办到，还是和大家商量修改了工作程序，减去了一些应做的地面试验。经过几个月的忙乱，献礼还是做不到，只得放弃，但时间已经失去了。第一枚飞行试验用的导弹，在总装后才补做了本该在总装前完成的控制系统综合试验和各系统匹配试验，用了100多天，到1971年6月才勉强做到出厂时应达到的要求。如果不提出献礼的要求，大家按照计划比较充分地做好地面试验，然后再进行全弹总装测试，合格后再出厂，导弹的质量应该更好一些。”

屠守锷说到的这总装100天，一直在现场指挥的梁思礼有着深刻的体会。当时，七机部一分院军管会命令梁思礼主持第一发导弹的出厂总装测试工作。

为了赶时间，研制过程中不按科学程序办事，前一阶段应该完成的工作没有做完，就带着问题转入下一个阶段，于是把问题都积累到了总装测试阶段。以往总装测试只需一个多月时间即可完成，这枚导弹由于各分系统都带着本系统未解决的问题集中到总装厂，结果总装测试花了 100 天。前 50 天，梁思礼和总装厂的师傅们昼夜加班，拼了命地赶进度，结果累得梁思礼尿血住进了医院。王永志接着负责现场测试工作，又干了 50 天，总算完成了总装测试工作并出厂。

即使在这样紧张的工作状态下，整个研制队伍仍努力坚持聂荣臻倡导的“三严作风”，一丝不苟地工作，不放过任何一个问题。在一次总装中，有一

屠守锷（中）与林宗棠（右）、梁思礼（左）一起分析讨论问题

颗小钢球不见了，为了不让导弹带着多余物上天，屠守锷带着全体总装测试人员，趴在总装厂房里寻找，最后终于在铁轨缝里找到了它。在另一次测试中，笔录仪上出现了一个不该有的“毛刺”干扰，且时有时无。为了查清原因，现场测试人员采取“守株待兔”的办法，等了若干个小时，最后发现是相邻车间用电载荷瞬间突变所致。

1970 年 12 月 30 日，洲际导弹第二级在北京远郊发动机试验站做半弹试车，试验结束后已是后半夜，夜班车早就没有了，研制人员只好在办公室里打地铺过夜。“动乱”年代，本来就不能保证正常供暖，冷风像利剑一样从门缝钻进来，冷得人难以入睡。屠守锷坚持睡在靠门的最外面，用自己的身体为年轻人挡风。大家哪能接受屠老总对他们这样的照顾，相互争执着要睡在最靠近门的位置。这时屠老总端出了总师的架子，要求他们服从命令，赶快睡觉，以保证第二天的工作效率。十年“动乱”时期，屠守锷凭着一名共产党员对党的事业的忠诚，做好自己的本职工作，力争把损失减小到最低限度。

还是这年的寒冬腊月，洲际导弹在振动塔上即将做全弹测试，4 名测试人员站在数十米高的塔架上，接触着有毒的介质，围绕着导弹一个点、一个点地进行测试，手冷、脚冷，心也冷——脚下的高度对于脆弱的生命来讲，无异于深渊，稍有不慎，后果不堪设想。

屠老总的身影给了他们温暖。此时的屠守锷已是年过半百的人，他不仅亲自深入现场，和大家一起爬上数十米高的阶梯，还和他们一起做试验，分析数据。

测试人员还记得，屠老总真切体会到他们工作环境的恶劣，在那个非常时期，历尽艰辛，帮助他们解决了一些实际困难，为他们每人争取到 2 斤白糖增加营养，还帮他们找来 4 件空军地勤服御寒。

从 1970 年 11 月第一发飞行试验弹开始总装，到第二年 6 月 27 日导弹出厂，这一次洲际导弹总装，共花了 7 个多月的时间，而在正常情况下，连两个月时间都用不了。因为总装测试，发现和暴露了许多问题，所以仅测试就用了 100 天，仍然有些问题未完全解决。控制系统有两项试验，就是到了发射试验基地之后才补做的。

导弹出厂到发射基地后，由于技术阵地的测试仍是问题不断，结果又干了 100 天。这 100 天，梁思礼副总设计师主要负责技术阵地的工作，王永志副总设计师主要负责发射阵地的工作。

屠守锷对于这种偏激、蛮干的做法，十分焦虑。但在那种形势下，他能做的就是努力把问题想得细些、再细些，力争把认识到的和已经暴露出来的各种问题消灭在飞行试验之前，使导弹不带着隐患上天。他能做的就是努力去发现问题，试图依靠自己想得细，想得周到，来弥补地面试验做得过少的不足。心力交瘁的屠守锷，就是从这时开始，增添了一个新毛病——每到发射试验之前的那些日子，他就睡不着觉。只要一躺在床上，脑子里总像在放电影，按照研制过程，一遍又一遍地过着每一个工作细节，每天最多只能迷糊两三个小时。

所幸，在中国导弹研制历程中，除了洲际导弹研制工作恰逢一个“完整”的非常时期，之后的航天工程都是严格按照研制程序办事。屠守锷作为一名在非常时期接受重要任务、统领着非常规队伍、承担重大压力的领导者，又是一心想把工作做好、做扎实、做周到的技术总负责人，他的思维总是像陀螺一样高速运转着。他总怕由于自己的疏漏、考虑不细致，而给国家造成损失。

1971年6月25日，周恩来总理在人民大会堂福建厅召集中央专委会议，专门听取洲际导弹第一发遥测弹的出厂汇报。屠守锷和导弹总体设计负责人王永志等一起前去汇报。为了能直观地讲清一些问题，他们连陀螺稳定平台、计算机等一些重要部件，都带到了会议厅。

屠守锷和王永志都是个性十分突出的人。屠守锷目光坚毅、冷静，语气果断、自信，语言简洁，叙述论据翔实、数字精确、逻辑思维缜密。听他汇报的现场，会感受到一种庄严、神圣的气氛，同时还会情不自禁地对他增加一份信任感。

王永志瘦瘦高高的身材，说话时浓重的东北口音里总洋溢些许自信的笑意，深邃的眼睛里流露着诙谐和智慧。他说话语速不快，吐字清晰，还带点抑扬顿挫的韵味，有一点在进行演讲的架式。他很善于把很枯燥的技术问题陈述得风趣、活泼，加上语言的精彩、表情的丰富、思维的跳跃性，会让人产生长久的回味。

听完洲际导弹遥测弹出厂汇报后，周恩来总理把目光转向屠守锷："屠总，你认为这枚导弹可以发射吗？"屠守锷毫不含糊地答道："我们该做的工作都做了，导弹的性能、状态是好的。我们认为应该尽快试验，以便进一步检验我们的设计方案，从中找到问题的不足。"会议最后，周恩来总理总结说："根据汇报提纲，批准出厂。"

洲际导弹进入了发射倒计时。

屠守锷

屠守锷院士传记

Academician Tu Shoue's Biography

第十章

国家利益

洲际导弹的研制工作，是在十年“动乱”中进行的，不可避免地带有先天不足。为了把损失降到最低，屠守锷和他的团队付出了更多的辛苦和心血。

1. 从容选择发射场

洲际导弹终于要发射了。

在确定洲际导弹使用哪个发射试验基地问题上，又有过一段波折。

由于洲际导弹研制在我国尚属首次，为确保飞行试验成功，初步确定两个靶场同时准备，这在人力、物力、财力上又将增加巨大投入。

这发导弹，不仅寄托了老一辈无产阶级革命家的殷切希望，也凝聚了全国人民的期望，是当时国家安全和经济建设急需的“哨兵”。当上级单位征求总设计师屠守锷的意见时，他认为这件事应当慎重。作为总设计师，他理解国家在做出这个决定时，首先表达了对这项工作的全力支持，不惜一切代价，为导弹提供尽可能好的试验条件。他知道作为一个整体，完善两个发射场的准备工作并不过分。他感谢国家领导人的理解和支持，在国家经济非常困难的情况下，批准拿出巨资进行两个发射场的准备工作，为保证发射成功多增加一份筹码。但在特殊时期，为一个型号同时准备两个发射场，他认为自己失职了，没有权利这样耗费人民的血汗钱。想到这些，屠守锷坐不住了，他和副总设计师们一起，反复研究洲际导弹从设计方案到试验阶段工作的每一个细节，一遍遍地推敲，一遍遍地复核。在反复的计算与审核过程中，屠守锷的决心坚定了，他再一次为国家与民族的利益挺身而出，力主使用一个靶场，促使上级放弃了备用试验靶场的准备工作，从而能够集中精力、全力以赴地准备中国第一发洲际导弹的处女航。

一个多月过去了，洲际导弹在发射试验基地的测试工作接近尾声，基地的发射准备也已基本就绪，导弹离发射只有一步之遥，但就在这个关键时刻，又冒出了一个新问题。

一院军管会突然下令停止发射导弹，原因在于军管会有些领导认为导弹属于一次性使用产品，而且其有效工作时间只有几分钟到几十分钟，弹上所用电子设备使用寿命一般都不长。而这枚导弹的总装测试时间较长，加上在发射试验基地的测试时间，其通电时间已超过使用寿命，如继续使用这枚导弹做飞行试验，会增加失败概率，特别是若控制不住导弹而飞出国境，后果更加不堪设想，建议重新组装一枚导弹，用于飞行试验。

屠守锷一听急了，他不能接受这个命令，他所带领的研制队伍也不能接受这个定论。大家普遍认为，导弹技术问题虽然较多，但经过测试和修改，已基本具备了发射条件，上天成功的可能性还是很大的，即使失败了也可以从中发现薄弱环节，为今后的改进指明方向。屠守锷内心十分清楚这枚导弹的总装测试时间很长，做了许多工作，但目前导弹技术状态良好，完全可以用于飞行试验。

领导层中形成了两种不同意见的尖锐对立，有人甚至把它定性为“是否服从党的领导”。争执双方形成僵局，最终达成一致意见：听从上级领导决定。

洲际导弹能否上天，惊动了周恩来总理。“文革”期间，周恩来总理对七机部的重大事项，都亲自过问，有关洲际导弹结构、性能、重量、推力和射程等综合性情况，都亲自听汇报，了解研制工作实际进展。

在导弹原定发射前两天，周恩来总理把钱学森、屠守锷、李钟玄、王永志、梁思礼、李伯勇等人从试验基地召回北京，再次听取情况汇报。

屠守锷此次汇报的重点是怎样防止导弹失控飞出国界。为能更加清楚地说明问题，王永志把地图带到了汇报现场。屠守锷针对可能导致导弹出界的问题以及所采取的措施，向周恩来总理做了详尽的汇报。在屠守锷做汇报时，王永志在一旁把地图铺在桌上给周恩来总理做演示说明。在那个非常时期，大家都明白导弹飞出国界的严重后果，汇报现场气氛显得有些凝重。

听完汇报后，周恩来总理笑着说：“为防止导弹出界，采取多种措施是必要的。但也别太紧张了，我们还有外交部呢！”并与他们一起认真分析了导弹研制情况和测试结果，同意发射。会后，周恩来总理还请参会人员留下来吃饭。有关洲际导弹研制工作，共向周总理做了三次汇报，前两次是在人民大会堂，边吃边谈，饭很简单，一盘包子外加一碗汤就是一顿。但这次不同，周总理请的是正餐，四菜一汤还有四碟小菜，分别是酸甜苦辣四味，主食是一盘包子。

也许是那场争论的尖锐性给大家留下的印象太深，也许是得到了总理的支持，大家感到肩上的责任更加重大，饭前，大家的情绪显得有些沉闷和拘谨。这一切都被周恩来总理看在眼里。周总理按汇报名单顺序，依次问了每个人的籍贯、年龄，和大家拉起了家常。问到梁思礼时，周总理问道："梁思成是你什么人？"梁思礼说："是我二哥。"周总理马上说："哦，那你的父亲就是梁启超了。"接着，周总理回忆了他在南开中学听梁启超演讲，还认真做了笔记，并登在南开中学的校刊上。

此时，饭桌上的气氛较之前活跃了许多。看到大家轻松起来，周恩来总理很高兴，不停地劝大家多吃菜，并风趣地说："你们在戈壁滩辛苦了，我今天特意为你们多加了几个菜，算是慰劳吧！"席间，周总理还询问了王永志和他一起留苏的同学所分配的单位、专业是否对口，日常工作中是否还用俄语交流等。当王永志回答几乎不用俄语时，周总理微笑着说："掌握一门外语很不容易，不用可惜了。"王永志说："我们觉得还是用母语交流比较方便。"

回去的路上，大家的信心更加坚定，心想一定要通过自己的努力，将导弹的质量隐患一一排除，一定不能辜负总理的信任、人民的嘱托，要让洲际导弹早日飞向蓝天。

1971 年 9 月，洲际导弹在西北导弹试验基地进行首次低弹道飞行试验，钱学森赶到现场坐镇指导。

为准备这次飞行试验，在试验基地忙碌了两个多月的屠守锷有些紧张。从开始加注推进剂的那一刻起，他的心就一直悬在这发导弹上。

实事求是地讲，屠守锷对这次试验能否成功，心里并没有十分把握。“文革”期间生产的产品，质量难以令人放心。他非常信任这支特别能攻关、特别能战斗的研制队伍，但在那样一个把政治与生产对立的年代，生产战线和时间拉得很长，万一哪个环节没有协调好，留下隐患，就可能殃及全弹，这是最令他担心的事。况且这发导弹采用了许多新技术、新材料和新工艺，虽然之前都一一做了地面试验，但毕竟是在地面模拟，无法与真实的飞行状态相比，一项新技术不完善，就有可能影响到整个试验。

这一天，基地所有参试人员伴随着洲际导弹，经历了一场最惊心动魄的发射。

导弹在靶场上整装待发

导弹在塔架上进行垂直测试，忽然发生较大幅度的抖动，偌大的发射架也跟着晃动起来，现场的人员惊呆了，测试被迫停止。几名大将立即在指挥部召开会议分析原因，钱学森也赶来参加。

王永志首先讲了自己的意见，他认为是密封发生了问题，更换密封后应该可以继续发射。屠守锷同意王永志的分析。钱学森也认为王永志分析得有道理，他说："第一，根据我多年科研工作的经验和对这类问题的认识，我认为抖动问题很复杂，如果分析为什么会抖动，找出原因，不是这几天就能列出方程、算出结果、解决得了的。第二，导弹点火升空后，不会出现这种抖动问题。所以，我认为抖动不会影响这次发射。"千钧一发之时，领导者的镇定和胆识，给参试人员以极大的鼓舞，大家精神焕发，再次投入发射前的准备工作。

在推进剂加注到一多半的紧要关头，气象部门传来报告，在预定发射窗口，一股浓密的云层将覆盖基地上空。这个报告又一次使发射指挥部难以决定导弹是否按时发射。

钱学森将目光投向了总设计师屠守锷。屠守锷虽然没说话，但他的目光是坚定的。他知道经过千辛万苦研制出来的导弹只有飞行才能考核方案是否正确，即使要承担失败的责任，他也义无反顾。钱学森又把目光投向了王永志。

"说说你的意见吧。"

"推进剂已经加注，如不发射，导弹会有报废的危险。云层影响光测，我们可以用雷达测量和无线电遥测。现在应该加快速度准备，争取赶在云层到来前发射。"这是钱学森最想听到的，他果断下令："继续加注，准备发射。"

历史是公正的，成功总是属于无私无畏和拥有科学头脑及态度的人。

上午 11 时，导弹点火后徐徐升空，沿着预定的轨道向西飞去……

屠守锷悬着的心随着渐渐远去的导弹而愈发紧张，直至二级发动机关机信号传来，他紧绷的神经才松弛下来。

这次飞行试验获得基本成功，完成了全部飞行过程，总体方案得到考验，但却没有完全达到预期设想，导弹飞行状况不十分令人满意。由于二级发动机关机时间稍有提前，弹头未能落入预定落区，打远了几百千米。夜以继日，忙碌了两个多月的参试人员，心情轻松了许多，原以为导弹发射后可以好好休息一下，甚至可以到基地附近的山里拣一些好看的小石头带回北京，但意想不到的结果，让他们有些沮丧。

2. 幸免厄运忙科研

由于弹头没有落在预定区域，导致搜寻的范围较大。为了更加有效地寻找弹头残骸，试验指挥部向中央军委申请派飞机支援。派飞机支援，这在以前是一件很寻常的例行公事，但在这一次，申请却未获批准，大家有些懵了。随后，基地接到上级命令：所有参试人员不得离开营地，小火车将在清水站把全体参试人员带出靶场，整个基地处于一级战备状态，就连一向沉着冷静的屠守锷都不免心中暗问，难道是导弹飞出国境了？大家打点行装，匆匆返回北京。后来才知道，原来发生了“九·一三”林彪叛逃事件。真是虚惊一场！

林彪反党集团以这样的形式垮台，是国家的幸事，也是屠守锷的一大幸事。

原来，导弹发射前所发生的那场关于洲际导弹第一个产品能否用于飞行试验的争论，并没有因为飞行试验的基本成功而结束。屠守锷当时坚定的抵制态度，被一些人认定为不服从党的领导，并且有反对党的领导之嫌，试验做完后，要腾出时间对屠守锷进行“帮助”和“教育”。此时发生的林彪自我毁灭事件，对“左”倾错误有一定程度的扼制，因而要对屠守锷进行“帮助”、“教育”的事，也就不了了之。

回到北京后，屠守锷立即组织队伍进行技术分析，各研制单位立刻投入分析飞行试验中出现的问题，查找薄弱环节，制定改进措施。

在此期间，对导弹若干重要部件在设计上又做了修改。总体设计部在王永志的主持下，对原设计方案提出了10项较大的改进。这些改进项目的落实，进一步提高了导弹的可靠性和作战使用性能。这些措施既有很强的针对性，也有极好的适用性，体现了科技工作者惊人的创造力和钻研精神。例如，将控制系统地面测试由原来的程控自动化测试，改为弹测方案，即利用弹上计算机加上若干地面设备进行测试。为了实现这个方案，微电子研究所沈绪榜、廖道文做了大量艰苦、细致的工作，提出了具体的技术措施，并对弹上计算机做了相应的设计修改，使火箭测量技术大大向前跨进了一步。

与此同时，屠守锷率领设计团队抓紧第二发遥测弹的设计制造工作，以便再做一次飞行试验。

1972年12月26日，第二发遥测弹做飞行试验时，由于线路故障，一级发动机两个分机未能按程序点火，导致导弹自动关机，发射未能如期实施。经返厂检修后，1973年4月8日再次组织发射，但在导弹起飞后，由于控制系统中途断电而导致失败。在前后不到4个月的时间里，连续两次出现飞行试验失败，这在过去非常罕见。严酷的事实向人们警示：科学试验工作有着严格的程序，决不能蛮干。

试验故障分析非常困难。在屠守锷的主持下，设计人员设想出两种故障模式，进行了5次地面试

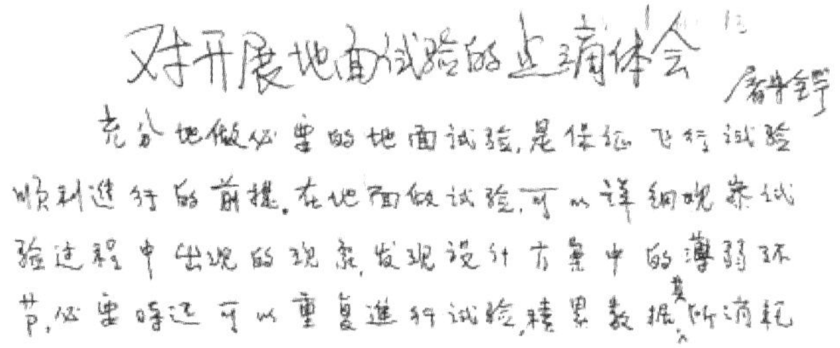
对开展地面试验的点滴体会
屠守锷
充分地做必要的地面试验，是保证飞行试验
顺利进行的前提。在地面做试验，可以详细观察试
验过程中出现的现象，发现设计方案中的薄弱环
节，必要时还可以重复进行试验，積累数据，所消耗

屠守锷对开展地面试验的点滴体会

验，经过3个多月的紧张工作，终于找到了问题的原因：生产质量是原因之一，仪器舱设计得可靠性不高，也是不容忽视的另一个重要原因。

屠守锷决定修改导弹若干部件设计，特别是对仪器舱提出重新设计的要求，以消除原设计中存在的隐患。同时根据试验基地发射指挥员胡世祥等人的建议，改进了一级发动机点火线路。这些改进措施，连同之前提出的10大改进措施，在第二批遥测弹试制中付诸实施，对洲际导弹的最终研制成功，起到了极其关键的作用。

由于“文革”对研制工作的严重干扰，加之某些技术上的原因，洲际导弹3次发射试验取得了部分成功。周恩来总理对此十分重视，强调指出：“研制国防尖端产品不能只追求进度，必须讲究质量。”1973年10月，洲际导弹研制、试验计划推迟。

1975年5月，中央军委召开常委会议，在讨论国防科委关于战略导弹研制工作安排的请示报告时，明确提出必须首先抓紧洲际导弹研制，并确定了洲际导弹第一步要达到的射程和发射方式。

1976年，国务院决定从外地抽调人力到北京，支援洲际导弹研制所急需的工程项目建设。

为了验证经过修改之后的设计方案的正确性，自 1972 年 7 月起至 1976 年年年底，运载火箭技术研究院在各协作单位的协同下，对洲际导弹各个系统开展了大量的地面试验和研究工作，其中仅导弹总体大型地面试验就做了 8 项。

通过这些试验，把导弹系统内所发现的各种问题的性质、起因和条件，都基本摸清楚了，并且对所采取的各项技术措施的有效性，也通过试验进行了验证。与此同时，还组织了一系列专项技术攻关，也相继取得了突破。所有这些工作的完成，都为洲际导弹的成功研制，奠定了基础。

在主持完成了这些工作之后，屠守锷长长地吐了一口气，对洲际导弹的总体方案和各分系统的技术状态，终于做到心里有底了。令他略感惋惜的是，这些工作本来应当在第一次飞行试验之前就进行的，如果那时完成了，研制周期不仅能够缩短，同时也能为国家节省大量研制费用。现在不得不回过头来补做这些工作，反而延误了很多时间，真是应验了“欲速则不达”这句老话，这也许就是对不按科学规律办事的一种惩罚吧。

在此期间，屠守锷又遇到了另一种烦恼。由于无政府主义盛行，不仅行政指挥员的工作常常受到冲击，技术指挥员的权威也在经受着挑战。“压制民主”等各种大帽子，经常被莫名其妙地扣过来，特别是有些人提出意见不被采纳，便会纠缠不休，严重干扰了研制工作的正常进程。

3. 举步维艰心高远

在洲际导弹研制计划推迟期间，研制队伍将主要精力转到长征二号运载火箭工作中。而这些关键技术问题的解决，对研制洲际导弹亦有促进作用。屠守锷一方面主持着运载火箭研制，另一方面还要顾及洲际导弹各种试验和技术攻关的各项工作，要管的事情头绪更多、工作更忙。

长征二号运载火箭用于发射试验型返回式遥感卫星。试验型返回式遥感卫星研制始于1966年年初，最初由七机部第八设计院负责。1968年2月，卫星总体研制任务转到空间技术研究院。1970年6月5日，在周恩来总理主持召开的中央专委会议上，确立了返回式遥感卫星工程项目。依照上级安排，运载火箭技术研究院随后在洲际导弹的基础上，开展了长征二号运载火箭研制。

用长征二号运载火箭发射卫星，不是简单地把洲际导弹弹头拆下来，装上卫星就可以。由于运载对象不同，设计要求也不相同，必须对洲际导弹进行修改设计，才能适应发射卫星的要求。所以，有许多细致而又复杂的技术工作要做。

早在1967年9月试验型卫星总体方案论证会上，七机部便作出了以洲际导弹为基础，研制运载火箭的决定。屠守锷当时的考虑是，不研制出洲际导弹，就无法确定运载火箭的技术状态。所以，他安排少量技术人员，对运载火箭的技术状态进行研究，等待洲际导弹飞行试验获得成功，一些基本技术问题得以解决，长征二号运载火箭技术方案也就随之确立。

由于长征二号运载火箭关键技术大都是建立在洲际导弹的技术基础之上，所以方案论证工作进展得比较顺利，所遇到的最大问题是如何保证将卫星送入预定轨道。在火箭各系统方案均已确定的情况下，如何合理地选择各级火箭发动机的工作程序，使火箭运载能力满足卫星质量增加的要求，成为轨道设计人员急待解决的问题。

最初计划采用级间滑行方案，即在第一级与第二级分离后，先让游动发动机工作，待火箭滑行到一定高度后，再令第二级主发动机点火工作，将卫星送入轨道。这种方案虽然能使火箭运载能力提高100千克，但却会使系统复杂化，而且离卫星入轨要求仍有一定差距。总体设计部余梦伦等人通过对火箭最优推力程序的探讨，以及大量的分析计算，提出了小推力入轨方案。这个方案虽然入轨点的航程较远，但却比较容易实现，并能使火箭运载能力提高500千克左右，具有明显的优势，因而最终被采纳。

1971年4月，七机部把长征二号运载火箭首次发射时间定在1972年春天。考虑到研制工作的实际情况，国防科委于1972年4月决定，将火箭首次发射时间改为1973年3月至4月。

在此期间，周恩来总理反复强调，要按科学规律办事，坚持严肃的科学态度；要加强管理，遵守各种必要的规章制度；要过细地做工作，切实保证产品质量。而此时，江青反革命集团首先发难，将各种规章制度打成“资产阶级的管、卡、压”，对恢复秩序的各项整顿措施百般刁难。七机部的科研生产形势，再度出现乱象。每个有正义感的航天人，无不为混乱局面感到忧虑。

1972年9月12～13日，周恩来、朱德、董必武、叶剑英、徐向前、李先念、李富春等中央领导先后到火箭总装厂，视察长征二号运载火箭和洲际导弹研制工作进展情况。屠守锷作为陪同人员，负责向中央领导汇报火箭研制情况，回答领导们提出的问题。他真切地感受到中央领导对发展航天事业的急切心情。最令他感动的是，周恩来总理走到长征二号运载火箭前，语重心长地对大家说：“我们现在还是试验阶段，产品质量不稳定，每次试验总要出点问题。导弹研制已经16年了，还处在试验阶段。要想办法尽快结束这个试验阶段，不能自满。”针对四处泛滥的极“左”思潮和无政府主义给科研工作造成的混乱局面，周总理强调要按客观规律办事，坚持严肃的科学态度，认真地开展工作，切实保证产品质量。

在这次视察中，周恩来总理对科研人员提出了“严肃认真、周到细致、稳妥可靠、万无一失”的要求，高度概括了航天工作者必须遵循的工作原则和必须具备的工作作风。从此以后，16字方针成为历次大型火箭地面试验和航天发射试验的座右铭。直至今天，16字方针仍呈现在航天产品生产单位和各个发射场，时时警诫着每一个航天人。

1974年11月5日，长征二号运载火箭在酒泉发射基地实施第一次发射，出现了重大问题。火箭

屠守锷视察火箭总装厂

起飞后不久，飞行姿态不稳定，出现摇摆且摆幅越来越大。飞行至20秒时，由于火箭俯仰角偏差太大，箭上姿态自毁系统自动引爆，火箭自毁，残骸散落在发射场附近，留下了一个半径近50米的大圆坑。

在场的人心里像压了一块石头似的非常沉重。多少个日日夜夜，多少人辛苦奋战，瞬间就这样毁灭了。作为技术总负责人，屠守锷深深责怪自己没有把工作做好。但他确信，失败的因素一定在可控范围内。

中央军委副主席叶剑英闻讯后，立即指示："失败是成功之母，不要颓丧，要继续奋斗，再接再厉，一定要达到目的为止。"

叶副主席的这番话对屠守锷是莫大的安慰。他不需要鼓励，因为他始终把做好工作看作是自己应尽的义务，但他需要理解和信任。科学本身就是实践、认识、再实践、再认识循环往复的过程。这其中，成功与失败往往相伴而生，出现挫折和失败，是很平常的事，关键是找到失败的原因，提出解决问题的方案。但在航天技术领域，试验发射的每一次失败所牵扯的面，实在是太大了。作为总设计师，屠守锷尤其感受到来自各方面的巨大压力。

试验结束后，屠守锷立即组织开展故障分析。通过对遥测数据和火箭残骸的分析，以及对地面模拟试验的研究，终于查明在控制系统俯仰回路中，速率陀螺与放大器之间的连接导线有一处暗伤。在飞行条件下，导线有暗伤处会发生断路，致使相关设备不能正常工作，从而导致稳定系统俯仰通道失稳。一线之患，带来"星箭俱毁"，这是十分惨痛的教训。

屠守锷清醒地认识到，这不是一个孤立的质量事故，事故背后隐藏着混乱和松懈的科研生产秩序，也暴露出可靠性设计方面存在着薄弱环节。于是，他动员各研究设计单位举一反三，全面检查此次试验中暴露出来的问题，以及产品设计上存在的薄弱环节，最终查明部分电路连接导线过于单薄，可靠性差；控制系统在摇摆发动机测试时发生系统抖动现象；有的测试项目不适用等问题。

针对这些问题，屠守锷会同有关单位设计人员分析研究，决定在重要电路的连接导线处采用双点双线（或单根粗线），以提高其可靠性；调整控制系统的测试项目，增设推进剂加注前、加注后和临射前的功能检查项目；加强生产过程中的质量控制；开展地面试验和研究，找出系统抖动的原因和解决办法。

4. 顶住压力攀高峰

屠守锷始终未敢忘记自己身上肩负的重任，在他心里始终有一种挥之不去的如履薄冰的感觉。对关键部位的新技术，他总是要从正、反两方面进行反复推算；对一些重大决策，他会经常采用多种方法论证，生怕因自己的疏忽，给研制工作带来损失。

在屠守锷的工作日程里，排满了一系列大大小小的研究课题，他总是按照任务的轻重缓急，在所能支配的整块时间里，做系统研究；在零碎的时间里，做单个课题思索、计算；一个问题想明白了，赶紧在纸上做小结，暂时还没有解决的，就在旁边做上一个记号，以待有时间接着思考，直至找到解决问题的办法。

屠守锷的工作不拘地点、环境和条件。在那个年代，各种与研制工作无关的会议实在太多，他浪费不起那么多时间，又不能不参会，但凡遇此形式的会议，便以膝为桌，手握一支笔开始演算，手上的纸用完了，就向别人要一个烟盒纸，继续计算。不了解情况的人，还以为他在做笔记呢。屠守锷由此练就了在膝盖上可以连续几小时不变姿势地计算的功夫，也许这可算作他的一个独门绝技吧。

屠守锷非常看重各种试验的作用和意义，重视试验过程的每一步程序和每一种方法，对一些重要试验，他总是亲临一线，掌握第一手试验数据和资料。

屠守锷的勤奋精神和务实作风，使他在火箭技术理论和试验研究方面，积累了丰富的经验，因而在长征二号运载火箭首发失利时，能够处变不惊，沉着应对，并迅速作出准确的科学判断。

让屠守锷没有想到的是，“暗箭”从背后向他射来。有人嘲讽他是“常败将军”，更有人在暗地里编造整他的伪材料，企图一举把他扳倒。一份送到“中央文革”小组的材料里，列举了屠守锷的各种“罪状”，其中最重要的一条是“破坏”国家卫星发射计划，“故意”使火箭发射失败。今天听来，这些材料实在荒唐可笑，既然是试验，任何人主持这项工作，都不可能确保百分之百的成功。每一个思维正常的人，都不会不明白这个道理，这跟“破坏”根本就是风马牛不相及的事。但在那个极“左”思潮盛行的年代，欲加之罪，何患无辞。

作为一名老党员，屠守锷对党的事业从来坚贞不渝，为发展祖国的航天事业，始终竭尽全力地工作着；同时，他又是一位治学严谨的学者，按照科学规律办事，是他一贯坚持的作风，所以，他问心无愧，不屑于为那些不实之词辩解。火箭研制有那么多问题要解决，他更愿意加倍努力、踏踏实实地工作，用事实回答那些人的无中生有。他想，火箭的技术问题解决一个，就少一个，离成功就近了一步；隐患处理一个，就少一个，成功的基础也就更加牢固。现在，陆续解决了那么多问题，离成功还会远吗？所以，他心无旁骛，专心致志地工作。他更坚信，中国共产党是久经考验的伟大的党，残酷斗争、无情打击的做法，从来都不可能维持太久，错误路线终将被改正，唯有忍辱负重、拼命工作，才能表达对党、对人民的无限忠诚。

在紧张的研制工作期间，屠守锷还时常被指定参加某种“学习”活动。在那个年代，这实际上是以交代问题为主要内容的一种教育形式。多少次，屠守锷不得不中断正在进行的试验去接受这种“教育”；又有多少次，正在接受“教育”的屠守锷由于试验现场出现意外情况而被紧急召回。

在屠守锷的头顶上，时隐时现地戴着“反动学术权威”、“破坏分子”的帽子，他的工作在某种意义上还带有一定程度的接受监督改造的成分。作为国家重点型号的总设计师，屠守锷无暇计较个人报酬和待遇，他认为自己的权利就是工作。在试验基地，他总是很自觉地和广大参试人员一起就餐，吃一样的饭菜，从不计较有否特殊伙食，饭后即刻又和工程设计人员交流工作上的信息和观点。在屠守锷身边工作的科技人员，无不为他淡泊名利的博大胸襟而感动，想站出来为他鸣不平、讨公道，但又担心给他带来更大的麻烦，所以只是更加努力地默默工作，以示对他的尊敬、信赖和支持。

在那个不正常的年代，屠守锷做了最坏的准

备——进“学习班”隔离审查。受些苦，算不了什么，事情总会弄清楚，可工作怎么办？谁来接手都得从头做起，研制进程可能就要大大推迟。

屠守锷的子女都不在身边，有的在农村插队，有的在部队当兵，唯有爱人的身体，令他有些放心不下。

屠守锷的爱人秋粟在1942年就加入了中国共产党，是一位有着丰富工作经验的老党员。新中国成立后相当长一段时间内，秋粟在北京市政策研究室工作，后调到北京师范学院附属中学任党总支书记。长期的生活紧张、工作劳累和运动冲击，使她的身体每况愈下。屠守锷和秋粟都有地下党工作的经历，新中国成立后又都从事保密性很强的工作，长期养成的保密习惯，使他们在家对各自所从事的工作守口如瓶，而且从不打听彼此的工作。此时的屠守锷再也不能选择沉默了，他把自己的担心告诉爱人，让她在思想上有个准备。本来就患有严重心脏病的秋粟，病情更加严重，只能离开工作岗位，在家休养。

为了迎接命运的挑战，屠守锷每天都在宿舍前的小树林里打太极拳，他一边锻炼身体磨炼意志，一边努力工作，等待命运的判决。他在心里不断地告诫自己：即使再难，也要坚持下去。

在这段时间里，工作中的挫折、遭遇到的不公、政治上的陷害，各种磨难几乎同时向他袭来。作为中国火箭技术领域的一位高级专家，屠守锷正经历着他一生中最艰苦的时刻。在险象环生的危难时刻，屠守锷没有倒下，他坚守在自己神圣的工作岗位上，唯有向科学技术高峰攀登，为祖国和人民的事业拼搏，才是他人生的全部价值。个人恩怨和利害得失，何足挂齿？

屠守锷永远都不会忘记，当之前那份诬陷自己的报告被送到周恩来总理手上时，被总理给压下了。

在七机部技术专家中，周总理对屠守锷的了解算是比较多的。20 世纪 50 年代去苏联谈判购买导弹技术的中国政府代表团成员中有屠守锷，“文革”初期受重点保护的专家名单中有屠守锷，洲际导弹首次试飞前的两次汇报者中有屠守锷，火箭总装厂汇报情况者中还有屠守锷。具有丰富革命斗争经验和历经复杂局面的周总理，面对不正常的环境，头脑非常清醒，对这封告状信采取了冷处理方式。不久，邓小平、叶剑英分别主持国务院、中央军委工作，开始进行全面整顿，屠守锷总算又躲过一劫。

屠守锷对向科学技术高峰攀登充满信心

5. 曙光初露展笑颜

1975年3月，国防科委主任张爱萍到七机部开展整顿工作。他先后来到惯性器件制造厂、液体火箭发动机研究所做调查研究。在群众大会上，他旗帜鲜明地提出："你们的主要任务，就是尽快拿出导弹；过去耽误了许多时间，现在要把耽误的时间抢回来。"张爱萍的讲话，赢得了全场经久不息的热烈掌声。在政治第一、生产第二的年代，张爱萍的讲话道出了人们的心声，宛如一股清风，驱散了满天阴云，让人们看到了曙光。

张爱萍首先抓了以批判"派"性、促进安定团结为中心的思想整顿，又狠抓了科研生产秩序整顿，强调增强组织纪律性，建立必要的规章制度，同时组织干部和科技人员对导弹、运载火箭的研制计划展开讨论，按照精简型号、统一方案、集中力量、突出重点的原则，对工作计划进行了调整。在调查

1994年8月22日，屠守锷（前排左二）与张爱萍（前排左三）及航天领导、专家在一起

研究的基础上，张爱萍主持制定了导弹核武器研制计划，并且获得了毛泽东主席的批准。

长征二号运载火箭研制，终于迎来了大好时机。1974 年 11 月至 1975 年 10 月，在屠守锷的主持下，长征二号运载火箭重新做了控制系统综合试验、稳定系统模拟试验、箭体弹性振型试验、控制系统在激振情况下的垂直测试，以及发动机长短程和高工况热试车。

其中，在西北导弹试验基地进行的全箭非加注状态试验，发现了火箭在发射状态下出现系统抖动的性质、时机和起因，后将零位灵敏度较低的速率陀螺安放在滚动通道中，有效地抑制了抖动，消除了系统性隐患。在导弹试验基地的日日夜夜，屠守锷几乎是在测试现场中度过。大漠戈壁的天气变化无常，时而烈日烤人，时而飞砂走石。有一次遇到“砂暴”，狂风卷着砂石弥漫了整个天空，行进在旷野的道路上，根本无法睁眼。当屠守锷风尘仆仆地从测试现场回到驻地，浑身上下，耳朵、鼻孔，都灌满了砂土。

为确保飞行试验成功，屠守锷与指挥员们还做了一个特殊决定：将已装配好的第二发运载火箭全部分解，所有部件全部返回各生产厂进行质量复查。

经过两次周而复始的质量复查，第二发运载火箭于 1975 年 7 月重新开始总装。张爱萍亲自到总装车间视察，并提出要求：要进一步把工作做细，不要急于求成；凡是能在地面发现的问题，一定要在地面发现；一切能解决的问题一定要解决，不带问题上天，做到一次成功。

8 月 20 日，国防科委和七机部领导在听取即将出厂的运载火箭质量情况汇报时，再次强调提高产品质量的重要性，以及完成发射试验任务的重要意义。之后，指挥员们又决定：再进行一次质量复查，凡怀疑有问题的仪器设备，一律返厂复查；复查之后，再装箭、测试。

11 月 26 日，对屠守锷来说，是一个永远难忘的日子，因为就在这一天，长征二号运载火箭将要执行第二次发射任务。

火箭耸立在发射台上，等待着发射命令。随着发射指挥员“点火”口令的发出，火箭瞬间拔地而起，拖着长长的火焰冉冉上升，渐渐缩成一个亮点，消失在空中。长征二号运载火箭发射成功，大家相互祝贺，庆祝这场来之不易的胜利。屠守锷内心感到无比欣慰，为研制洲际导弹和长征二号运载火箭，他在科学的崎岖小路上苦苦攀登了 13 个春秋，如今终于看到了成功的果实。

长征二号运载火箭发射成功，也成为屠守锷人生一个重要的转折点。从此，屠守锷彻底摆脱屡遭挫折的厄运，踏上通向胜利的坦途：从这次成功发射起，他主持研制的洲际导弹和长征二号运载火箭，在以后的 9 次发射中，再也没有出现过失败。他所带领的这支研制队伍没有辜负周恩来总理的殷切希望，“尽快结束试验阶段”的愿望，就要实现了。

屠守锷

屠守锷院士传记

Academician Tu Shoue's Biography

第十一章

"三抓"任务

"三抓"任务明确后，屠守锷作为洲际导弹总设计师，终于迎来了心无旁骛、一心一意搞科研的日子。完成洲际导弹全程飞行试验，标志着试验阶段已经结束。

1. 多事之秋悲喜忧

1976年，对中国人民来说，是一个不寻常的年份。1月，周恩来总理逝世；2月，全国掀起“批邓、反击右倾翻案风”的高潮；4月，邓小平被撤职；7月，朱德逝世；接着，又发生了唐山大地震，给国家造成了巨大的损失；9月，毛泽东主席逝世；10月，党中央一举粉碎“四人帮”。

当屠守锷完成卫星发射任务，风尘仆仆地回到北京时，江青反革命集团在七机部挑唆起“批判邓小平、张爱萍”的浪潮，挑动群众分裂，各级领导干部也相继受到冲击，一些干部和群众再次遭受迫害，刚刚好转的科研生产秩序仅维持半年，又再度陷入半瘫痪状态。

屠守锷的情绪非常忧郁，心里充满着对正义遭到践踏的无奈。他要完成下一颗卫星的发射任务，要在这种混乱的环境中进行导弹与火箭研制。

洲际导弹研制大部分岁月，是在这种环境中度过的。屠守锷坚信，难关是暂时的，笼罩在中国上空的乌云，终有一天会被驱散，唯有化悲痛为力量，用出色的科研成果寄托哀思，缅怀一代伟人，了却他们未尽的心愿，才是对祖国最好的报答。

为了保证第三发运载火箭按时出厂，他率领长征二号运载火箭研制人员，在极度混乱的环境中，一丝不苟、精益求精地对待每一项工作。1976年9月底，屠守锷率领试验队伍，前往酒泉卫星发射基地执行卫星发射任务。

不久，从北京传来喜讯：中共中央一举粉碎了“四人帮”。屠守锷知道，中国航天事业即将迎来第二个春天。

12月7日，屠守锷率领参试人员用行动履行了自己的诺言，运用第三发长征二号运载火箭，将一颗经过改进的试验型返回式卫星成功地送入预定轨道。

屠守锷率领研制队伍再接再厉，研制出第四发长征二号运载火箭。1978年1月26日，长征二号运载火箭再次成功地将另一颗返回式卫星送入预定轨道。至此，长征二号运载火箭第一代产品，完成了她的历史使命。从20世纪80年代初开始，提供发射服务的是长征二号第二代产品，即改进型长征二号丙运载火箭。

早在1975年，张爱萍主持制定的国防科委工作计划中，就明确提出1980年前的主要任务，是大力抓好洲际导弹、潜地导弹和通信卫星的研制与试验（即“三抓”任务），完成洲际导弹在1980年全程飞行试验。之后，中央专委明确指出，洲际导弹全程飞行试验是“三抓”任务的重点，并一再强调要集中力量，在1980年把洲际导弹拿出来。

1978年1月31日，七机部决定恢复型号总设计师制度，屠守锷被正式任命为洲际导弹和长征二号运载火箭总设计师，与他一起奋斗多年的副手王永志、李伯勇、李绪鄂、梁思礼、刘元、王德臣，被任命为洲际导弹副总设计师。这是一份迟到的任命！屠守锷和他的战友们主持洲际导弹研制工作，已历时十多个年头。

2. 科学春天心舒畅

从1977年至1980年年底，是屠守锷一生从事导弹型号研制工作最为繁忙的时期。

导弹试制和试验中的技术问题，需逐一解决，上级机关召开的各种技术协调会，数不胜数……

但屠守锷的心情却非常舒畅，因为他不仅可以一门心思地抓导弹研制，没有干扰，无须旁顾，而且上下团结一心，各个方面畅通无阻。更令他感到顺心的是，工作中一旦遇到需上级领导机关帮助协调或解决的问题，没有一件被推诿不办的；各工业部门全力支持，处处开绿灯。

1978年11月25日，中央军委秘书长罗瑞卿专门召集国务院有关部委负责人开会，部署落实洲际导弹研制与试验物资保障工作，并要求各省、市把研制和试验所需物资列为重点，保证供应。

在此期间，导弹控制系统用的一种磁环因产品质量不稳定，合格率极低，给生产配套造成困难。由此，上级机关决定，在北京冶金研究所投资建设一条磁环生产线，以保证这种外协件的供应。又如，导弹电子元器件经常出现质量问题，国防科委与四机部、七机部等共同协商，制定了包括专用批量、专人操作、专选材料、专机加工、专职检验、专门筛选、专立卡片“七专”质量控制办法，并派出工作组赴全国各地有关工厂帮助贯彻落实，使几十个工厂实现了产品“七专”，从而显著地提高了导弹电子元器件质量。

“三抓”任务期间，导弹各项关键技术攻关大多数已完成，只有少量难啃的技术迟迟未能攻克。因此，参与组织技术攻关，狠抓进展较慢且拖后腿的短线项目研制，成为屠守锷当期工作的重点。

例如，平台及惯性器件生产中，有些工艺和设计上的问题长期未能过关，这不仅影响了平台的精度和可靠性，也降低了平台的抗干扰能力，时时困扰着设计目标的实现。1975 年年初曾组织了一次技术攻关，但只是解决了部分问题。1978 年 4 月，惯性器件研究所与生产厂组成联合攻关组，集中兵力，用了不到一个月的时间，便基本解决了 18 项关键技术中的 14 项技术问题。至 1979 年 10 月，平台及惯性器件的生产质量全部达到设计要求。

涡轮转子材料性能不佳，曾是发动机研制中的一道难题。1978 年 4 月，高温合金新材料研制成功，用此新材料制成的涡轮转子，通过了数十次地面试验考核，显著提高了洲际导弹发动机的水平，使发动机具有充分的安全使用裕度，达到高质量、高可靠的标准。这种发动机在之后各个导弹及火箭型号的实际应用中，赢得了很高声誉，荣获国家级优质产品金奖。

控制系统电子仪器设备的工作稳定性，是影响导弹工作性能及产品可靠性的关键因素之一。为确保全程飞行试验成功，从 1979 年 5 月开始，通过对一些电子设备整机和整个控制系统增加若干例行试验项目，取得了明显的效果。

1979 年 2 月，运载火箭技术研究院制定了质量复查、整机老炼、优选上弹、冻结技术状态、采用“七专”元器件、建立故障履历卡、组织技术攻关等管理办法，并付诸实施，取得了明显效果。在 2 月至 9 月第二批遥测弹的 4 次复查中，发现并解决了包括设计、生产、电子器件和管理等方面的 600 多个问题。

研制团队就是这样凭借着集体智慧，同心同德、顽强拼搏，一一攻克了诸多技术难关，显著改善了洲际导弹设计和生产质量，使研究院的科研、生产管理水平，有了显著提高。

为了保证全程飞行试验成功，屠守锷还参与组织领导了一些配套科研项目和课题研究工作。

从 1978 年 6 月初开始，运载火箭技术研究院组织了以遥测设备研究所为主力的遥测设备攻关会战。至 1979 年年底，远望号测量船、遥测直升机、辅助船以及航程沿线各地面测量站等遥测设施，全部研制成功。此外，在全程试验中，需划定一个落点海域，所以在全程试验前，必须对导弹的命中精度做出评估，才能使这个海域划定得合理。由于洲际导弹落点选择在公海，如果落点海域划定得太小，万一实际落点超出此范围，就会危及过往船只的安全；但如果划定得过大，又会给别国带来不便。

由于洲际导弹射程太远，在从未做过全程飞行试验的情况下，只能利用境内特殊弹道试验结果，先确定制导系统的误差模型系数，然后用分析的方法推算出全程弹道落点精度，所以这项工作非常复杂。为了准确推算出全程弹道的落点精度，国防科委成立了以运载火箭技术研究院副院长、数学专家卢庆骏为组长的精度分析技术小组，开展专项研究。卢庆骏教授是中国数学界泰斗苏步青先生最得意的门生，他不仅是知名教授，而且在数学方面所表现出的建树，在界内已是赫赫有名。1964 年 6 月，卢庆骏作为二级教授，被聂荣臻元帅点名调至国防部五院一分院。说起二级教授，卢庆骏凭借自己在数学方面取得的成就评上一级教授，丝毫没有问题，但他一直没有参评，理由是“我不能和我的老师平起平坐”，直到他的学生开始进入一级教授评定，他才无奈地同意评定一级教授。就是这样一位德高望重的教授，在中国导弹事业起步阶段，服从国家需要，从纯理论研究教学单位来到航天工程科研一线，从此默默无闻地奉献了自己的一生。卢庆骏以自己的专业才能为中国导弹事业保驾护航，祖国不会忘记。

在研究院的领导下，总体设计部沈辛荪等人经过3年多的艰苦工作，进行了多种途径和方法的研究和探索，对国境内导弹飞行试验结果进行了大量的计算与分析，终于在全程飞行试验前，对落点精度提出了结论性意见。

3. 珠联璧合结硕果

1979年年初，国防科委主任张爱萍召见张镰斧、屠守锷和东风基地新任司令员徐明，传达了中央军委指示，明确要求在12月31日前完成导弹全程飞行试验的各项准备工作。

1979年2月14日，导弹全程试验准备工作进入最后冲刺阶段。七机部部长郑天翔在导弹全程试验第一次调度会上宣布，全程飞行试验的指挥部设在运载火箭技术研究院，院长张镰斧任总指挥。

这是七机部首次正式任命型号总指挥。从此时起直到1979年年底，郑天翔几乎每周都到研究院参加导弹调度会，现场解决问题。

张镰斧是抗日战争初期参加革命的老干部，任七机部副部长兼运载火箭技术研究院院长。他深入实际、熟悉情况、稳定果敢、身先士卒、关心下属、尊重专家、敢于承担责任的作风，使他身边工作的专家和技术人员深受鼓舞。

每次遇到问题，张镰斧都会同屠守锷商量解决办法。在调度会上，凡涉及生产调度、计划协调、质量管理等方面的问题，都由张镰斧先讲出处理意见，征询屠守锷意见时，他总是说："按镰斧同志说的意见办。"凡涉及技术问题处理，则由屠守锷先讲出意见，征询张镰斧意见时，他会说："按屠老总说的办。"俩人之间的配合可谓珠联璧合。

为了保证全程飞行试验一举成功，从1978年下半年开始，屠守锷穿梭般地往返于北京与各试验基地之间，其中有大半年时间是在导弹试验基地度过的。1978年10月5日、1979年4月5日，两发遥测弹在西北导弹试验基地进行了两次低弹道飞行试验，获得了成功。两次试验，证明了导弹战术技术性能达到了设计要求，还获得了弹头防热、再入烧蚀和引爆控制系统极为重要的试验数据。

此外，洲际导弹高弹道和抬高型低弹道飞行试验，安排在华北导弹试验基地进行。1976年，成功进行了导弹系留点火试验（全箭地面热试车），试验发射阵地的设计方案得到了验证，并通过国家验收。

1977 年 10 月，向弹着区发射经过改装的中程导弹，校验了大型相控阵雷达的工作性能，为洲际导弹高弹道试验实施目标搜索、捕获、识别、跟踪和测量，做了必要的准备。

1978 年 11 月，高弹道飞行试验遥测弹运到发射场。这是第一次高弹道试验，发射任务复杂、繁重，屠守锷随之来到试验基地，他处处关心，事事小心。

此时，屠守锷已年逾花甲，但他全然不顾自己的年龄，像年轻人一样沿着发射架阶梯上上下下，频繁地到各个工作平台检查，矫健的步伐、迅捷的身影，使一些年轻人想跟上他的步伐都觉得吃力。

在研制单位、试验基地和战略导弹部队的密切配合下，经过近 50 天的认真检测和地面试验，1979 年 1 月 7 日，首次高弹道飞行试验一举成功。

试验完成后，张爱萍当日发出指示：高弹道飞行试验成功，说明武器系统设计方案正确，因此设计方案不要随意改动；设计方案经试验证明正确后，保持武器系统质量稳定的关键，在于提高工艺质量。之后，运载火箭技术研究院又做出若干规定，进一步完善质量保障措施。7 月 16 日、10 月 18 日和 11 月 26 日，又分别进行了 3 次高弹道、抬高型低弹道飞行试验，不仅进一步考核了导弹战术技术性能和可靠性，检验了弹头姿态控制方案，同时还完成了弹头真假目标的空域分布、火焰对无线电波传播的影响和雷达回波特性等项试验，并且为导弹制导精度的研究与鉴定，提供了相关数据。

屠守锷主持研制的洲际导弹 6 发遥测弹飞行试验，以全胜的战绩告捷，为全程试验作了充分的技术准备。在这一年里，洲际导弹十几项科技成果，列入国防科委评定的国防尖端科研成果一等奖项目。

洲际导弹全程飞行试验成功，指日可待。

4. 万无一失保成功

洲际导弹全程飞行试验，必须达到如下条件：

第一，需要准备若干发技术状态达到设计要求、工艺质量稳定、工作可靠性较高的试验导弹产品。

第二，要选择一个适合于做试验的导弹落区海域。

第三，要有一个从发射区、航区到落区的全程测控系统。

1979 年 1 月，中央专委决定：在 1980 年适当时候进行洲际导弹全程飞行试验，争取一次成功；各有关单位在 1979 年之前做好一切准备，随时待命。

随后，张爱萍以军人特有的气势发布命令：各单位必须在 1979 年 12 月 31 日 24 时前，完成发射洲际导弹的一切准备工作！

运载火箭技术研究院进入临战状态。

8 月 15 日，张镰斧在七机部召开的洲际导弹全程试验动员大会上，部署了遥测弹总装、测试工作；郑天翔部长强调，质量问题是生死攸关的问题，是决定我们命运的问题。

随后，全程试验遥测弹总装、测试工作，在运载火箭技术研究院导弹总装厂和三线工厂同时开始。参与产品总装的各级管理人员、技术人员和操作人员，时刻牢记周恩来总理的 16 字方针，一丝不苟，严格执行操作规程，细心观察每一项试验所发生的各种现象，认真研究每一个测试数据，保证了试验用遥测弹生产任务的按时完成，达到了“在 1979 年年底之前做好一切准备，随时待命”的要求。

与此同时，落区海域勘察选点工作，也在紧锣密鼓地开展。国家海洋局组织远洋考察船，开赴预定海域进行实地考察，除调查当地的海洋环境，还进行通信试验。之后，又会同总参、海军等部门，对试验海域的气象、水文等情况，组织了3次综合调查，为选定试验海域提供了科学依据。

1979年4月，在国防科委召集的海上落区实施方案协调会上，研究确定了海上落区的瞄准点。接着，运载火箭技术研究院按照会议要求，开展了试验禁区范围研究。他们根据全程试验弹在地面试验中测得的主要误差系数，对弹头落点散布和二级火箭残骸散布区，进行了认真分析和计算，提出了明确的结论性意见，获得上级批准，由此确定了试验禁区范围。

全程试验测控系统装备任务，十分繁重而且艰巨。导弹飞出陆地测控区后，其海上跟踪测量系统在国内当时还是空白。经由国防科委组织作出具体规划，远洋测量船队项目在1970年12月被作为重点工程列入国家计划。但由于受到“文革”干扰，研制工作进展相当缓慢。

1977年9月，张爱萍、钱学森到上海主持召开协调会议，责成各研制单位以立军令状的决心，确保任务完成。经四机部、六机部、七机部和上海市的共同努力，到1979年年底，测量船设备安装调试和全船总体联调、校飞工作已全部完成，性能基本达到战术技术任务书的要求，远洋测量船队的准备工作基本就绪。

远洋测量船建成时，毛泽东已逝世，经钱学森提议，用毛泽东手书叶剑英《远望》一诗，分别命名远洋测量船为“远望 1 号”和“远望 2 号”。远洋测量船的建成，使中国成为第四个拥有航天远洋测量船的国家，中国的航天测控网也由陆地延伸到了世界三大洋的任何一个海域。

远望 1 号、远望 2 号测量船是两艘发电量可分别满足 30 万人口城市生活用电需求、续航能力达 100 个昼夜、连续航行 1.8 万海里，能以每分钟 24 度的角速度原地回转的“海上科学城”。远洋测量船编队包括新研制的 5 种类型、12 艘远洋特种工程船：远望 1 号、远望 2 号测量船各 1 艘，向阳红 10 号调查船 1 艘，打捞救生船、援救拖船、油水补给船各 3 艘。另外还包括 1 艘经过改造而制成的远洋调查船和 4 架经改装的直升机。测量船队建成后，先后进行过远洋水文气象调查、远洋通信试验、远洋电波试验、水声测量方案试验、打捞试验和近海试航试验。

1980 年 3 月中旬，两艘测量船再次出海，按照正式执行任务的测量程序，进行了测量、通信、打捞等实战演练，既检验了设备的使用性能，又锻炼了队伍的组织与指挥能力。

从 1979 年 12 月 18 日开始，遥测弹陆续从北京运往西北导弹试验基地。

5. 再次出征胸成竹

1980 年 1 月，中共中央批准国防科委关于上半年进行洲际导弹全程飞行试验的请示。2 月 12 日，华国锋主持中央专委会议，听取情况汇报，审议并批准了国防科委提出的试验实施方案，决定由国防科委负责试验的统一指挥，海军负责海上指挥。3 月 9 日，国防科委主任张爱萍、政委李耀文发布洲际导弹全程飞行试验动员令。

为了加强发射首区的领导，西北导弹试验基地成立了临时党委，由基地司令员徐明、政委刘绍先、副司令员石荣屺、七机部副部长张镰斧、洲际导弹总设计师屠守锷等 11 人组成。

洲际导弹全程飞行试验是一次跨越国土的复杂而又精密的大型综合性系统工程，从陆上到海上，要飞越万水千山，绵亘万里，其试验规模之大，范围之广，要求之高，技术之复杂，组织之严密，在我国都是空前的。

运载火箭研究院 500 多人参加了此次试验。其中，首区（发射区）试验队有 400 多人，随远洋船队参加海上落区试验队工作的专家和工程技术人员有 81 人。

3 月 30 日，屠守锷出发了。他和张镰斧率领着由七机部和四机部人员组成的首区试验工作队，携带部分设备乘专列离开北京，奔赴西北导弹试验基地。

当列车启动、慢慢驶离喧闹的欢送人群时，屠守锷陷入了沉思：从 1965 年 3 月开始研制洲际导弹至今，已经整整 15 年了，如今自己就像一个苦读多年的学生，即将接受毕业考试，迎接最后的考核。

他知道这次试验的意义有多大，他更知道自己肩上的担子有多重。一发导弹有几十万个零件，这些零件组装成各个组件、部件，进而组成各个分系统，直至整个导弹。面对如此庞大而精密的系统，导弹总体和各个分系统都出现过哪些重大技术问题，这些问题解决得是否彻底；现在的检测项目是否齐全、方法是否合理、手段是否科学，还有否需要改进的地方；首次全程试验还有哪些方面没有考虑到；工作进程安排，只能提前，绝不能推后……

到达基地刚安顿好住处，屠守锷便急忙同总指挥张镰斧召集各系统负责人开会，部署对导弹的全面检测工作。

4 月 5 日，第一发洲际导弹开始进行单元测试。此次发射为连续作战，当第一发导弹进入总检查，第二发导弹便接着开始测试。屠守锷白天到厂房查看产品检测情况，晚上会同张镰斧一起召集相关负责人开会，研究当天工作中发现的问题及解决办法。

在导弹检测工作中，发生了一件意想不到的事。一发导弹的发动机被怀疑有问题，在运回北京导弹总装厂分解检查后，竟发现导弹里有一根白鞋带。

消息传到基地，让两总系统主帅张镰斧和屠守锷惊出一身冷汗。幸亏导弹进行分解检查，发现了此问题，它不仅挽救了一发导弹，还修正了质量管理体系中的漏洞。

导弹内部多余物问题，事关重大，在产品组装过程中，别说一根鞋带，就是一根头发丝、一丝金属屑落在导弹关键部位，都可能有千里之堤毁于蚁穴的危险。

20 世纪 60 年代前期研制中近程导弹时，就曾在准备进行地面试车的导弹内部，发现有保险丝和金属屑。国防科委副主任张爱萍，对此高度重视，立即展开了一次深入的质量教育。但此类事情，一直未能杜绝。

张镰斧和屠守锷决定，对准备进行全程试验的导弹，再进行一次质量复查，重点检查有没有多余物。其中，有两处不便检查的地方，一处是已经焊接装配密封的燃料箱，体积虽然较大，却只有一个细小狭窄的圆形口，从外部很难查清。张镰斧作为试验队队长，立马穿上工作服，登上梯子，在众人帮助下从这个小圆形口侧身进入箱子，和一位老工人一起仔细检查了一个半小时，确信没有问题才爬出来。另一处是发动机输送推进剂的喉管，形状又细又深，不要说人进不去，就连手都不可能伸进去。正在大家一筹莫展时，任新民突然想起医院做胃部检查的情形，便立即火速从北京调来一位主任医师携带全套胃镜设备赶到发射现场，确认推进剂喉管里面清洁度良好，大家这才彻底放了心。

3月25日至5月15日，基地测试部队和七机部试验队通力合作，在技术阵地连续检测了全部产品，做好了转运发射阵地前的各项准备工作。

4月28日至5月1日，远洋测量船队与护航舰队所辖18艘舰船和4架直升机，在海军副司令员刘道生、杨国宇的率领下，按照特种混合编队从舟山集结点陆续起航，于5月12日凌晨抵达预定海域的展开点，并迅速完成了各项技术准备。

由于洲际导弹全程飞行试验要飞出国境，到达公海，国家海洋局等单位先后四次出海，进行综合调查，经国防科委组织论证，选定了以东经177度33分、南纬7度0分为中心，半径130千米的圆形海域，作为洲际导弹全程飞行试验的落区。中国划定的落区海域大大低于苏联1960年1月第一次在太平洋进行洲际导弹试验禁区500×300千米的矩形水域，这个数字，既表明中国洲际导弹在技术上的一种自信，也透露出中国在美苏面前不服输的一种志气。

说到自信，多年后，王德臣说：“打洲际导弹是

1:1的飞行试验，你得向全世界公布，你还得划个大圈儿，如果你打在圈外头，丢不丢人啊。你做试验的时候，人家外国的测量船就贴在你划的圈边儿上，他们准备着，一旦你的东西掉在圈外，他就可以去抢，去打捞那个弹头。”

其实中国船队进入公海后，受到了众多外国军舰、飞机的骚扰。一些对中国此次试验各怀心思的国家，对远洋船队抱有浓厚兴趣，派出数十架侦察机不时地飞临船队上空，进行低空拍照，投放探测设备。国外一些舰船利用在公海上可自由航行的权利，常常逼近航线，闯进中方预定海域，甚至通过电子设备对船队实施强烈干扰，所以，中国船队在正常执行测控任务时，还要与这些“不速之客”斗智斗勇，进行现代化的科技较量。

5月2日，副总参谋长兼国防科委主任张爱萍，政委李耀文，副主任陈彬、钱学森、朱光亚，七机部部长郑天翔等一行来到西北导弹试验基地，检查首区临射前的各项准备工作。

5月5日，西北导弹试验基地在大礼堂召开试验任务动员大会，在场区的国防科委和七机部领导、七机部试验队以及二炮、解放军报社、八一电影制片厂、华北导弹基地、国防科委设计所和测通所的参试人员参加了大会。

张爱萍在讲话中特别强调：“这次洲际导弹全程

屠守锷（右二）与钱学森（左一）、朱光亚（左二）检查导弹发射前的准备工作

飞行试验任务，是我们科研战线80年代的第一个硬仗，成败与否，对我国尖端科学技术发展和我国的声誉影响极大。全体参试人员要团结一致，同心协力，全力以赴，兢兢业业，周到细致，圆满完成洲际导弹全程飞行试验任务，争取一弹震全球！”

钱学森在动员会上说：“20年前，我们着手试验第一枚近程导弹时，陈毅副总理曾经对我说过这样一句话，‘你们的导弹上去了，为国争了气，我这个外交部长出去，腰杆子就硬了。’60年代初，我们的近程导弹上去了，为祖国争了气；今天，我们的洲际导弹也要上去，为祖国再次争光。洲际导弹掌握在帝国主义手里，便会成为他们争霸的资本，掌握在中国人民手中，便会成为世界和平与安全的保障。从这个意义上讲，我们每一位参加研制、生产、试验的科学工作者、工程技术人员、工人，以及解放军指战员，都是世界和平的保护神！”

张爱萍和钱学森的讲话，使所有参试人员备受鼓舞。

5月9日上午，第一发洲际导弹转运到发射阵地，在“138”工位上展开发射前垂直状态下的检查测试。5月14日，第二发导弹转往“5020”发射工位，展开射前检查测试。两个工位同时展开检查测试，这在西北导弹试验基地发射史上还是第一次。

5月17日，第一发洲际导弹检查测试全部通过，弹头系统功能正常，各程序指令准确无误。同时，西北导弹试验基地测控、通信等系统也完成了联试和校飞。全程飞行试验前的一切工作准备完毕。

6. 远洋试飞扬国威

5月18日10时，是导弹预定发射时间。凌晨两点，张镰斧、屠守锷和参试人员来到发射场。此时的发射场到处灯火辉煌，基地的同志们昼夜不停地轮班工作。

屠守锷随同国防科委和基地领导人走进控制室，等候试验开始。他的脸上呈现出沉着和冷静，从一个多月的检测情况看，他对这次试验成功，比以往任何一次都更有信心。

9时30分，发射指挥长石荣屺仔细检查了导弹脱落插头、紧急关机插头、电爆管短路插头等最后几个操作项目的完成情况后，迅速进入地下发射控制室指挥岗位。此时，导弹已进入待发射状态，从西北大地到南太平洋试验海域，所有参试人员都聚精会神地静候着发射时刻的到来。

10时整，发射指挥员刘德普发出口令："牵动！开拍！点火！"

顿时，随着一声轰鸣，导弹从浓烟烈焰中拔地而起，沿着预定的弹道向东南方向飞去。

5月21日，新华社发表新闻公报宣布，我国向太平洋海域发射运载火箭试验获得圆满成功。

至此，洲际导弹全程试验实施过程宣告结束。洲际导弹全程飞行试验的成功，是中国人民坚持自力更生、艰苦奋斗方针而取得的重要成果，在中国战略导弹研制史上是一个重要的里程碑，标志着试验阶段已经结束，中国导弹技术已经达到了一个新水平，战略导弹系列化的第一个目标，已经胜利实现。

两天后，屠守锷回到北京。他立即着手分析试验中获取的各种测量数据，以便能对导弹设计迅速做出评定。

6月10日，中共中央在北京人民大会堂召开隆重大会，庆祝洲际导弹发射成功。屠守锷沉静地坐在主席台上最后一排，50多天的风吹日晒和工作辛劳，使他的神情略显疲惫，但他那铜铸般的面容，仍然透着一股刚毅。现在还不是庆功的时候，未竟的事情还有许多。喜悦之时，屠守锷又陷入了深深的沉思。

屠守锷

屠守锷院士传记

Academician Tu Shoue's Biography

第十二章

金牌火箭

屠守锷带领研制团队，对洲际导弹的薄弱环节做了若干修改和完善，并继续不断地对多个运载火箭型号的可靠性进行提升，最终完成了金牌火箭的铸造。

1. 精益求精高标准

洲际导弹全程试验取得圆满成功，标志着导弹技术设计的基本目标已经实现，全面技术攻关工作已经完成，之后，进入产品图纸和各项技术文件的定型工作。

1980 年 11 月 10 日，经中央书记处批准，屠守锷和其他 14 位航天专家，被任命为七机部总工程师。

在对洲际导弹遥测数据分析中，屠守锷认为有些工作还没有做完，洲际导弹某些组件设计，仍然存在不利于可靠性提高的环节。他一边着手准备转入定型阶段的工作，一边继续组织部分地面试验，力求精益求精，确保将洲际导弹技术中已意识到的，但还未来得及完善的所有薄弱环节，一一予以改进和加强。

保证产品的设计质量和工艺质量，是定型时首先要考虑的问题。

在导弹历次飞行试验中，常出现控制系统仪器设备质量不易控制的倾向，因而提高控制系统的产品质量，成为提高整个导弹质量的关键。

1980 年 6 月，采取控制系统质量控制措施，对产品技术状态、装配精度控制、元器件筛选、整机老炼、寿命试验、系统稳定运行和质量评审等，均提出了具体要求和规定，对保证导弹控制系统乃至全弹的产品质量和可靠性，起到了关键性的作用。这也成为后来制定的“型号质量与可靠性大纲”的雏形。

作为总设计师，屠守锷非常清楚控制系统精度在整个导弹中举足轻重的地位。所以，他特别关注陀螺稳定平台的精度和对工作环境的研究。在他的主持下，惯性器件研究所同环境与强度研究所配合，利用各种地面试验，深入研究了平台的保压技术，以及在弹上振动环境下的阻尼技术，并在全弹传递函数试验中，查明了发动机系统对平台减振器工作特性的影响。

与之同时，控制系统研究所对误差修正方法进行了深入研究。屠守锷对这些研究结果非常满意，洲际导弹研制过程中遗留的几个技术问题，最终被彻底弄清楚。随后，他批准对相关设计，做极少量修改。然而，就是这一点点小修改，却发生了奇效。修改设计后的导弹在后来进行的试验中，表现出相当高的制导精度和工作可靠性。

经过深入、细致的研究，1981 年 12 月，洲际导弹定型具备了可靠的技术基础，全面进入定型阶段。同时，洲际导弹技术问题的解决，为长征二号运载火箭系列创造了有利条件。

在屠守锷的主持下，在长征二号运载火箭的基础上，科研人员又研制了改进型运载火箭——长征二号丙。

长征二号丙运载火箭不仅充分利用了洲际导弹的成熟技术，并且根据发射不同型号卫星的需要，进行了几项重要技术修改，这就使长征二号丙运载火箭具有更加优异的性能，不但入轨精度更高，而且工作稳定性和可靠性都非常好。

经过几次发射积累，长征二号丙运载火箭近地轨道运载能力，由最初设计时的2000千克逐步提高到后来的2500千克。

1982年9月9日，新研制的长征二号丙运载火箭首次执行发射任务，将一颗应用型卫星成功地送入预定轨道，其入轨精度之高，前所未有。

长征二号丙运载火箭自1982年投入使用以来，连续成功发射了我国对地观测卫星，并于1992年为瑞典提供了卫星搭载服务，表现出很高的可靠性和良好的技术性能。后来，长征二号丙火箭在原来的技术基础上，又经过改进而成为性能更佳的火箭，为美国提供了7次铱星发射服务（一箭双星）。

从1975年11月至2014年11月，长征二号丙系列运载火箭已成功发射42次，把30颗不同用途的卫星准确送入轨道，保持了百分之百的发射成功率，被誉为“金牌火箭”。

由于长征二号丙运载火箭的高可靠性，以此为基础级，或加装第三级，或捆绑助推器，有了后来几个新的运载火箭型号的成功研制。作为独立运载火箭型号，长征二号丙运载火箭不仅为中国航天发射作出了重大贡献，而且为长征系列运载火箭发展，铺就了一块丰厚的技术储备的基石。

长征二号丙运载火箭，之所以能取得骄人战绩，有多方面原因。

首先，组织得力。每遇到重大问题，从中央专委、国防科委到七机部，各级领导机关都对问题非常重视，工作抓得很紧、很细，为各种关键技术问题解决，提供了组织保证。尤其在张爱萍任国防科委主任期间，对一些重大问题，常常是一竿子插到底，直接到基层研究问题、指导工作，从而显著地提高了工作效率，增强了各项措施的有效性。

张爱萍身上总带有独特的军人素质和风格，表现出言必行、行必果的干练；而屠守锷素以耿直、倔强而闻名，常常会坚持一些在别人看来“犯上”的观点，俩人之间在工作上发生过摩擦，但本着从客观事实出发，在深入调研的基础上做出正确决策的原则，相互之间的信任随着时间的延续而有增无减。

其次，有一个高效能的协作网和良好的社会环境。遍布全国的众多协作单位，担负着供应各种原材料、元器件、仪器仪表、工艺与试验设备等的重任，他们高质量、高效率的工作，为火箭研制的顺利进行，提供了重要的物质保证。

第三，始终坚持自力更生、自主创新的原则。当今世界，没有哪一种国防尖端科技产品，单纯用钱就能买到。长征二号丙运载火箭的研制者们，从来就不抱有这种幻想。

第四，建立一套相当完善的管理制度。自 20 世纪 50 年代末以来，中国航天事业的领导者和组织者们，在实践中逐步摸清了火箭研制规律，建立了包括型号研制程序、预先研究、质量控制等在内的整套管理制度，这就为长征二号丙运载火箭研制，提供了管理制度方面的保障。

2. 千锤百炼作风硬

在中国长征系列运载火箭中，长征二号丙运载火箭是第一型转为民用，也是第一型走上国际发射服务市场的火箭。长征二号丙运载火箭在其研制和发射过程中，创造了许多个中国第一。在诸多因素中，我们不能不提到，这些卓越成就的取得，与总设计师屠守锷的工作作风和思想品质密切相关，也与他言传身教、一手带出来的研制队伍的工作作风和思想品质分不开。

从 1982 年长征二号丙运载火箭第一次发射成功以来，屠守锷率领的研制队伍始终保持着高度警惕，面对成功，他们就像一个挑剔的婆婆，处处找毛病，最多一次总结会上竟挑出几十个需要改进的地方。一次次地审查，一次次地改进，一次次地成功，使长征二号丙运载火箭日臻完美，不仅铸就了金牌火箭的辉煌，也铸就了研制队伍一丝不苟的工作作风。

一般说来，经过飞行试验考验、证明为可靠的航天产品，其技术状态应该被固化下来。特别是已经定型的产品，轻易不允许随意改动，这几乎是航天产品研制过程中的一条铁律。

但长征二号丙运载火箭研制工作却反其道而行之。尽管成功发射了 20 多次，在其发射工作总结会日程上，仍有一项雷打不动的内容：火箭薄弱环节排查。“质量是航天产品的生命”，此话一点不夸张。导弹、火箭飞行试验轨道可能经过一些人口较稠密的地区和城市上空，任何疏忽都可能导致灾难性的后果。所以，航天人对自己的工作，都有严格要求，精益求精，细而又细，不敢有丝毫疏忽。

最难能可贵的是，长征二号丙运载火箭研制队伍，上至总设计师，下至每个设计员，都敢于主动承担责任，并努力通过理论分析和地面试验，找出问题产生的原因，设法将隐患逐一排除。

每每提到这个话题，屠守锷的学生、助手，后接任总设计师的王德臣，总是骄傲地说：“爱国之心，是普遍的感情，表现在航天队伍，落实到研制工作中，就是有问题不推诿，大家齐心协力解决它。敢于承担责任，这不仅是国家使命，也是做人的一种高尚品质，‘长征二号丙’的研制队伍就做到了。我们永远不敢满足，把每一次的质量问题归零，都看作是一个新的起点。现在市场竞争这么激烈，只有百倍严格地把关，才有可能把那些会带来灾难性后果的事故隐患找出来，并一一解决它；把一个个薄弱环节，变成一道道坚不可摧的堡垒，以最好的产品和优质的服务，走向国际市场。”

作为总设计师，屠守锷既严格要求自己，以身作则，又对下属严格要求。屠守锷有个不成文的规矩，凡送交给他签署的文件和技术报告，不但要求内容翔实，数据可靠，而且文字要言简意赅，不能有错别字，甚至不能有标点符号错误。达不到要求者，他拒绝签字，还要对相关人予以批评。对技术内容，凡遇自己不清楚的地方，便向有关方面的负责人咨询，不带问题随便签字。

屠守锷抓队伍作风建设，常连小事也不放过。航天创业时期，所有技术文件和图纸，均为手写。有时因时间紧急，难免有字迹潦草、造成误读的事情发生。为此，屠守锷对所有工程设计人员提出了

1994年11月初，屠守锷（前排左四）与航天系统总设计师们合影

一项严格要求：出现在技术文件和图纸中的文字，必须是书写工整的仿宋体。翻开一份份记录新中国航天事业开拓者们艰苦奋斗的历史档案，你会发现，这些历史档案俨然已成为融进那一代人作风、智慧和心血的书法“作品”的艺术天地。

屠守锷对科研“三步棋”的思想，有很深刻的理解，在工作中非常强调按科研程序办事，对每一项要采用的新技术，强调必须认真研究透彻，绝不打无把握之仗。

屠守锷认为，总设计师系统的首要任务，是保证产品设计上的高质量。高可靠性产品，要有工艺质量做保障，但高质量设计，则是第一重要的。如果设计上有缺陷，或有薄弱环节，即使工艺质量再高，加工得再好，也做不出高可靠性的产品。因此，他要求每一位副总设计师、主任设计师，都要在自己所负责的分系统设计上把好关。

屠守锷还认为，总设计师系统是全系统技术工作的调度员。因此，总设计师系统必须从型号总体的高度，把握、协调各分系统之间的关系，保证研制工作都能按照型号整体计划去实施。他要求每一位副总设计师、主任设计师严肃、紧张地工作，不能容忍工作中拖沓的现象。对于那些因工作安排不当、为事务

性工作纠缠而延误工作的现象，总会提出严厉批评。在工作安排上，屠守锷要求他们服从大局，但同时会给负责各分系统工作的技术指挥员们，留有相当大的空间，以使他们能自主地安排一些科研攻关课题，进行技术储备。例如，负责发动机系统研制的副总设计师李伯勇，在设计要求之外，自主安排了超高压强、超长时间的发动机热试车，研究评估了发动机可靠性裕度和超负荷能力，使发动机系统成为洲际导弹和长征二号丙运载火箭最可靠的分系统之一。与此同时，屠守锷还在技术问题分析和解决问题方法上，提供了具体意见和帮助，使技术指挥员们找到了攻关方向。在他们心中，既有不敢一丝懈怠的压力，又有一种技术专长得以充分发挥的欣慰，以及一一攻克技术难关之后的喜悦。

屠守锷在技术工作中的严谨作风和严格要求，通过各级技术指挥员，影响到整个型号研制队伍的作风建设，使他们把对待科学技术问题的严谨和严格，变成了一种工作习惯。屠守锷的总师责任观，极大地调动了各级技术指挥员的积极性，使他们既开阔了视野，又锻炼了才干。

3. 一片丹心为人民

长征二号丙运载火箭研制初期，在第二级发动机是否加大喷管问题上，设计人员产生了分歧，甚至还出现了相当激烈的争论。

大喷管可使发动机喷射气流充分膨胀，能提高发动机性能，增大运载能力，是高真空中工作的先进火箭在技术上的必然选择。20世纪70年代初，由于财力有限，模拟高空环境的发动机试车台尚未建立，若采用大喷管方案，无疑会因缺乏试验根据而增加研制风险。因此，屠守锷果断决定，暂不采用大喷管，但总体设计要留有安装空间，一旦技术条件成熟，即可采用。

屠守锷的决定被一部分年轻科技人员所误解，甚至有人嘲讽说："这是什么总师，连早晚必须要用的大喷管都不敢上，还怎么搞洲际导弹！"

听到这些，屠守锷笑了。他太能理解这些年轻科技人员的心思了，他何尝不想抱一个"金娃娃"献给伟大的祖国。对这个问题，屠守锷早已有过周密考虑。

二级发动机大喷管，能适应火箭在高空条件下工作，通常被称作高空喷管。发动机喷管是使燃气流膨胀加速、以高速向外喷射而产生反作用力的部件。火箭推力大小，与推进剂消耗量、喷管出口的排气速度、喷管出口截面面积、外界环境大气压强等参数有关，其中，前两个参数的影响尤为显著。因此，设计中力求喷管出口的排气速度为最大值。在高空条件下，由于大气压强很小，甚至为零（真空条件下），这就有可能通过将喷管尾段延伸加长、增大出口面积（即高空喷管）的途径，使高压燃气得以充分膨胀加速而获得更大的排气速度，从而使推力显著增大。

由于高空喷管的工作环境非常恶劣，对其设计要求很高，研究设计人员既要设法找到适用的高性能结构材料（耐高温、耐腐蚀、比强度高、易加工等），又要考虑到结构重量轻、有足够的强度与刚度等诸多要求。在当时的条件下，确实需要有一个艰难的科研攻关过程，短时间内不可能拿出满足设计要求的产品。

在这种情况下，屠守锷决定把设计目标分作两步来实现：

第一步，暂时不装大喷管，这样可以摆脱某些技术问题的困扰，提前实现发射对地观测卫星的目标。同时，为大喷管留有安装空间，以保证在其科研攻关成功后，能立即投入使用。

第二步，安装大喷管，使火箭运载能力达到 2500 千克以上，满足重量更大的卫星的发射需要。

科学来不得半点虚假，实事求是，是科学家最基本的思维准则。屠守锷相信，国家会一天天地强盛，科技力量也会一天天地壮大，一旦研制条件具备，我们的大喷管发动机就会推动火箭直上青天。现在国家经济建设急需发射返回式卫星，我们应尽早拿出适用的运载火箭，这是当务之急。同时，利用研制运载火箭的时机来考核洲际导弹，验证导弹的修改方案是否正确，一举两得。怀着这样的想法，屠守锷坚定地按照两步走的思路，安排长征二号运载火箭的研制。

实践证明，这样的安排是正确的。它不但保证了应用型卫星和新型卫星的及时发射、投入运行，也为导弹与火箭的研制，积累了丰厚的技术储备，为以后的发展铺平了道路。

屠守锷就是这样一个时刻盯着世界航天科技前沿的优秀科学家，总是理性地摆正研制周期与国家需要和经济能力的关系，从中找到快捷、经济的最佳方案。面对成功，他不骄傲，努力发现那些尚未被认识和发现的隐患；面对失败，他不气馁，积极地从失败中发现问题，寻找答案。也许正是因为屠守锷肩负的责任太重，经历的磨难太多，却培养、锤炼了他百折不挠的意志品质和坚强性格。

他重视地面试验，把成功的保险系数通过充分的地面试验巩固下来。他总是尽可能地把新技术、新材料的应用项目，通过充分的地面试验暴露问题，找到解决的办法，再接受新的试验考验。

曾有人因屠守锷经历的挫折太多，送给他一个“常败将军”的绰号。后来有年轻人不明底细，想探个究竟，于是便带着这个问题，去找证据。

他们首先翻阅了屠守锷主持研制的所有型号的飞行试验，翻遍了几十次飞行试验记录，却难以用数字支承他“常败将军”的佐证。无奈之中，他们直接去问屠老总。这一回，屠老总凛然回答：“这是强加给我的，不过失败也是我前进的动力。”

科学是残酷的，科学王国里还存在着许多不被人们认识和掌握的客观规律，它们时常会像野马脱缰般地捉弄着人类；科学又是迷人的，当你真正走进科学的殿堂，会由衷地被其光怪陆离而又井然有序的繁华所震撼，这就是科学的魅力。从科学的必然王国到科学的自由王国，是人类的梦想，也是人类社会进步的动力。在这个王国里，毅力和执着，比什么都重要。

正是凭着这种百折不挠的精神和毅力，凭着这种执着的爱国主义情怀，屠守锷率领洲际导弹研制队伍，历经千辛万苦，终于向人民献上了一个历经千锤百炼而炉火纯青的“金牌火箭”。

长征二号丙运载火箭，一个性能和质量都极为稳定的型号，在航天发射遇到困难时，发挥着定海神针的作用。

1996 年，由于连续发射失败，中国长征系列运载火箭刚刚打开的国际发射服务市场陷于困境。连续的受挫，甚至使叱咤风云、久经沙场的火箭设计师们，对朝夕相处、摸爬滚打几十年的火箭，似乎都产生了陌生感。长征二号丙运载火箭的成功发射，使他们不仅找回了自信，也找回了以往那种百折不挠的斗志。2004 年秋，当某些重大试验遇到严重挫折时，是长征二号丙运载火箭的成功发射，坚定了航天人攻克难关的信心和决心。以长征二号丙运载火箭的成功发射为契机，从 1996 年 10 月 20 日至 2014 年 12 月 31 日，长征系列运载火箭进行了 161 次发射，成功率为 98%。长征系列运载火箭保持了令人惊叹的发射成功率。

4. 金牌火箭响神州

当长征二号丙运载火箭在经历了数十次成功发射，以其高可靠性而誉满全球时，我们再来回味屠守锷“把失败作为我前进的动力”这句话，不禁会发出由衷的感叹：把失败作为自己前进的动力，这需要何等的气魄和胸怀！

东风二号中近程导弹飞行试验受挫，屠守锷临危受命，担当起查找和分析故障原因，再次组织飞行试验的重任。在重新修改设计方案之前，他首先抢建了一大批大型试验设施，重新补做了18项导弹大型地面试验，确保了第二次飞行试验成功。

在东风三号中程导弹研制过程中，屠守锷通过将全局劣势转变为局部优势的策略，使导弹研制坚实地踏上了新的台阶，培养、锻炼了一大批导弹工程设计人才，使中程导弹成为全天候的实战型战略武器。

在东风五号洲际导弹研制过程中，屠守锷大胆采用新技术，铸造了中国“金牌火箭”的坚实基础。而这一切，是经历了无数个不眠之夜和无数次受挫之后获得的。

胸怀大志的人，总是把前进中的曲折当作动力；付出挚爱真情的人，总会将个人荣辱当作浮光掠影任它随风而去。

正因为有屠守锷这样的总设计师，才培养出这样一支研制队伍，造就出这样一批科技人才。在屠守锷挂帅的东风五号洲际导弹和长征二号运载火箭研制队伍里，在一系列副总设计师名单里，可以发现这样一些名字：梁思礼、李绪鄂、李伯勇、王永志、王德臣、刘元，那一连串耳熟能详的名字，那些在中国航天战线上叱咤风云、功勋卓著的人士，当年都是屠守锷总设计师麾下的得力助手和干将。

历史不会忘记他们。

1986年5月15日，国家科委在全国科学技术奖励大会上，宣布了1985年度国家科技进步奖项目，东风五号洲际导弹和长征二号运载火箭两个型号被列入特等奖项，屠守锷以获奖者代表身份参加了大会。

1985年以后，王德臣接替屠守锷担任洲际导弹和长征二号丙火箭总设计师。他始终牢记屠守锷的谆谆告诫，将对产品质量的忧患和责任意识变成研制队伍的统一意志，身先士卒，继续谱写金牌火箭的神话。

1984年10月，屠守锷（前排右一）出席航天工业部劳动模范、先进集体表彰大会

屠守锷

屠守锷院士传记

Academician Tu Shoue's Biography

第十三章

航天腾飞

20世纪80年代中后期，在国家对航天事业的投入明显减少的情况下，屠守锷以一个战略科学家的眼光，坦诚向国家进言，阐述航天事业对经济建设的推动作用。

1. 航天的经济价值

屠守锷经常告诫身边的同事："我们要站在国家的角度考虑问题，为中央的决策当好参谋。"并身体力行地履行着诺言。

20 世纪 80 年代初，中国航天技术呈现出腾飞的大好态势。1980 年，成功完成了洲际导弹向太平洋的发射；1982 年，圆满完成了潜地导弹在潜艇上的水下发射；长征二号丙运载火箭多次发射卫星，达到了百分之百的发射成功率；1984 年，成功实现了地球同步轨道卫星发射。

中国在航天产业中显示出来的成就，让世界为之震惊，国外航天界人士对中国刮目相看，国内有识之士为之鼓舞，他们普遍认为，中国航天技术的大规模应用阶段就要开始，中国航天事业的腾飞指日可待。

此时，国内几位经济学家对发展航天事业，有着不同的看法，认为航天事业花钱太多，只有投入，没有产出，对经济建设是个拖累，所以不建议在航天方面再投资；国家需要卫星可以向外国租赁，也可以买。甚至还有人认为国际上一二十年内不会打大仗，不需要搞航天，等将来国家经济上去了，可以花钱到国外买卫星。在他们看来，经济建设和航天发展是一对矛盾，要想发展经济，就得放弃航天。

之后，国家在航天方面的投入开始减少，航天新型号研制项目也很难列入国家计划。

一些资深的经济学家担负着国家经济发展方向的咨询工作，他们大都忙于经济体制改革问题的研究和讨论，对航天经济的了解大多是从统计数字中得来的，对航天产品“军民结合”的方针，如运载火箭发射通信卫星列入军品统计项目，难免产生模糊认识。

也许是特殊职业带来的特殊思维方式，屠守锷敏锐地觉察到，中国航天事业正面临着关键选择，如能一鼓作气，每年投入少量预研项目经费，对长征三号运载火箭第三级加以改进，或者采用捆绑技术，用 5 年左右的时间，就可能使我国火箭运载能力翻一番，那时中国航天的发射能力就将进入世界先进行列，国内各种发射服务就可以立足自主承担，如果错过机会，则将功亏一篑。

想到这里，屠守锷有些坐不住了，他为中国航天的发展前景感到担忧。

20 世纪 50 年代末、60 年代初参加航天型号研制的科技人员中的大多数，此时正值知天命之年，是航天新产品开发的骨干力量。他们经受过无数次科技攻坚的锤炼，是航天技术腾飞的人才基础。但再过八年、十年，他们中的大部分人都将退休，而新生力量要实现快速成长也较困难，只怕那时再想抓航天，就只能是事倍功半了。

屠守锷开始思考本不应该由火箭总设计师研究的课题——航天事业与发展国民经济的关系。他收集了许多资料，一段时间里，甚至将主要精力都投入到对这些资料的研究上。

屠守锷不是经济学家，但科学的规律是相通的。在科学思维的基础上，他更习惯从技术科学和经济学的结合上，审视每一个战略目标和技术项目的决策。也就是从这个时候起，屠守锷意识到，必须加强航天科普的宣传和教育工作。

他觉得应向航天部领导建议，加强发展航天与促进经济建设关系的宣传。同时，对涉及航天经济方面的内容，加以收集研究，目的是想从中找到有力的证据，理直气壮地宣传航天经济效益。他发现，航天技术在国民经济建设中可以施展的领域，是那么广阔；在广漠无垠的宇宙空间，蕴藏着数不尽的资源，等待着我们去开发、去利用。屠守锷常对人说："中国是一个幅员辽阔的国家，应当大力推广卫星技术的应用。现在长征三号已经研制成功，为我国发射同步定点通信卫星、电视广播卫星、气象卫星、资源普查卫星创造了条件。它们将对我国的通信、宣传、文化教育事业等技术手段的现代化，发挥巨大作用。"

屠守锷不仅注重研究航天经济现状，还很注重对航天未来发展前景的研究，认为航天经济的潜力非常大，利用传统技术手段办不到的许多事情，通过航天手段却能轻而易举地实现。

例如，利用宇宙空间特有的高真空、微重力、无振动、无菌等环境，不仅可以开展一些地面无法进行的科学实验，而且还有可能开发出许多独特的新产品，以及大规模地利用太阳能等。为能有效地利用这一资源，国外兴起了一股空间科学实验和空间工业的投资热。

这些材料，屠守锷过去看到过，但以前考虑的重点是用什么技术手段去实现，我们的技术发展方向是什么，对其在经济上有何重大意义，怎样把航天技术应用于发展经济，怎样利用航天科技成果促进国民经济发展等问题，还没有多想，总以为那是经济学家考虑的事情。屠守锷记得上级主管部门一位领导曾说过，我国在航天领域 27 年的投资总额，不及美国在航天方面一年的投资额。是啊，如果我们现在止步不前，非常可惜。我们应一方面实行对外开放，使中国航天产品打入国际市场，以进一步积累资金；一方面在国内加强航天技术的利用，尽可能地利用自己的航天产品提供服务，以减少国家在租赁卫星、购买卫星等方面的投入，如此，中国的航天经济就能迅速取得可观的效益。

屠守锷认为造成以上看法，可能有两方面的原因：

一是在新形势下，没有确立以自力更生为主、引进少量关键技术为辅的发展方针。

坚持自行研制为主，发展航天产业，既可以保证我们拥有自主知识产权，又能增加技术力量，这是上策。如果仅依赖外国，靠租、靠买技术设备来满足国内对航天产品的需求，绝非良策。20 世纪 50 年代从苏联引进导弹技术的那次谈判，屠守锷至今记忆犹新。就为买那么一些当时已不先进的技术，向亲如兄弟的友好国家购买，都那么难以谈成，更何况引进先进技术了。

二是缺少一个强有力的领导机构，对航天高新技术发展，进行统筹规划、统一领导，并实时督促和检查。现阶段技术发展链条似乎出现了断档。几代航天人的拼搏，前赴后继，逐步缩短了与国外先进水平的差距，不能因为我们的一时疏忽，而受到重大影响。

2. 坦诚向国家进言

1985 年元旦过后，屠守锷思考着怎样将自己的看法向领导反映。

他想组织人员写一篇关于航天产业经济地位的文章，送到报社发表。后仔细一想，又觉得不妥。报纸上一篇普通文章，不要说高层领导人，就连主管部门的决策者也未必会看到，需另想办法。

曾经担任过七机部科技委办公室主任的刘景升，提议把稿件送到《内参》发表，如此高层领导人便能看到，并主动请缨担负起联络、送稿的任务。屠守锷认为这个办法可行，于是自己动手，组织这份稿件。他再次对有关资料做详细研究，逐渐形成了一套比较系统、完整的看法，以简明扼要的文字，写下了《大力发展航天技术，为国民经济建设服务》的建议。

1985年1月23日，屠守锷在航天工业部科技委第二次会议上

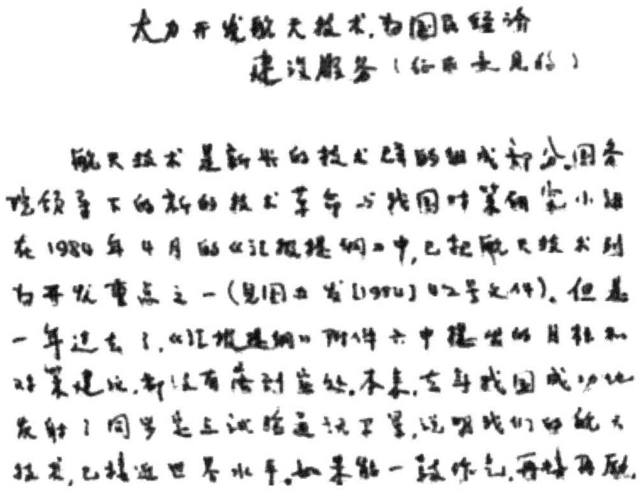
大力开发航天技术，为国民经济建设服务（征求意见稿）

航天技术是新兴的技术群的组成部分。国务院领导下的新的技术革命与我国对策研究小组在1984年4月的《汇报提纲》中，已把航天技术列为开发重点之一（见国发[1984]62号文件）。但是一年过去了，《汇报提纲》附件六中提出的目标和对策建议，都没有落到实处。不久，去年我国成功地发射了同步定点试验通信卫星，说明我们的航天技术，已接近世界水平。如果能一鼓作气，再接再厉，

屠守锷《大力发展航天技术，为国民经济建设服务》部分手稿

屠守锷从四个方面，阐述了发展航天经济的重要性。

第一，要建立一个能覆盖全国的广播电视系统，如果应用航天技术，其费用可比常规方法节省一半还多，还能迅速普及全民教育，从而提高整个中华民族的科学技术和文化水平。

第二，发射国土普查卫星，可综合应用于地质普查、资源开发、水源利用、环境保护、铁路和航道的选线、农林渔牧规划、森林开发与控制，甚至考古等。

第三，气象卫星对预报灾害性天气的准确度，比其他手段好得多。

第四，利用空间环境，不仅可以做许多地面做不到的科学实验，还能生产新的材料，开展生物、生命和医学等领域的研究，以及大规模地利用太阳能，进而作为开发宇宙的基地，因而有着巨大的经济潜力。

接着，他又进一步从国家的发展战略出发，分

析了国家的经济能力和发展需要，并根据国家当前的技术基础状况，提出航天技术下一步的发展途径和策略。

文章写好后，他分送给航天部领导及著名专家，征求意见。张钧部长非常支持，他在征求意见稿上批示："所述有关问题，已十分简练、明了，似不宜公开刊报，可先在内部刊物上发表；或作为个人意见，上书国务院领导同志。"

稿件修改意见陆续返回，此时屠守锷正在参加全国政协六届四次会议，住在京丰宾馆。在那里，他同几位志同道合者一起，对稿件做了最后的修改，形成最终的建议书，并于 4 月 3 日，与梁守槃、卢

2005年2月5日，祝贺郑天翔90寿辰（第一排左起：屠守锷、梁守槃、郑天翔、任新民、黄纬禄、郑天翔夫人，第二排左起：庄逢甘、陆元九、梁思礼、王礼恒）

庆骏、张镰斧、陆元九、谢光选等 6 人联名上报。

担任过七机部部长的郑天翔，当时已不分管航天部工作，但对航天事业仍有着特殊感情。他不知从哪里得到了消息，也去要了一份稿子。看完建议书后，他对里面提出的观点非常赞同，并写了一份长篇推荐信，连同建议书一起，直送邓小平。

邓小平对此建议书非常重视，他在 4 月 21 日批示："请紫阳同志酌处，我认为这是一件重要的事情。"后来王大珩等四位科学家，再次向中央提出了关于跟踪高技术发展的建议，邓小平同志又做了批示，"这个问题十分重要"，"此事宜速做决断，不可拖延"。

于是，从这时起，各级领导机关对上述问题都重视起来，局面也随之发生了变化。发展航天技术终于列入 1986 年 11 月中共中央、国务院批准的《高技术研究发展计划纲要》("863 计划")。

3. 中国航天再腾飞

看到"863 计划"，屠守锷很是振奋，立即组织研究实施意见。

此时的他已年近古稀，却依然全身心地投入到振兴中国航天的事业中，热情地为航天新技术的研究开发出谋划策。后来，通信卫星、气象卫星和资源卫星的大规模应用，进一步证实了屠守锷的论断。

其实，航天事业的发展形势，从1982年开始，便已开始出现令人欣喜的变化。

1982年3月，人大常委会第28次会议通过关于国务院机构改革问题决议，七机部改名为航天工业部，开始作为政府组成部门同国外建立联系。

1985年3月至9月，中国航天产品作为中国馆产品的一部分，参加了在日本筑波举办的万国科技博览会。5月至6月，航天工业部所属中国精密机械进出口公司在法国举行的第36届国际航空航天展览会上，展出了我国人造卫星和运载火箭的模型和照片。6月，以陈寿椿为团长、屠守锷为顾问的中国航天工业代表团飞抵日内瓦，参加了国际空间商业会议，并做了题为《中国为世界提供发射服务的可能性》的报告，首次播放了反映中国航天技术发展成就的录像片。会议期间，瑞典代表向中国代表团表达了欲用长征系列火箭发射瑞典邮政卫星的意向。

10月26日，航天部部长李绪鄂发布了中国运载火箭对外开放的消息，宣布长征二号丙、长征三号运载火箭投入国际市场，为国外用户提供卫星发射服务。

消息发布后不到两个月，即获得第一份订单，航天工业部与瑞典空间公司签订了利用长征二号丙运载火箭搭载发射瑞典邮政卫星的协议。

以此为开端，后来又陆续获得了几份较大的订单，中国长征系列运载火箭正式进入了国际卫星发射市场。

1986年2月，在长征三号运载火箭基础上改进第三级、采用较大推力氢氧发动机的长征三号甲运载火箭，获上级批准，立项研制。

3月31日，国务院在批转航天工业部的一份报告时明确提出，航天技术是我国跻身于世界先进行列的综合技术之一，已具有比较雄厚的基础，现正处在发展的关键时期；为加快高技术、尖端技术的发展，决定在“七五”期间给予必需的支持。

航天技术新一轮高速发展期，即将来临。

屠守锷

屠守锷院士传记

Academician Tu Shoue's Biography

第十四章

孜孜以求

退居科研二线的屠守锷仍以饱满的热情投入到火箭横向振动和捆绑式火箭的理论研究中，并积极促成长征二号捆绑火箭立项，为中国航天再次腾飞奠定基础。

1. 在科学的道路上

在完成东风五号洲际导弹和长征二号丙运载火箭研制任务后，屠守锷考虑到不久可能就要退居到技术领导工作二线，他很想将自己在型号研制中的各种经验和教训，毫无保留地传授给年轻一辈的同行们，希望他们少走一些弯路，大踏步地前进在世界航天领域的前沿阵地。他开始利用一些零散的时间，对型号研制规律进行总结。

1981 年 9 月 24 日至 10 月 8 日，在七机部科学技术委员会成立大会上，屠守锷当选为主任委员。他在会上作了题为《对型号研制规律的一些认识》的学术报告。参加会议的人员大多是各级技术负责人。此会召开时间恰逢洲际导弹刚刚研制成功，大家都迫切希望了解和汲取其中的经验和教训，而屠守锷报告的内容，恰好是围绕洲际导弹研制中出现的问题展开的，他对问题陈述的非常细致而又有条理，备受与会者的欢迎。

1982 年七机部改名为航天工业部后，屠守锷任航天工业部科技委副主任。1983 年 1 月，航天工业部下属院级领导班子调整，屠守锷兼任航天工业部一院科技委主任，不再担任副院长职务。不久，屠守锷亦不担任总设计师，完全退居二线。

退居二线后，屠守锷对新的工作岗位和内容，没有不适应期。

张爱萍曾说，科技委的性质是参谋机构，是一个集体的参谋长，其任务是研究长远的技术发展，以及各型号研制中带有共性的问题。屠守锷深深赞同张爱萍对科技委工作性质的阐释。他长期在型号研制第一线，有丰富的科研工作实践经验，对航天型号研制规律有深刻的了解。很快，他便找准了自己的工作位置，开始对火箭横向振动问题开展研究。

火箭横向振动问题是型号研制中的共性问题。

火箭研制初期，设计人员采用了刚体设计的方法。但实际上，火箭是一个弹性体，火箭飞行时不仅整体会有弹性振动，而且各分系统之间还可能发生耦合振动，从而导致火箭在飞行中发生故障。

1987年11月，屠守锷（右）在航天工业部一院与李明实（左）、梁守槃（中）在一起

我国在研制中近程地地导弹时，曾遇到过此类问题。美国研制土星五号运载火箭时，也发现控制系统敏感元件安装位置不合适，出现箭体弹性振动，最终导致火箭发生飞行故障。

由于火箭结构是大型的复杂结构系统，仅依靠模态分析这样一些理论计算方法，难以准确地反映火箭实际振动时的真实特性，因而，全尺寸、全系统试验，成为研究和解决此类问题的基础。

在新设计或改型设计的火箭研制过程中，火箭试飞之前，要在振动试验塔内进行全箭和分级的振动特性试验，以获取火箭振动特性参数（固有频率、振型、阻尼比和振型斜率等），以确定控制系统敏感元件（如速率陀螺、加速度表等）的最佳安装位置。

全箭振动试验塔是一种要求很高的特殊建筑。它的内部必须有一个能容纳得下整个火箭，并使火箭处于垂直状态的宽大空间，具备承受各种载荷的能力，同时能将火箭按照模拟的边界条件支撑起来。试验塔内还要有一系列配套的试验设备，如激振系统、推进剂模拟加注与泄出系统等。因此，它的造价非常高，每次试验分摊的使用费也很高。

由于液体火箭推进剂在飞行过程中，会随着时间的推移而不断消耗，火箭振动特性也会随之发生变化。为了弄清不同飞行时刻的振动特性，还需要对各个飞行时刻的火箭状态，逐步进行振动试验。

国外曾采用以上全箭振动的方法，来记录火箭在整个飞行时段的振动特性变化情况，不但费时，而且费用也很昂贵。

此外，研制过程中，如果有某些部件中途要做设计修改，其振动特性也可能发生变化，整个火箭的振动特性也就随之改变。从理论上说，只要出现这种情况，就应重做振动试验。如果不做，就可能存在隐患。

有没有办法改变这种状况呢？

屠守锷早就想过这个问题，只是一直没有时间进行专门研究。他的想法是，一点试验都不做，那是不现实的。可不可能将试验规模压缩，将试验次数减下来，这样不但可以节约开支，还可以缩短试验周期。早在屠守锷留学期间，他做过的两篇硕士论文，其中一篇就是阐述飞机起落架的振动问题。

屠守锷设想将火箭整个结构系统，划分成几个部段（子系统），仅对各个子系统做试验，获得其振动特性，而后利用理论分析和计算方法，求得整个火箭的振动特性。如此，遇个别部件有设计改动，只需对改动的局部结构进行试验，就能求得整个火箭在设计改动之后的振动特性，振动试验塔也就不需要建那么大的规模，试验时间也能大大缩短。在未来的空间开发中，还需要研制长度达100多米、采用捆绑技术后外廓直径很大的火箭，那时总不能建造一个100多米高、几十米粗的特大型振动塔吧。

屠守锷将自己的这个想法告诉给有关人员，希望他们能做些试验。研究人员曾就此事请教过一位来访的外国专家，得到的答复是：“你敢吗？”的确，任何一个国家要研制一枚新型火箭，不做好充分的地面试验，谁也不敢轻举妄动，哪怕只是省略了一项地面试验。因为几次地面试验费用，对于整枚火箭来说，是微不足道的。如果只是从节省几次试验费用和试验时间来考虑，而去承担不可估量的飞行试验失败的风险，谁会去冒这种风险呢？研究人员有些犹豫。

在长期的研制工作中，屠守锷养成了一个习惯，每遇到重大技术问题时，总是尝试着自己动手去研究、摸索，以找出解决问题的办法。这一次，屠守锷开始研究用模态分析与局部试验相结合的方法，来研究火箭在飞行条件下的横向弹性振动问题。

起初屠守锷设计的计算方法比较精细，计算后发现，这种方法涉及到数阶较高的矩阵计算，计算工作量非常大。他手头只有一个计算器，无法胜任如此巨大的工作量，如果放到基层研究设计单位去计算，此项又未列入研究院的课题计划，没有经费支持，很难有单位愿意接受此项任务，即使接受了，也不可能安排最理想的设计人员和设备进行研究。

于是，屠守锷又研究出一种新方法，重新试着将计算结果与已有的试验数据进行比较。他的研究思路是，先解决研究方向是否正确，再着意新理论方法的建立。

此时，屠守锷虽已退居二线，但要干的工作仍然很多。他要组织制定工作条例并领导科技委开展工作，要协商讨论型号研制问题，要参与上级机关组织的规划讨论，还要经常参加一些外事活动。

1986年10月，屠守锷接受任新民代表国际宇航科学院授予的院士证书

在国际宇航联合会（IAF）1983 年第 34 届大会上，屠守锷当选为教育委员会副主席。1985 年 10 月，他率代表团参加了 IAF 第 36 届大会。1986 年 11 月，在国际宇航科学院第 26 届年会上，他被选为国际宇航科学院院士。繁忙的工作，使他对火箭振动研究，大都只能是抽空儿做，更多时候是在晚上回家后，再进行仔细思考并演算。

为了加快研究进程，屠守锷在组织安排他到青岛疗养一个月的时间里，同时进行着火箭振动计算和研究。他一边疗养身体，一边倘徉在火箭横向振动的海洋里，在科学探索的过程中，孜孜不倦地耕耘着。

2. 循序渐进中探索

1985 年夏天，屠守锷将自己的研究成果，整理成《火箭横向振动的振型与频率》论文。

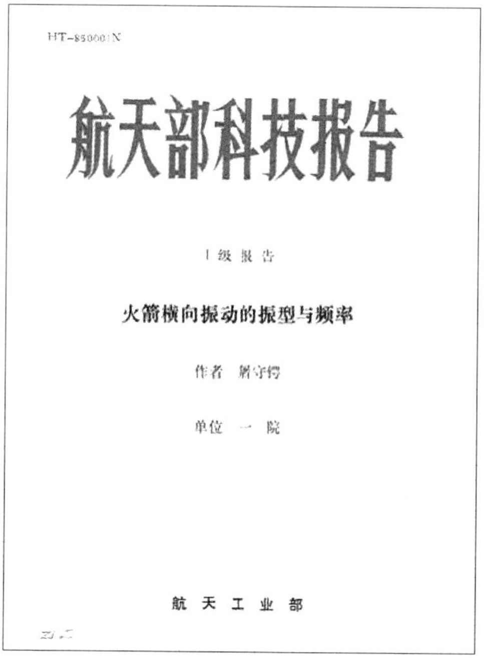
HT-850001N

航天部科技报告

I 级报告

火箭横向振动的振型与频率

作者 屠守锷

单位 一院

航 天 工 业 部

屠守锷撰写的《火箭横向振动的振型与频率》论文

在文章中，他首次提出了先利用试验求得火箭的刚度分布和阻尼，然后通过理论计算来确定火箭在新状态下的自振频率和振型。利用这样一种工程方法，既能减少试验的工作量，也绕过了单纯依靠计算所遇到的困难。同时，它还可以获得在火箭有效载荷变动或火箭长度改变的情况下火箭的振动特性，而不必重新进行整个火箭的振动试验。

此后，他又围绕这个问题做了深入研究。1988年7月，他又撰写了《火箭弹性振动的模态》论文。在文章中，他进一步提出了一种新的工程方法，即对火箭的各个组成部分，分别进行振动试验，以取得必要的结构刚度分布数据，而后再利用计算机把有关数据综合起来，以此得出工程设计所需要的火箭模态参数。

屠守锷以带捆绑助推器的运载火箭为例，介绍了这种方法的实际应用价值。早在1963年，他就有了应用捆绑技术的设想。制订“八年四弹”规划时，国防部五院曾组织专家研究和探索中国火箭技术发展途径。屠守锷提出：在洲际导弹研究完成之后，下一步就可以利用捆绑技术，研制出大型运载火箭。在长征二号丙运载火箭研制成功之后，他认为捆绑助推器条件已经成熟，企盼上级领导机关将捆绑式火箭研制尽快提到议事日程上来。

捆绑式火箭，是将火箭各级之间以并联方式联结的多级火箭，具体说来是以主火箭作为芯级，在其周围对称捆绑若干个助推器。由于火箭芯级与助推器沿横向联结，所以其总长度较短。

与串联式多级火箭相比，捆绑式火箭的最大优点，是其可以利用已有的中型火箭，通过模块化拼装的方式，研制出大型火箭，从而能极大地缩短研制周期，降低研制成本。

历史上就有过这种先例。苏联与美国的现代火箭技术，在二战后几乎是同时起步。但苏联在 1954 年开始研制第一代洲际导弹“P-7”时，就首先采用了捆绑技术，而美国人却仍致力于大型火箭发动机研究。结果，苏联一下子就占了先机，此后，他们多次声言能够发射人造地球卫星，而美国凭借自己的工程经验，根本不相信他们会有这种能力。

1957 年 8 月，苏联“P-7”导弹首次完成全程飞行试验后，仅仅过了 6 个星期，就用一枚由这种导弹改装成的卫星号运载火箭，在 10 月 4 日成功发射了世界上第一颗人造地球卫星，此时美国才如梦方醒。可见，技术途径的选择是多么的重要！

3. “固执己见”追求者

屠守锷一直认为，应用捆绑技术是立足于我国已有的科研成果，适合我国国情的研制大型运载火箭的最佳技术途径，不仅投资少、见效快，而且可以利用各级火箭之间的不同组合，快速地改变火箭技术状态，以满足不同运载对象的发射要求。同时，长征二号丙运载火箭，可以作为基础级火箭，应尽快制定研制计划，开展研制工作。

1984 年 2 月，屠守锷主持召开运载火箭技术研究院科技委年会，研讨了航天飞机的发展前景问题。依照他的安排，总体设计部在会上正式提出捆绑式火箭多种技术方案，引起与会者的浓厚兴趣。大家纷纷发表意见，献计献策，对捆绑式火箭研制，充满了信心和厚望。

捆绑式火箭一天不立项，屠守锷心中就一直有个结。

他设想，要使中国运载火箭有一个大的飞跃，必须努力促成捆绑技术的应用。如果这项技术能列入型号研制，不但能满足国内航天发射的需要，而且火箭运载能力还有富余。当前国际商业卫星发射市场，以重量 2500 千克的卫星居多。长征三号甲火箭虽然可以应对，但没有余力。如果能有捆绑式火箭接替，中国长征系列火箭在国际卫星发射市场的道路上，会越走越宽广。

经过总体设计部等单位的试验研究，捆绑助推器关键技术已基本摸清。如果以长征二号丙运载火箭为基础稍加改进，加长箭体，再捆绑 4 个助推器，就可使运载能力提高 3 倍以上。屠守锷多次向上级有关部门提议，极力倡导立项研究运载火箭捆绑技术。但领导者们却不敢贸然决断，担心采用捆绑技术后，会带来一系列新的技术问题，如果，研制周期拖得很长，经费也难以支持。屠守锷关于捆绑式火箭的研究建议，得到了王永志院长的大力支持。

屠守锷（左）与胡世祥（右）在西昌卫星发射中心长征二号捆绑式火箭转运现场

这是运载火箭技术研究院最为困难的时期。改革初期，在全国都在摸着石头过河的时候，研究院科研经费锐减，在探索“军民结合，以民养军”的道路上艰难求索。运载火箭技术研究院院长王永志，看着一批批年轻人离开研究院，心急如焚。

他知道，没有新的研制任务，就无法实现在实践中进行人才梯队的培养和传承。中国运载火箭技术，如果不以新型号的研制为牵引，继续跟踪航天新技术的前沿，我们已经取得的成果和地位就会得而复失。他一边呼吁捆绑式火箭的立项，一边着手准备贷款进行新式火箭的研制。

在严峻的形势面前，屠守锷的“倔”劲上来了。他坚持认为，尽管火箭捆绑技术会在结构力学、空气动力学、自动控制和发射等方面，带来许多技术问题，但就我国现有的火箭研制技术水平而言，都是可以在短时间内迅速攻克的，而且很多课题已尝试做过一些研究，问题并不像大家想得那么可怕，研制时间也不会拖得很久。

那段时间里，屠守锷不太像一位严谨的科学家，而更像是捆绑式火箭的推销员。他无论走到哪里，只要碰到合适的人，就会主动和他讲述捆绑式火箭的优势、我们已有的技术储备和开展多时的技术攻关，特别是这个项目的开展，

屠守锷（前排右三）与专家、研制人员等学唱“长二捆”战歌

对中国航天事业的持续辉煌，对中国航天人才队伍承前启后、继往开来的重要意义。

4. 赤诚奉献“金娃娃”

屠守锷热衷捆绑技术立项，希望能尽早开始研制工作，其中还有另外一个原因，也可以说是有点“私心”吧。

他觉得自己一方面年事已高，另一方面精力还相当充沛，虽已不主持型号研制，但仍可以利用自己的知识和经验，帮助或指导后辈们的工作，使他们少走弯路，特别是在技术上，可以为下一步型号发展做一些技术储备。中国航天事业在新的基础上，要更上一层楼，还有一个相当长的技术挖掘拓展期，这期间有许多工作要做。

屠守锷和王永志的奔走呼吁，终于有了结果。

1988 年 4 月，航空航天工业部成立后，新任部长林宗棠、副部长刘纪原对捆绑式火箭研制项目非常热心。

在听过运载火箭技术研究院的汇报后，他们认为这个项目是一个承前启后

1990年7月16日，屠守锷（二排右二）与林宗棠（二排右一）、沈荣骏（二排左一）、王永志（前排左一）等分析、讨论问题

1990年，屠守锷（中）与刘纪原（左）、王永志（右）在一起

的型号，它的立项，不仅关系到中国航天事业的再次辉煌，同时也影响着现阶段航天队伍的发展和建设，是一个关键的转折点。为此，他们专门来到运载火箭技术研究院，找到屠守锷，就这个问题再次听取他的意见。

经过交谈讨论，几个人一致认为，在航天拨款日益减少的时期，能用少量投资继续维持航天发展平台建设，是对航天后继型号发展具有重大意义的大事。这一次交谈，更加坚定了林宗棠部长支持这个项目的决心。于是，林宗棠、刘纪原两位领导紧锣密鼓地开始筹划申请立项，并多次到国务院汇报。

1988 年 12 月，火箭捆绑技术终于获得国务院批准。新型号定名为长征二号 E 运载火箭，屠守锷被聘为该型号技术总顾问。

在长征二号 E 运载火箭研制中，王永志院长担任总指挥，王德臣担任总设计师，屠守锷担任技术总顾问，三人承担着不同的角色和责任，运载火箭技术研究院在新的高度上建筑起蓬勃发展的平台，

1992年8月9日，屠守锷（中）与张贵田（左）、褚祥生（右）在长征二号E运载火箭发射现场

新一代“天”之骄子领航起飞。

长征三号乙和长征三号丙运载火箭，在长征二号E运载火箭的基础上，应用了成熟的火箭捆绑技术。发射国外卫星，捆绑式火箭出尽了风头。神舟号飞船发射，捆绑式火箭尽显神威……

屠守锷多年的愿望，终于实现了。

5. 航天市场有中国

长征二号E运载火箭以加长的长征二号丙运载火箭作芯级，捆绑四个液体火箭助推器，其近地轨道运载能力可达8800千克，比长征二号丙运载火箭运载能力提高约3倍。

1985年10月，我国政府郑重宣布将长征系列运载火箭投放国际市场，1986年，便迎来了为国际发射服务市场的绝佳时机。这一年，美国的挑战者号航天飞机在升空时发生爆炸；美国德尔塔火箭发射气象卫星，由于火箭飞行姿态失去控制，被实施炸毁；欧洲空间局阿里安火箭也相继失败，国际市场暂时出现没有运载火箭可供利用，形成运载危机，而中国长征二号E运载火箭的运载能力，当时最具备入市条件。

1987年9月，澳大利亚奥塞特公司在悉尼就建立第二代国家卫星通信系统进行招标，世界上有四个西方宇航集团以主承包商的身份参加投标。初出茅庐

1985年7月，屠守锷（右三）陪同程连昌副部长（左四）会见欧空局局长吉普森博士及夫人

的中国长城工业公司，以发射服务分包商的资格，与主承包商组合参加投标，这就意味着中国长征二号E运载火箭，已开始和美、法火箭进行角逐。在这四个西方宇航集团中，只有主承包商休斯公司在运载火箭方案中，列入了中国仍尚无实物的长征二号E运载火箭。

1988年6月，揭标结果确定了美国休斯公司使用长征二号E运载火箭，发射两颗HS-601卫星在轨道交付方案中标。

对于中国，这是一个纸上谈兵的买卖，因为火箭还只是纸上的一个草图，而对于运载火箭技术研究院，这又是一个命运与机会的挑战！

在与休斯公司的谈判中，休斯公司提出的条件是：在休斯公司制造的、由澳大利亚经营的卫星发射前一年，即1990年6月30日以前，中国火箭必须竖立在发射架上，准备进行飞行试验。试验失败或无正当理由推迟发射，美方有权终止合同，并索取赔偿费100万美元。

这是一个非常苛刻的条件！是否要签订这份条件非常苛刻的合同呢？屠守锷的态度非常明确：不惜一切代价，一定要把这份合同签下来！

道理很简单，国家利益需要，航天发展需要，经济建设需要。屠守锷说："航天有一支这么好的研制队伍，有30多年拼搏打下的基础，此时不拼，更待何时！"屠守锷的气魄令很多老航天设计人员振奋，他们发自内心的期望和总师一起，再为国家献上一个"金娃娃"。

在困难面前不退缩，迎着困难上，勇于为国家分担责任，和祖国一起共患难，正是这一代航天人深切的报国情怀和朴素的创业精神的真实反映，是航天人思想品质和作风的升华。

激烈的市场竞争从来就不同情弱者。中国航天面临着一次残酷的挑战。休斯公司之所以要与中国签署这份条件苛刻的合同，就是吃准了中国人不可能在短时间内研制出火箭，他们自信地认为，这份合同只是进行了一场国际漫游，最终仍然会落入他们的手中。这真是一个如意的算盘！

对于中国航天人来说，这也是一个机遇，终于可以利用外方的资金，来研制我们自己的火箭，这是开天辟地第一次。机不可失，时不再来！

兴奋豪迈的航天人再一次挺身而出。1988年6月，贷款2000万元，开始了先期工作。

12月，李鹏总理主持国务院办公会议，批准了此项工程，并将之列为国家重点工程，要求从1989年1月起，在18个月内完成首次飞行试验，研制经费先由贷款解决。预计整个研制费用3.45亿元人民币。

要在18个月内研制成功一个新型号，无疑是一场硬仗。它既是对这支队伍的一次严峻考验，也是对这支队伍技术素质的一次全面检阅。

长征二号E运载火箭的研制队伍，就是屠守锷当年率领的研制洲际导弹和实施飞向太平洋试验的设计队伍，是创造了金牌火箭"长征二号丙"神话的队

1990年7月16日，屠守锷（前排右二）在西昌卫星发射中心与沈荣骏（前排左四）、林宗棠（前排右三）等领导同美国、澳大利亚友人合影留念

伍。今天，为了维护国家和航天人的尊严，他们又一次聚到了总设计师的麾下。

摆在他们面前的困难主要有两点：一是由捆绑技术带来的一系列技术难题，其中包括助推器的捆绑和分离技术、双星发射技术、直径4.2米的大型卫星整流罩技术等20多项难题。二是研制周期短。18个月里要完成往常3～4年的工作量。设计部门要在3个月内完成24套、44万张图纸的设计；生产部门仅新技术一项就提出了126个工艺攻关课题，制造5000多套适合于特殊零件加工的工装；试验部门要在半年时间内完成仿真、综合匹配试验，助推器、星箭、整流罩三大分离试验，以及全箭振动试验等300多项地面试验。

对于运载火箭技术研究院来说，这确实是机遇与风险并存的挑战。所谓机遇，就是承担外星发射任务，不仅可以推动我国航天技术的发展，为国创汇，而且是壮国威、振民心、团结海内外炎黄子孙共同振兴中华的大事。说到风险，首先，时间过于紧迫，存在技术风险。在18个月内，如果研制不出来或者首

发试验失败，国家形象、民族尊严、中国火箭技术信誉，都会因此而受到损伤，刚刚打开的国际卫星发射市场的大门，也可能因此而关闭。其次，研究院难以承受经济方面的风险。一旦美方终止合同，3.45 亿元人民币的贷款将无法偿还，就连利息支付也成为难题。

面对这样的严峻考验，火箭研制者们提出了“全力以赴，首发必胜”的口号，决心发扬敢打硬仗、善于攻关的传统精神，向管理要时间。他们依据过去 30 年积累的成熟经验，精细地运筹、周密地思虑、精心地调度、细致地工作，灵活机动地处理着各类问题。将设计出图和物资备料、设计和工艺准备、工艺审查和生产准备、生产与试验、研制与靶场准备等有机地紧密结合，形成五个交叉作业面。在研制程序上合并研制阶段，把靶场模样箭、初样箭和试样箭三个阶段合而为一，成倍地提高了工作效率。在生产上采用四箭合一，即模样箭，初样箭，静力、振动试样箭，合练箭次第使用，简化了模样、初样、振动、合练程序，不仅缩短了周期，还节省了经费。仅此一项，至少节省两发火箭的结构件。

1999年9月18日，荣获“两弹一星”功勋奖章后，屠守锷、杨嘉墀、黄纬禄、任新民、王希季、孙家栋（从左到右）在人民大会堂前合影留念

大型卫星与火箭连接的包带设计，曾作为预先研究项目进行了十年，但试验结果无法满足设计要求。长征二号 E 运载火箭开始研制后，屠守锷再一次临危主持关键项目的攻关。他从最基本的原理推导起，通过一系列公式推算，仅仅一年，就总结出一套完整的设计方法和试验程序。

建立在理论基础上的结果，要接受试验的检验。这一天，几十米高的试验设施耸立在风中，铁梯架在天寒地冻中，就像坚冰一样光滑。已是 70 多岁高龄的屠守锷，亲自爬到试验架上检查试验准备情况。他按照试验大纲，一项项认真地进行核对。从架上下来后，他说：程序和方法都是正确的。

试验结果验证了屠守锷的论断，各项指标完全满足设计要求。一个久攻不克的课题，在试验前就论证了方法和程序是正确的，这需要多么深厚的功底和渊博的学识啊。

屠守锷这位从总设计师到技术总顾问的火箭专家，这位从工程实践中摸索出来的导弹与火箭研制的集大成者，善于将理论付诸实践，并通过试验加以科学的总结。对于火箭工程，他曾多次从科学技术和科研管理等角度，给出过系统总结。

担任总设计师时，屠守锷就主张重视设计。他强调一个方案的确立，不但要有理论支持，还要经得起反推，有些重大项目甚至要另辟蹊径，反复、多渠道地去做验证，以确保万无一失。

屠守锷还特别强调要重视初样研制。火箭研制是一项复杂的系统工程，一个局部的正确方案在系统中不一定是协调的。初样阶段就是验证这些方案的合理性，否则到了试样阶段，不仅会影响进度，而且在人力、物力、财力方面的浪费还会很大。他的这些见解，对我国战略导弹与运载火箭的研制起到了指导作用。从长征二号丙运载火箭到长征二号 E 捆绑火箭，他的许多理论和见解，都得到了最大限度的验证。

1993年8月7日，屠守锷（前排右五）在表彰十佳青年、培养人才先进工作者大会前与与会代表合影

他还一直主张通过计算和试验来缩短研制周期，并积极付诸实践。他的这些卓有远见的设想和精心准备，终于使我们在面对外商如此苛刻的条件时，变不可能为可能，在擦肩而过的机遇面前，迎接了挑战，抓住了机遇。

6.航天精神谱新篇

在捆绑式火箭研制的日日夜夜里，航天工作者们殚精竭虑，历尽艰辛。他们浓缩了生命、浓缩了岁月，也谱写了青春的华章。

参加过捆绑式火箭研制工作的人员，无不为自己在严峻形势下焕发的创造力而振奋；为自己在有限的时间内产生的无限精力而自豪；为自己在攀登科学高峰中攻无不克、战无不胜的智慧而放歌；为自己维护国家形象、民族尊严做出的贡献，而告慰生命、告慰青春、告慰子孙。

一位年轻人按捺不住心中的激动，写下了这样的句子：风中翻飞的树叶，翻过了无数的岁月，终于有一天，炎黄子孙扎出了风筝在风中翩翩飞扬；风筝又飞翔了很多年，华夏儿女再一次制造出冲天的火箭在云中扶摇翱翔；今

天，在火箭的故乡，长征二号E运载火箭又竖立在发射架上，它将在九霄云外再次张扬故乡人的豪迈与自强！

长征二号E运载火箭全箭起飞重量460吨，全长49.7米，最大直径达3.35米，卫星整流罩最大直径4.2米。在其一级外部捆绑有四个直径2.25米、高15米的助推器，其近地轨道运载能力达9.2吨，可将3吨以上的有效载荷送入地球同步转移轨道。1990年6月29日，长征二号E运载火箭矗立在西昌卫星发射中心第二发射塔架上，比原定时间提前了一天。雄伟的火箭遥望蓝天，此时此刻，为它奋战了18个月的航天人，已经和火箭融为一体，等待着蓝天的检阅。

这是一枚大型两级捆绑式运载火箭，上面除搭载一颗巴基斯坦科学实验卫星外，还安置了一颗与“澳星”质量相等的配重星，借以模拟“澳星”的发射状态。

夏天的西昌高温多雨，空气湿度很大。当开始给火箭加注推进剂时，却发现火箭“出汗”了。大家赶紧用能吸水的材料做紧急处理，以防止水珠进入舱段，浸湿电缆，发射被迫中止。再次组织发射时，又因发射前30分钟出现故障而中止发射。此时，装有推进剂的火箭，在发射台上已垂直竖立了5天，箱内温度不断上升，4个火箭助推器上的脉动

屠守锷在纪念长征二号 E 运载火箭发射成功明信片上留言

压力传感器部位先后出现了氧化剂渗漏现象。于是，指挥部决定泄出 4 个助推器的氧化剂，更换传感器。当第一个传感器被卸下时，整个舱内充满了有毒的四氧化二氮气体，拆卸人员的视线严重模糊，只能用手摸索着排险。

老工人陆阿宏、魏文举最先进入舱内，10 分钟后，魏师傅严重中毒，晕了过去，救护车的笛声在山谷间撕心裂肺地回荡。

在后续排险中，陆师傅七进七出，8 个传感器，他一人更换了 7 个。当车间领导要给他配助手时，他说："里面太危险，要死，就死我一个吧！"

魏师傅送到医院后，虽经多方抢救，但终因中毒过多而献出了自己宝贵的生命。副总指挥于龙淮、总设计师王德臣也因中毒，被送进了医院。在这个艰难时刻，大家高声唱起了《团结就是力量》，用歌声来给自己加油，给团队加油！

7 月 16 日，中国首枚大推力捆绑火箭再次加注发射。

就在此时，突然有权威专家提出质疑：捆绑后的火箭产生的谐振，将会带来灾难性事故。

权威专家的质疑，足以宣判火箭“死缓”。谐振更是让所有航天人闻之而不敢怠慢的棘手问题。

航天人谁都不会忘记，我国自行研制的中近程导弹，就是因为弹性振动问题而首飞失利；长征三号运载火箭的振动问题，也是困扰了科技人员很久的难题。今天，当长征二号E运载火箭耸立在发射架上，处于一令冲天的时刻，噩梦一样的振动问题又被提了出来。

很多人都被权威专家的质疑吓住了。为了保险起见，有人提出把火箭拉回北京，重新再做振动试验。

合同期限在即！火箭到底能不能发射呢？

发射会议从晚上7点半一直开到深夜1点半，还是决定不下来。火箭总设计师王德臣找到屠守锷，商量怎么办。按理，屠守锷完全可以顺水推舟地表示按领导决策意见办，但他没有这样做。

他说：“把公式找出来，计算后再说。”

屠守锷的冷静和自信，给了王德臣莫大的鼓励。他们找到公式，反复计算，核验多遍。公式没有错，是质疑者的假设条件出现了偏差。从力学角度讲，作为单自由度、单维公式，它本身是正确的，但把它应用到多自由度、多维捆绑火箭上，就风马牛不相及了，这根本就是两类不同的概念。

为慎重起见，国防科工委主任丁衡高再次轻声询问屠守锷，能发射吗？屠守锷说：“要讲实践经验，他们不比我少，他们都是亲临现场，独当一面的，他们说能打，我们就该支持。”关键时刻，屠守锷坚定、旗帜鲜明地支持了一线指挥员的立场和观点。

王德臣将计算结果和问题性质，向屠守锷再次做了汇报。屠守锷果断地决策：“按原定计划实施，准备发射。”

1992年6月，屠守锷（前排左五）在西昌卫星发射中心与“澳星”发射试验队领导及参试人员合影

长征二号E运载火箭终于带着亿万人的期待，冲上九霄，将搭载的巴基斯坦科学卫星准确送入预定轨道，但因装在火箭第二级电路中的一根插座连线出现错误，火箭未能将模拟的“澳星”送入预定椭圆轨道。休斯公司和奥赛特公司组成的联合代表团，对长征二号E运载火箭进行了全面而严格的评审，最终仍给出“满意”的评价。

屠守锷凭借着他丰富的结构动力学知识，又一次以他的高风亮节，在泰山压顶的形势下，力挽狂澜。

7.“神箭”冲天奠基人

1990年，中国航天史上捷报频传。

4月，长征三号运载火箭成功地发射了第一颗外星“亚洲一号”之后，长征二号E运载火箭又在7月一举发射成功，将其搭载的巴基斯坦科学实验卫星，准确地送入预定轨道。我国火箭近地轨道运载能力从2.5吨一跃达到8.8吨。

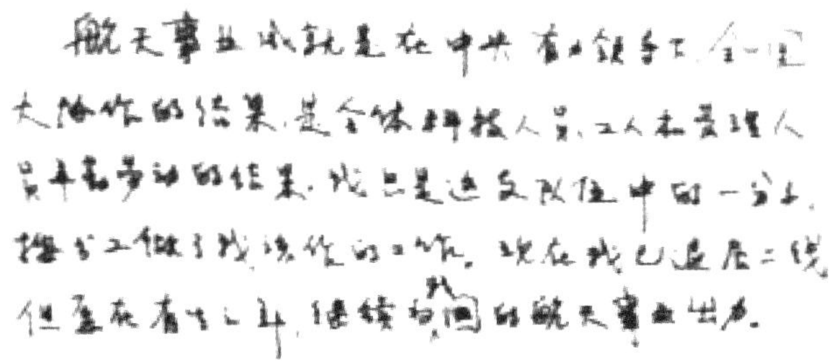

屠守锷关于航天事业发展构想的部分手稿

长征二号 E 运载火箭发射成功，标志着中国继续保持在国际卫星发射市场与世界航天四强的竞争态势。

中国沸腾了，世界震惊了。

美国休斯公司特聘的火箭技术顾问、前麦道公司副总裁泰德·史密斯，经过考察评审后说："中国人能创造出西方人做不到的奇迹。"

其实，中华民族自古就有置之死地而后生的韧性，也有着一诺千金的品德。航天人正是凭借这样的韧性和品德，在党中央的亲切关怀和大力支持下，加上兄弟单位的通力协作，才有了长征二号 E 运载火箭 18 个月的奇迹。这也是中国运载火箭技术研究院 30 多年来科研成果的继承和发展，是老一代航天人艰苦奋斗作风和爱国主义精神的继承和发扬。

屠守锷很早就开始关注捆绑式火箭的发展，在主持洲际导弹研制工作时，就把捆绑技术的发展方向定为预先研究的选题目标，特别是在完成"三抓"任务后，在主持科技委工作期间，竭力促成捆绑式火箭项目的实施，并身体力行地在重大攻关项目中把关，为火箭捆绑技术的最终实施铺平了道路。捆绑式火箭的研制成功，为发展大推力火箭创造了必要的条件，为举世瞩目的"神箭"发射奠定了坚实的基础。

屠守锷

屠守锷院士传记

Academician Tu Shoue's Biography

第十五章

总师风采

几十年来，屠守锷担任过多个型号的技术负责人，不仅带出了一支能征善战的研制队伍，也塑造了一代总师风采。

1. “倔”总师赤诚胸怀

屠守锷的“倔”，在航天领域是出了名的。就是这样一位以“倔”闻名的科学家，在航天界享有非常高的声誉，赢得了几代航天人的尊敬和信任。

屠守锷长期工作在技术领导岗位，接触的人比较多，特别是与一些工程技术人员在某个特定的时间里几乎朝夕相处。说起屠老总率领他们搞科研的事，每个人都能滔滔不绝，轻松地说上一段，细听起来，全是艰苦创业、刻苦攻关的事；说到屠老总的“倔”，他们收敛了笑容说，其实那是认真，而且是特别认真。

每次判读试验数据，特别是那些关键数据，屠老总都能说出上一次的数据是多少，非常精确。没有把握的数据，但凡“大概”、“可能”、“差不多”之类的词，屠老总绝对不会说，也不接受这样的报告。对说不清楚的数据，他就直接到现场查明白。

和屠老总一起工作，认真负责是第一位的。只要养成这个习惯，与他相处就会很愉快。如果不了解他作风的这一特点，而是习惯于凭印象和感觉办事，那日子就肯定不好过。用屠老总的话说：“没有好的作风，就没有资格搞航天。”

屠守锷油画像

偶然犯一次规，屠老总会扬眉看你一眼，以示提醒，下不为例。但若下次还这样，肯定要受到批评。

屠老总批评人，不是用词多严厉，就是一句话，“这样不行”。说这话时，他会非常专注地看着你，而且下次还专找你继续询问。在屠老总手下工作的人，也许会有一次疏忽大意，但绝对不会有第二次。这不仅仅是不敢，而是因为屠老总会让你强烈地认识到你是在为国家把关，庄严而神圣。屠老总能接受失败，但不能接受马虎，他习惯严格按照规章制度办事，他的严谨作风，在他身边工作的人，耳濡目染后也就适应了，但对于不熟悉他的人，往往就会被“倔”总师的威严所吓倒。

1959 年 11 月，发动机设计部的一个设计员带着介绍信到二部查阅火工品资料，资料室的同志讲，需要主任批准。设计员一听需要屠守锷主任签字，显得有些犹豫，说：“坏了，听说屠主任很倔，可能要遇到麻烦了。”

资料室的同志说：“你还没去，怎么知道呢？”看到设计员为难的样子，资料室的同志便陪着他一同去屠守锷办公室。

当他们找到屠主任时，他看过介绍信签完字后说：“带他去看吧。”态度很和蔼。从屋里出来后，设计员一身轻松地说：“不像外面传的嘛！”资料室的同志笑着说：“要不让你直接进去呢，只要手续齐全，就不会有任何问题。”

1981年，基层研究所的一位技术员写了一份报告送给屠守锷。他在报告中提出，长征三号运载火箭曾出现纵向耦合振动问题，长征二号运载火箭也有类似问题，并且列举了一些试验数据，来支持自己的这种看法。

一些设计员知道后，有人提出反驳意见说："长征三号运载火箭是在研制试验过程中发现问题的，并且采取了很多有针对性的措施，长征二号运载火箭研制出来后，已成功飞行了多次，这本身就说明了火箭没有方案性问题，你这不是没事找事吗？折腾自己就算练兵了，现在导弹定型的文件像山一样高，等着屠老总审阅，你还给屠老总添乱，等着挨批吧！"

这位技术员听后感到很不安，觉得大家说的有道理，是自己的思考方式有问题。可报告已经送给屠老总了，本来就很忙的"倔"老总，这回肯定轻饶不了自己。

报告送到了屠守锷手里。屠守锷认为，这位技术员的出发点是关心型号研制工作，特别是作为一个基层的设计员，能够主动想问题，并且有了看法就提出来，这是好事，不能泼冷水。于是，屠守锷在这个报告上写了很长的一段评语，说明其中的道理，并勉励他继续深入研究。当这位技术员看到屠老总的批语后，非常感动，逢人便说："谁说屠老总倔？多可爱的一位老总啊！”在屠老总面前，你只要将航天精神和作风变成个人自觉的行动，习惯以科学的严谨态度做人、做事，就不会觉得他倔，反而能从中体会到他温和的另一面。

屠守锷把身边的年轻部下，都当作自己的学生，不但在工作上给予帮助和指导，就是在平时生活中也关怀备至。

总师系统的很多人至今都记得，在靶场飞行试验前夕，他们经常是连续工作几十个小时都不能休息，每次都是屠老总命令他们回去睡觉，自己一人留下继续值班。

每当这个时候，他们总会很不甘心地离开工作岗位，但屠老总不容置疑的命令语气，让几个副总设计师面面相觑，无可奈何。他们心里想着尽可能多地分担屠老总的工作压力，但也知道只要屠老总下令，就没有商量的余地，他们早就领教了屠老总在这种事上的“倔”劲。

屠老总用这种语气说话一般有两种场合，一是他拒绝别人对他的照顾以及参与各种名利活动时，二是他要求别人接受他的照顾和享受某种荣誉时。

很多老设计员还记得，当他们从五湖四海来到运载火箭技术研究院后，最不习惯的就是食堂的伙食。特别是一些来自南方的科技人员，不但要吃面食，还要吃粗粮，觉得很不适应。屠老总知道后，利用到上海出差的机会，专门到航天系统的新江厂参观学习，他虚心地向食堂的师傅们请教，为什么上海的食堂办得这么好？有什么好的经验？回来后，立即与北京食堂的师傅们认真地研究伙食改进措施。

屠守锷一直担负主持国家重点型号研制工作的艰巨任务，承担着巨大的压力和责任，每天要面临的问题林林总总，但在他心里，却经常装着这些微不足道的生活小事。屠守锷认为，导弹是一个庞大而复杂的系统，这些琐事也是这个系统中的一个环节，只有把每一个环节都处理好，这个庞大的系统才能生机勃勃地运转。

总设计师王德臣，对屠守锷的一件倔事，印象深刻。一次，中央电视台《正大综艺》栏目，要做一档航天专题节目，此时正是长征二号E运载火箭最辉煌的时期，王德臣认为，技术总顾问屠守锷不坐在主席台上不合适，便力劝节目主持人，一定要把屠守锷请到嘉宾席上就座。

屠守锷从不参加此类活动，但这一次，不知深谙屠老总习性的王德臣总师采取了什么方法，还真把他请来了。屠守锷坐在最靠边的一个角落里，一点都不显眼。节目主持人肯定是记住了这位老人的特殊身份，现场即兴请屠老总讲话。这一次，他的"倔"劲上来了，在全国直播的电视节目上说了一句"说好了不讲话的"，就再也不开口了，弄得主持人很尴尬。

王德臣总师在航天界有个著名的绰号，叫"王铁嘴"。他中等个头，稍显魁梧的身材，配上一张大中华式的国字脸，两道很有特色的长寿眉，加上喜笑怒骂总带着些戏谑诙谐的味道，显示出一种超然自信。他说话语速不快，声调也不高，略带点东北口音，表情也不甚严肃，谈不上多威严。在与外方谈判的谈判桌上，他的机智、快速反应、严谨的思辨能力，让以幽默见长的西方人，也只剩下耸耸肩膀。

多么艰难的谈判，王德臣总师都不怵，但他最终还是无法协助主持人完成对屠老总的采访，可见屠守锷的"倔劲"。

在航天领域，有些领导也认为屠守锷"倔"，却很重视他的意见。因工作中的一些计划安排，屠守锷有时会同领导的意见发生冲突，有时还会毫不妥协地坚持自己的意见。由于有以往的经验佐证，屠守锷善于从全局、从战略的角度考虑问题，特别是善于从全系统去把握导弹、火箭的战术技术指标，以及实现这些指标的技术手段，同时又很熟悉我国尖端技术的研究进程和实际水平，因而对关键技术及其难点，看得很清楚。在剖析错综复杂的技术问题时，屠守锷能够准确地抓住问题本质，思路清晰、条理清楚、逻辑性强。正因为如此，那些对屠守锷性格比较熟悉的领导，都认为他对问题看得准，原则性强，意见中肯，往往更信任他。加上屠守锷一贯作风严谨，对没有把握的事情，从不随便发表意见，因而对他的见解都十分重视。有时分歧实在很难统一时，领导索性也不再继续做说服工作，而是直接说“按屠老总的意见办”，可见他的学识、学风和人格的力量。

在一次申请订购液压振动台设备的讨论会上，与会者都是权威专家，仅院士就有五六位。会上意见分歧很大，双方阐述的理由都很充分，买与不买，成为焦点。

主持会议的庄逢甘院士，请一直没有表态的屠守锷发言。

只见屠守锷从兜里掏出一张纸，上面密密麻麻地记着他的“备忘录”，显然对于这件事，他是做了认真的分析和思考的。

在简要分析了研制工作的现状之后，他说：“由于我们的试验手段不充分，目前航天产品还存在着事故隐患。从这个意义上讲，非常需要增加这个试验设备。”

屠守锷建立在严密逻辑关系基础上深入浅出的分析，令与会者折服。庄逢甘院士说：“今天的会议我不做总结了，屠老总的发言，就是总结。”

屠守锷对火箭工程研制规律的掌握，表现出一位战略家的才能。这种洞察全局、驾驭总体规律的能力，不是每个领导者都具备的。

屠守锷作为中国运载火箭技术研究院的技术负责人，受党和人民的委托，主持过中国导弹技术的发展方向和途径的制定工作，临危受命承担了中国改型研制的第一枚导弹的故障分析和技术改进的重任，担任过中国洲际导弹和运载火箭总设计师。从那时开始，他思虑的平台就跳出了运载火箭技术研究院，而是整个国家。他时时告诫自己，中国只有一个运载火箭技术研究院，牵一发而动全局。所以，他在火箭研制的每一项具体工作上，在科技队伍的作风培养、思想品质要求和业务能力提高上，一贯是严而又严，精而又精。经过多年的锤炼，他相信这支队伍对祖国的忠诚、对人民的忠诚、对航天事业的忠诚。在具体做出每一个决策时，他一旦认定是从国家的需要出发、从人民的利益出发，心胸就豁达了，思路就清晰了，勇气也随之增加，决策就简单了。这也许就是人们常说的“心底无私天地宽”吧！当然，也可以说是一种“倔”。

有人概括地说，屠守锷作为总师，在航天科技队伍的作风建设和思想品质培养上，不仅严格把关，严格要求，而且不向任何有损航天队伍建设的行为让步。他坚持原则的立场和观点，就像他推导公式一样，一丝不苟，环环相扣。由于他不讲情面，不徇私情，所以在他面前，任何对科学不求甚解、对工作不负责任的做法，都难逃他的法眼。凡了解他这一特点的人，都说他是位“严厉”的人，对他这种不屈不挠地坚持原则的精神和韧劲，也有人笑称这就是屠老总的“倔”，屠守锷听后，只是眉头高高一扬。

2. 性情耿直的总师

对于屠守锷的“倔”，总师王德臣有另一层特殊的理解。王德臣说：“屠老总是一个实事求是的人，更是一个对理想有执着追求的人。如果他确信自己的意见是正确的，特别是那些关系到航天发展或型号研制的大事，他不会迎合任何人的好恶而放弃原则，更不会拿原则做交易，他会一直坚持到底，哪怕一个人孤军奋战。”

航天界的许多老同志都记得，在大跃进年代，屠守锷就曾对一些急于“放卫星”的做法，提出过反对意见，并始终对那些不尊重客观规律、急于求成的做法，不以为然。在他主持研制洲际导弹和长征二号丙运载火箭期间，这类事情就更多。这两个型号都生于乱世，在“文革”十年里，研制工作大多是在十分困难的条件下进行的。有些领导对“动乱”造成的破坏性估计不足，甚至还有人急于展示胜利成果，因而往往从政治需要出发，盲目要求型号加快研制进度。洲际导弹飞行试验也好，长征二号丙运载火箭发射也好，一些领导提出的研制进度要求往往脱离实际，甚至不顾现实的可能性。屠守锷作为总设计师，对研制情况十分了解，对哪些事情可做、哪些事情不可做，心里很清楚。所以在讨论飞行试验或发射计划时，他常常会不合拍、唱反调。当个别领导提出某年某月一定要发射时，在座的大多数人心里即使明白那是不可能的，也不会固执坚持自己的看法，毕竟那是在帽子满天飞的年代，在鼓动“宁要社会主义的草，不要资本主义的苗”的年代，大家一般会随声附和，满口应承，最多保持沉默。但屠守锷不妥协，坚持实事求是地说“这样不行！”

屠守锷还有个特点，只要说了“不行”后，就不会重复第二遍，连“争取”这样的字眼都不会说。

中国的导弹研制工作有个特点，就是倒排计划。整个型号研制工作计划基本是按天，有些项目甚至是以小时计算，而且型号研制周期是按最理想的状态安排的。现实中一旦哪个环节出现问题，哪项攻关没有在要求的时间内拿下，都会影响整个计划的实施。在这种情况下，再提出缩短研制周期的问题，除非降低产品设计要求和水平，否则根本无法实现。

这个时候，经常会有人用一些比较婉转的语气说“争取吧”，这实际上就是让事实说话的一种托词，屠守锷却不理会这些。可以用行政命令手段让他执行，但他绝不会说违背良心和客观事实的话。作为技术总负责人的屠守锷坚持不退让，往往会让主持会议的人感到不知所措，或者很难堪。

经历过这种场面的人说，屠守锷谁的面子都不给，哪级领导都敢顶。他们所谓的“顶”，其实就是屠守锷不迎合任何人的想法，坚持摆事实讲道理，认真阐述自己的意见。

研究院当时有个通行做法，叫做计划调整。每到年底，如果当年计划没有完成，便做计划调整，于是有了“计划经过调整后，圆满完成全年工作任务”的工作总结。

所以在那种会议上，每当屠守锷坚持自己的意见不妥协时，有人就会想，上级说何时就何时，到时候完不成，调整计划就是了，何必跟上级领导顶牛呢？由于计划经常严重脱离实际，有人甚至把这种计划调侃为“有这么一句话，但没有这么一回事”。

但屠守锷认为，坚持实事求是的工作态度，是维护计划的严肃性。计划如果经常随意改动，又怎么能调动群众的积极性呢？又怎么去动员整个研制队伍齐心协力地工作呢？所以，每当遇到这种情况，屠守锷都会实事求是地按照实际工作进展安排计划。

在习惯于唯命是从者看来，屠守锷确实不识实务，不懂变通，简单地说，就是所谓的“倔”吧。

事实上，屠守锷在多年火箭工程研制实践中，积累了丰富的经验，他不但从科学技术上多次给予指导，而且从科研管理角度上给予总结。其中最重要的一点，就是对火箭工程研制的规律，做出了比较全面的理论概括。例如，他在火箭技术发展方向的判断、技术途径的选择、研制阶段的划分及其工作内容的特征、新技术采用的原则、预研项目的安排方法、地面试验的内容及其工作目标等方面，都有独到的见解，对后续型号研制有着重要的借鉴和指导意义。

说起屠守锷的耿直，王德臣还记得这样一件事。在长征二号 E 运载火箭研制工作中，一位从事控制系统的科技人员在一次地面例行试验中接错了一根电线，导致试验失败。虽然只是一次例行试验，但这支创造了金牌火箭的研制队伍，为了严肃纪律，总师系统还是决定处分他。处分文件拟好但还没有下发，技术总顾问屠守锷的电话打给了总师王德臣：“听说他家里最近爱人、孩子都生病住院了，可他没有请过一天假。是不是这个情况，你了解一下。”

屠守锷的一个电话，让王德臣想起了许多。

王德臣是屠守锷在北航任教授时的学生，到中国运载火箭技术研究院后，作为技术骨干，一直在屠守锷身边工作。为人师表的屠守锷在培养、锻炼技术骨干的同时，也很了解他们的性格、脾气、技术水平、优点和缺点，甚至熟悉他们当中哪些人是九分把握、七分表态、十分做事；哪些人是七分把握、九分表态、十分做事。他们的情绪起伏、变化都在屠守锷的眼里，随时都能得到屠老总的悉心呵护、指导和帮助。

屠守锷经常是在全面掌握情况的前提下，有章、有法、有目标地给他们压担子、加责任，对那些私下里有所保留的人，他常常笑呵呵地说：“你的潜力还大着呢，你能干得很好。”

就这样，在屠守锷身边成长着一批批能挑大梁的副总设计师。王德臣常想：自己也做了总师，而且是国家重点型号任务的总师，也能像屠老总那样成竹在胸吗？上面那位设计员，平时工作十分出色，从没出过任何差错，在重点型号研制中，没讲过任何条件，一直都很努力地工作在第一线。特别是他在承受生活上巨大压力的情况下，仍继续工作，自己不但没有及时帮他解决后顾之忧，还一再给他加压。幸亏身边有屠老总这样耿直的人，发现问题及时提醒，否则就会伤害这位设计员的心了。之后，王德臣主动找到总指挥申请给自己处分。

通过这件事，王德臣对自己的总师工作提出了高要求，尤其在他所采取的管理措施中，有一条“抓人”的概念——“最优8小时工作”。即保证参加载人火箭研制队伍的工作人员心态平和，家庭和睦，处于最佳工作状态。

这位一身豪气、开朗坦荡的东北汉子，说起屠守锷的耿直来，脸上流露出浓浓的敬重和诚意，他不无感慨地说：“这是一个典型的知识分子的胸怀和对人性本身的一种信任，是一种气节。”

3. 总体部的当家人

20世纪90年代初，屠守锷在担任长征二号E运载火箭技术总顾问时，曾欣慰地说：“‘二王’已经独当一面了。”屠守锷所说的“二王”，指的是他的学生王永志和王德臣。王德臣毕业于北京航空学院，王永志毕业于清华大学航空系，这两所大学都是屠守锷曾经任教的大学。

1962年，屠守锷挂帅总体部主任，“二王”是总体部总体室的两员大将。仿制“1059”导弹时，他俩还是新兵；改型研制东风二号导弹时，他俩已成长为老兵；自行研制东风三号导弹时，作为技术骨干，他俩已能带新兵；研制洲际导弹时，作为屠守锷的左臂右膀，他俩已成为该型号的副总设计师。

说起航天总体部，那是让航天人敬仰的地方。对于总体部，是这样定义的：作为一个多学科、多专业有机结合的大规模的系统工程，航天型号研制具有技术复杂、综合性强、协作面广、研制周期长、质量和可靠性高、决策层次高、探索性强、不确定因素多和风险大等特征。航天系统工程的关键核心是总体部。

屠守锷担任过中近程导弹、中程导弹副总设计师和洲际导弹总设计师，其间有多少艰难困苦的危急时刻，又有多少悬崖峭壁横亘在前进的路上。然而，

屠守锷（中）与王永志（左）、王德臣（右）在西昌卫星发射中心发射塔架前留影

正是由于历经这千难万险，麾下的战将才能在实战中敢于拼搏，勇攀高峰，千锤百炼，脱颖而出，在风雨雷电中迎接彩虹，为中国航天的崛起奉献出壮美的青春年华。

签订和履行长征二号E运载火箭合同期间，总体室朱维增随王德臣总师12次赴纽约谈判。他还是一位乒乓球业余高手，曾代表研究院参加比赛。奥运会期间，看体操比赛，他点评得头头是道，一问，小时练过；看跳水比赛，他又点评得很在行，再问，小时练过。他得意地指着自己的鼻子说："别忘了，我是总体部总体室的。"言下之意，总体部是包打天下的多项全能之集合。总体室刘燕生20世纪60年代担任工程组组长，领导全组调研提出火箭直径3.35米，同时又是运载火箭技术研究院闻名的根雕

2006年11月17日，屠守锷（右）与林宗棠（左）、梁守槃（中）出席《钱学森手稿——导弹概论》首发式

和微雕艺术家，多次参加北京市比赛，获奖多多。

说起王德臣总师签订长征二号E运载火箭合同的经历，更是传奇。当王德臣拿着画在纸上的火箭承诺18个月后让它飞起来时，美国人像听神话故事般地笑起来。美国大力神火箭副总设计师史密斯率团到中国考察后郑重地说："王德臣，我要提醒你，研制这样一枚火箭，在我们美国至少也要三四年，现在你们说18个月就能完成，你们中国人是不是又吃了鸦片在说胡话？"

18个月后，王德臣如约请史密斯来中国，观看竖立在发射场的长征二号E运载火箭，实现了中国人的承诺。

中国载人航天工程总设计师王永志，是新中国培养的第一代航空专业的学生，留学苏联后，改学了导弹、火箭设计，他的恩师——苏联科学院米申院士在他的毕业论文《洲际导弹设计论》答辩会上说："这是你第一次当洲际导弹总设计师，但愿这不是最后一次当设计师。"

当神舟飞船一次次发射成功时，钱学森自豪地说："我推荐的载人航天工程总设计师不错吧，年轻时就崭露头角，他大胆地进行逆向思维，很懂得科学的

辩证法，和别人不一样。”

东风二号导弹一次发射，由于环境温度高，推进剂膨胀，导致导弹达不到原来的射程。此时，落区的测量网点都已安排就绪，如果导弹达不到原来的射程，落区的测量设备便无法测出数据。按照通常的做法，一般是用增加推进剂的办法，通过延长发动机的工作时间来增大射程。问题是推进剂贮箱已满，没有更多的空间增加推进剂。显然，这个办法行不通。

王永志提出一个截然相反的办法，通过减少酒精，调整推进剂混合比，降低导弹熄火点的净载荷，来提高射程，达到预定目标。通过反复计算，他得出了可以泄出600千克酒精，以达到原定射程的结论。

对这个初出茅庐的设计员的超常规思路，当时根本无人理会。可王永志并不气馁，他直接找到钱学森汇报了自己的想法。钱学森支持了他的意见，果断地决策泄出部分酒精后发射。飞行成功！

面对成绩，王永志常常告诫自己，从参加工作那一天起，自己就置身于大师们慈爱呵护所营造的环境里，是他们用双臂举起我们向科学的高峰攀登。王永志时刻铭记屠守锷说过的一句话：“中国只有一个运载火箭技术研究院，我们做事情都要从国家这个大局出发。”1979年，王永志担任总体部主任，他努力把每一项型号任务做到精益求精、尽善尽美，力求为国家奉献“金娃娃”。1986年，王永志任运载火箭技术研究院院长，成为中国跨世纪研制的新一代火箭技术的领军人之一。

王永志任院长时，正是改革开放处于“摸着石头过河”的阶段，在以经济建设为中心的旗帜下，不仅科研经费锐减80%，一些重大航天工程项目也纷纷下马，研究院尝试打破领导干部任期终身制，开始实施一届任期4年、最长不超过两届等改革举措。

就是在这样的形势下，上任之初，他仍将科研经费的10%投入设备的更新换代中，为即将展开的研制工作奠定物质基础，同时又对长征系列各个型号的火箭作出长远、可预见性的规划。在一个型号投产的同时，就进行下一型号的研制，同时对再下一个型号进行预研。全院科研人员分三批次进入三个型号的生产、研制、预研论证和方向性探讨。这个时期是除研究院建院之初，技改项目上得最多的时期。没有钱，就贷款。王永志破了研究院几十年来依靠国家拨事业费搞科研的先例。

与此同时，屠守锷、梁守槃、卢庆骏、张镰斧、陆元九、谢光选联合上书中央，陈述当前国防尖端技术的发展情况，得到邓小平的高度重视。随即国务院召集有关部委负责人到研究院实地调研，并在中南海举行座谈会。王永志作为航天工业部代表首先发言。他说：“我国 28 年投入国防尖端武器的经费只有 28 亿元人民币，只相当于美国 1984 年一年投入此项经费的 30%、苏联 1984 年一年投入经费的 25%。我们就是用这么一点钱，建立了自己现代的国防威慑体系，建设了众多航天工程，从而让中国赢得了小平同志所说的在世界上有影响的大国地位，不仅换来了 20 多年的和平建设时期，还恢复了国家在联合国的合法席位，中国成了国际宇航联合会的成员国。虽然当前世界形势趋于缓和，但任何一个国家也没有麻痹到不设防的地步。在美、苏两国都在着力于提高武器技术性能、增大威慑力的情况下，如果我们把军转民只理解为只搞民不搞军，而不致力于提高武器的性能，到时候一旦国家有事，就会既无招架之功，更无还手之力，我们怎么向人民交代呢？”

后来，在中南海向中央汇报时，当听到王永志再次讲到这个观点时，张爱萍第一个站出来支持王永志，他说：“如果现在没有‘两弹一星’，中国会是什么样子，我们可不能得而复失啊！”

著名经济学家许涤新说：“我国航天工业经过了30年的努力，已跃居世界先进行列，已经成为我国工业体系中的支柱产业。为壮大我国工业体系，我们必须继续大力发展这个支柱产业，在我国数以千计的工业领域，只有一个半领域达到世界先进水平，航天就是唯一的一个。”在这样的呼声中，曾下马的航天工程又开工了，被中止的一些型号又恢复了研制。

就是在这样的基础上，王永志带领研究院以研制长征二号E运载火箭为契机，走向国际卫星发射市场，实现了向祖国奉献“金娃娃”的梦想。

1993年8月8日，屠守锷（前排左二）在钓鱼台国宾馆与刘纪原、杨振宁、梁守槃、任新民、黄纬禄、梁思礼（前排左三至左八）等领导和专家合影

接任过总体部主任的王永志总说自己的命好，从研制东风二号导弹开始，他就深受钱学森、屠守锷、任新民、黄纬禄、梁守槃等老一辈科学家的言传身教，在这个过程中，自己得到的不仅仅是在航天专业领域更上层楼，更重要的是把老一辈科学家的精神境界和解决问题的方法传给了航天下一代。

4. 记者眼中的总师

新闻记者普遍认为屠守锷“倔”，在这一点上好像没有分歧。凡试图采访屠守锷的人都有一个共同体会，见他难，采访他更难。

航天工业对外开放后，上级机关搞宣传工作，一些大报的记者，都想采访这位洲际导弹总设计师。

屠守锷对采访的态度是，对研制过程还可以说几句，但只要涉及到他个人，就只有一句话：“事情都是大家做的，我个人没有什么好写的。”短短几分钟，就把记者打发走了，宣传稿也就写不成了。所以外界对这位著名的火箭专家，知之甚少。

屠守锷始终认为自己只是火箭研制工作中成千上万人中的一员，没有什么好宣传的。记者们被拒绝的次数多了，慢慢就形成了一种印象——这个老专家很难采访，很“倔”。

但只要你走进航天队伍，无论是在试验现场，还是在设计部门，屠守锷的总师风采，指挥若定的大将风度，果断、准确的决策能力，都会让人不由自主地想走近他、了解他、追随他、欣赏他。

假如你有幸能在发射成功后的短暂时间里接触到他，假如他还没有进入工作程序，你会发现一个开朗、豁达、侃侃而谈的屠守锷。

这一刻，他的激情会像岩浆喷发般一泻而不可收拾，让你领略到沙场点兵的豪迈。

屠守锷（左四）与吴朔平（左一）、梁守槃（左二）、蔡金涛（左三）、孙家栋（右四）、黄纬禄（右三）、杨嘉墀（右二）、王希季（右一）等专家在一起

屠守锷的笑很独特。他笑得最多的姿态是仰望天空开怀大笑，而且笑得那么恣意纵情，那么爽朗豪迈。他的笑是性格的延伸，也是性格的外化。他的笑，是一种直抒胸意的喷发，也是一种坦诚的亮相；是一种意志的表达，也是一种观念的倾诉；是一种视觉的震撼，也是一种情感的抒怀。

中国火箭技术取得让世界震惊的成绩，在从无到有、从小到大、从弱到强的发展过程中，作为担任过多个地地导弹型号总设计师的屠守锷来说，他心中装着多少让他心动、情急、兴奋、悔悟、激动、鼓舞的故事和人物。

他会告诉你中国的战略导弹和运载火箭是在什么样的基础上起步的；最初的科技人员是在飞机机库、帐篷，甚至在走廊里办公、睡觉。

他会给你讲毛泽东主席说，既然原子弹是个摆设，就要早响。鞭策中国“两弹”的研制工作；周恩来总理怎样亲临现场，关怀与支持中国航天事业的发展；聂荣臻元帅如何关心和爱护知识分子成长；陈毅元帅说“把裤子当了，也

北京航空航天大学聘请屠守锷为校友分会名誉会长

要把我国的尖端武器搞上去”的情景。

他口若悬河，一串串人名，一项项攻关，一次次试验，一个个成果，航天人用情怀与精神谱写的旋律，在他心中跳动。

“作为一个主持型号研制工作的总师，你最有成就感的是哪一个型号？”

“在研制过程中，你认为遇到的最大困难是什么？”

“你主持研制的型号技术进步点是什么？需要总结的经验教训有哪些？”

面对提问，他会说：最大的成就感是在非常困难的情况下，基本完成“八年四弹”规划。

他会说：导弹与火箭是由复杂的系统组成，为了能够实现研制一个型号、技术上就上一个台阶的目标，每一个进步都凝聚了工程设计和生产试验人员的智慧和心血，都有一个动人的故事。

他还会说：我是总师，由我拍板决策，别人谁都做不了主嘛！导弹有五个系统，涉及到很多学科，

2004年3月16日，屠守锷（中）出席新一代运载火箭基本型总体方案论证报告评审会并讲话

总师不可能全懂，所以每个系统都配了副总设计师，他们都是一线资深的专家，这也是导弹研制的科学性所在。毛主席说了，最有真才实学的是最有实践经验的人。只有他们才能提出最有价值和建设性的方案来，我只是一个下口令的，总师嘛，就是下口令的。

屠守锷因为有了这个"倔"名声，也使他吃了不少"亏"。

20世纪70年代中期，上级组织部门派人考察技术领导干部，准备从中选拔出一位担任七机部副部长。以当时屠守锷的学识和名望来看，他是最合适的人选。但在考察中，有人反映他太"倔"。

人们普遍认为，性格比较倔的同志，一般在思想方法上易犯主观主义或者固执已见的毛病，恐怕很难团结与自己意见不同的人一道工作。不过，这对屠守锷本人来说，未尝不是一件好事，他可以充分利用自己的聪明才智，集中精力去研制我国第一枚洲际导弹，而不致为行政事务所缠身。

屠守锷的“倔”，突出表现在他对真理的追求上，对实事求是精神的执着上，对精益求精作风的要求上，对各项规章制度执行的严格上，对攀登科技高峰的坚韧上。

5. 一代总师为楷模

质量是航天产品的生命，质量靠人控制，所以航天人的作风建设更显得至关重要。

作为型号总设计师，屠守锷严格要求自己，以身作则。凡送交他的文件，数据必须可靠，不允许出现“大概”、“估计”这类词，否则，他会用笔重重地划出：究竟是多少？对文中的错别字也会一一改正。

长期从事紧张的研制工作，培养了他干练的性格，连讲话也是像数学公式一样的逻辑结构。

屠守锷从不参加无准备的会议，更拒绝参加名人效应的会议。

他要出席的会议，事前一定要有文件，以知道这个会议要讨论什么问题或对什么问题做结论。认真阅读后，有了自己的观点和见解，才会去参加。会上，无论第一个发言，还是最后一个讲话，他都会按自己准备的意见表态，而不受会场气氛的影响。

20 世纪 80 年代末，在一次院史编委会上，对要不要写型号研制史的议题，展开了讨论。

与会的院史编委不是亲自主持过型号研制、就是参与过型号研制和管理的领导和专家，每个人都有满腔的热情和经验，讨论会变成了回顾与展望的神仙会，大家情绪非常激动，一致认为，有关导弹与火箭的研制史不但要写，还要大书特书，因为这项工作表现了航天人出成果、出人才、出经验的奋斗历程，是一笔宝贵的精神财富，太有意义了。屠守锷最后一个发言，他被会上热烈的气氛深深打动，但还是说：“我们已经编著了院史，院史就是一部积累史料、展示成就、总结经验、启迪后人的历程史，是一部研制史。如果再写型号研制史，就是重复的，也是人力、物力的浪费。因此，现阶段没必要再写型号研制史。”

屠守锷作为研究院技术负责人，他所培养、带领出来的研制队伍，在20世纪60年代研制出了中国迄今为止被公认为最好用的全天候中程导弹东风三号，70年代研制出东风五号洲际导弹和长征二号运载火箭，80年代研制出长征二号丙运载火箭和长征二号E运载火箭，90年代研制出发射神舟号飞船的长征二号F运载火箭。这曾是一支创造了金牌神话的队伍，并且把良好的作风一代代传了下来。可以说，严谨、严肃、严格，不仅是屠守锷性格的标志，也成了这支队伍工作作风的写照。

屠守锷经常告诫身边的同事：“管理上最大的问题，是全面的质量管理。从最初的第一个环节开始，到最后一个细节，不仅要做到心中有数，还要做到胸有成竹。这是一个动态的渐近演变过程，只有把能想到的、可能出现的隐患统统排除掉，才能保证管理始终处于动态环境中，并在不断的、新的平衡中趋于

2001年5月15日，屠守锷等何鸿燊基金会顾问委员会委员合影（前排左起：庄逢甘、屠守锷、梁守槃、黄纬禄、孙家栋）

稳定。”

他不仅在科学技术上造诣很深，其严密而独到的思维方法、孜孜不倦的钻研精神、勇于承担责任的胆识，也为同事们所称道。

他为人耿直，在科学技术上敢于创新，遇有意见分歧时，坚持科学精神和原则，既能做到孜孜不倦地深入研究，又能坚持诲人不倦，唯独没有趋炎附势和随机应变。

屠守锷鼓励开拓进取，光明磊落，提倡实事求是的钻研精神和作风。在他主持的型号研制工作中，学术气氛一直很浓厚，大家都能做到畅所欲言，都愿意把自己成熟或不成熟的观点意见说给他听，愿意就一些重大技术问题向他请教。

研制洲际导弹时，屠守锷非常关注陀螺稳定平台的研制情况，尤其是平台工作的稳定性问题。惯性器件研究所的设计人员，知道他自己动手做了一些理论研究，常常跑几十公里路和他商讨。他们之间有时像学生向导师讨教，有时像同事相互交换对某项技术问题的看法和观点。屠守锷的渊博知识和平等对待下属的态度，让人在崇敬之余备感亲切。

作为总设计师，屠守锷是一位严格的师长，对工作中任何一个细小的差错，都不放过，不仅是打破砂锅问（璺）到底，还要看看砂粒究竟在哪里。

他又是一个撑腰的长者，工作中无论谁遇到困

2008年12月19日，屠守锷在航天科学技术发展与展望论坛上

难、有了问题，都可以找他。他不仅会指导你分析问题，摆脱困境，更会帮你找到下一步工作的方法和途径。

他还是一个挡避风雨的港湾，工作中一旦出现失误，他总会以总师身份，挺身而出，承担责任。他从不掩饰失误，不惧怕失误和失败。

他常说，试验的目的，一是验证方案，二是暴露问题。暴露问题的目的是解决问题，不带问题上天。他勇于承担责任，不让设计人员承担压力，最大限度地为他们创造一个宽松的工作环境。

作为总设计师，他还是一个发现人才、培养人才的大师。

洲际导弹副总设计师多是各研究所的所长、副所长，不论是技术工作经历，还是年龄，多是屠守锷的晚辈。工作中遇到麻烦时，他们总会习惯性地想到屠老总，而屠老总也总能及时地给予他们支持和帮助，对他们备加爱护。

1995年10月9日，屠守锷（右二）与黄纬禄（左二）、梁守槃（左一）、庄逢甘（右一）在航天人才培训中心

在一次试验前的质量复查中，技术人员在发动机系统一个部件的检查结论上，产生了很大分歧。他们资历、水平相当，又都年轻气盛，各自坚持自己的意见，丝毫不妥协。连负责这方面工作的副总设计师也难以决断，形成了僵局。这时有人请来了屠守锷，他认真听取了双方意见，不是简单地以总设计师的权威下结论，而是条理清晰地分析检查中发现的那些现象，从中得出结论，使争论的双方心服口服。他不但身体力行地支持那位副总设计师的工作，还为技术人员上了一堂生动的技术分析方法课。

洲际导弹每位副总设计师，都负责一个分系统的工作。屠守锷放手让他们独当一面，负起责任。他经常对他们说："你们都是各方面的专家，你们的专业我不懂，工作主要靠你们做。"在工作中遇到什么问题，他们便会向屠老总报告，而屠老总总能帮助他们理出解决问题的思路，从技术和处理问题的方法上，为他们释疑解难，使他们在研制工作的实践中，增长才干，脱颖而出。

屠老总在关键时刻的果断决策，既反映了他深入细致的工作作风，也表现了他敢于决断的胆识。而这一点，不仅基于他严谨的科学态度，对科学内在规律的准确认识和把握，以及对科技队伍的责任心和战斗力的充分信任，更突出地基于他思考问题的角度。

对于一些有争议的设想、一些暂时还把握不准的方案，屠守锷不仅组织力量深入研究，而且从正、反两个方面认真思考，从不轻易下结论。对一些难度较大的设计方案，屠守锷重视基础工作，对一些大型试验，他总是亲自组织、安排、落实，并坚持在试验的第一线掌握第一手资料。

屠守锷鼓励科研人员敢想、敢说，只要是好的、先进的、有创意的，他都积极支持，放手让他们在科学的殿堂里昂首阔步。

他作风扎实，注重基础设施建设；不好高骛远，建立了一系列基础性的试验设施。

屠守锷总想简化运载火箭全箭振动试验，他认为原先的试验既耗时又费钱。他说:“开展大型地面试验，要建立相应的试验设施。当年我们抢建振动塔和试车台，对中近程导弹的研制是起了作用的……现在的火箭越做越大，用这种办法，不仅振动塔的规模要加大，所用的溶液量也要加大，并且有污染，还很费事。现在计算机已可用来做大规模计算，可利用计算结果替代全箭振动试验，取得模拟数据。这个变化不是说振动塔已完成了历史任务，而是随着现实可用手段的增加，为达到某一个具体目的，不必拘泥于一种办法，少花钱，多办事，能办事就行。”这不仅反映了屠守锷的研究准则，更可见他的思想品质。

1983 年，屠守锷开始了火箭弹性振动模态的分析方法研究。

屠守锷首先提出，若对未加注推进剂的火箭，用试验方法测得前几阶的自振频率和振型，便可用计算的方法求得火箭在飞行过程中任意时刻的自振频率和振型。他用一台比较落后的计算机，推导出这个计算公式，在八开大纸上，密密麻麻地写满三大张。科研人员审核、复核此公式时，用最先进的计算机，干了几个月才完成。

在另一次重要试验中，为确定火箭发动机的一个活门是否需要更换，会议从晚上七点一直开到次日凌晨两点。

大家众说纷纭，各抒己见，两种截然相反的意见各不相让。此时，时间就是速度。

为了赢得时间，屠守锷从各个方面认真做了分析，排除一切疑点，审慎而又大胆地决定：这个活门可以不更换。许多事情表面看似很简单，但放在复杂的氛围里要做出正确的判断，绝非易事。后来的试验证明，屠守锷的这个决断是正确的。既避免了无谓的浪费，也争得了宝贵的时间。为此，钱学森说："屠守锷有大将风度。"

1981年，在七机部工作的中国科学院学部委员们极力推荐屠守锷为学部委员，但却因为他发表的论文太少而落选了。屠守锷自1957年走上航天技术领域，以他的才学和对技术问题的接触面，特别是他曾作为大学教授，最擅长的就是理论研究，每年发表一两篇论文，不难做到。但他急国家之所急，始终把导弹研制工作放在首位，一门心思把精力和时间都集中在解决一个又一个技术问题上，总想着把导弹尽快搞出来，不敢分心旁骛。在他看来，有没有那些称号，都无所谓，只有解决研制中出现的问题，把导弹制造出来才是最重要的。

1991年年初，当航天系统再次为学部委员候选人提名时，屠守锷却将此事置之脑后，此刻，他正带领着研制队伍，全力以赴地进行长征二号E运载火箭研制。

长征二号E运载火箭发射澳大利亚卫星，是一件必须保证按时发射的大事，时间非常紧迫，一刻也耽搁不得。当有技术人员善意地询问屠守锷“谁在写申报学部委员的材料”时，屠守锷回答说：“组织上。”

屠守锷学部委员申报材料最终出自政治部组织处工作人员之手。

如果是在运载火箭技术研究院内部参加评选，就是拿着一摞白纸，只要上面写上“屠守锷”三个字，就能顺利通过。因为屠守锷一惯的工作精神和作风、解决问题的能力和取得的成果，特别是他享有的崇高威望，在航天系统、在运载火箭技术研究院，已经深入广大科技人员的心里。但在航天系统之外，情况就不一样。

所以，当一份出自组织处之手的内容不够充实、不够丰富的屠守锷申报学部委员的材料送到航空航天工业部时，陆元九、黄纬禄两位学部委员有点急了。他们立即找到运载火箭技术研究院院长王永志：“如果你们一院评上了一位学部委员，却不是屠老总，你将怎么向一院广大职工和技术人员交代呢？就凭你们报上来的材料，发生这种情况不是没有可能的。”

王永志院长感到很奇怪，屠老总的材料怎么可能会写得不充实、不丰富呢？了解后才知道，屠守锷根本没把申报学部委员这件事，排到他的议事日程上。当组织上委托写材料的人找他了解情况时，他说：“你知道多少就写多少吧，不用了解了。”就这样把人家打发走了。

最后，王永志院长安排写院史的同志，完成了屠守锷学部委员的申报材料。编写院史的同志对火箭技术研究院导弹与火箭研制情况比较熟悉，知道屠守锷作为多个型号的总设计师，在其中起到的不可替代的作用，因而，在屠老总本人没有提供任何材料的情况下，完成了申报材料的准备。

1991 年，屠守锷当选为中国科学院学部委员，就他的学识水平和解决重大科学技术问题的能力来说，这个称号他是当之无愧的。

作为中国火箭技术发展的开路人，屠守锷率领着一支为国争光、开拓创新、勇挑重担、不畏艰险、敢打硬仗、严谨务实的航天无名英雄团队，追求着国家的强盛、人民的安康，清除前进道路上的一道道屏障，让一代代航天新人站在自己的肩膀上，为实现共和国的宏伟目标，大步前进。

2005年5月9日，屠守锷（前排右六）出席中国航天科技集团公司“十一五”规划及2020年发展战略研讨会

屠守锷

屠守锷院士传记

Academician Tu Shoue's Biography

第十六章

家庭生活

屠守锷算不上是严父，因为他基本没有管过孩子，但孩子们知道，父亲是爱他们的。在他们眼中，父亲不像是大科学家，他们给父亲的评价是一名工程师。

1. 儿女眼中的父亲

如果用色彩形容屠守锷，工作中的他，一定属于激情的红色和严谨的蓝色，而生活中的他，则属于田野的绿色和沙地的土黄色；如果用音乐形容屠守锷，工作中的他，一定是流畅的进行曲和奔放的军乐曲，而生活中的他，则是恬静的小夜曲和舒缓的舞曲；如果用面画形容屠守锷，工作中的他，一定属于浓彩重墨的油画和刀刻斧凿的岩画，而生活中的他，则是轻描淡写的水彩画和风轻云淡的山水画；如果用诗词曲赋形容屠守锷，工作中的他，一定是豪放派的宋词和犀利的征战檄文，而生活中的他，则是简朴的小令和清朗的田园诗。如果不是亲耳聆听屠守锷的儿女们讲述他们的父亲，真难想象雷厉风行的工作作风与宁静安详的生活习性，在他身上的完美结合。

屠守锷有五个子女，在他们成长的童年和少年记忆中，父亲不在家的时间比在家的时间要多很多，即使在家也几乎不说话，总是独自沉浸在自己的天地里，就像家里的一座雕塑，一座处在计算状态的雕塑。他总是在算，不停地算，一支笔，一张纸，无论是坐在桌前的椅子上，还是小板凳上，他都始终保持着一种计算姿势。他不管家，对孩子们的学习也从没有过管束。

屠守锷的儿女们

屠守锷的脾气特别好，从来没有打骂过任何一个孩子。他生活自理能力很强，凡属于自己的事，从不愿麻烦任何人。

家中一日三餐以及洗洗涮涮的日常生活，最早是由奶奶负责，奶奶去世后，姑姑继续帮助料理日常事务。为了能让弟弟安心工作，屠守锷的姐姐一直待在北京帮助照顾孩子、料理家务，直到“文革”开始，北京市公安局下达了所有所谓“不可靠”人员必须限期离京的命令。无奈之下，屠守锷的姐姐回了老家，家里就由最大的女儿来接替姑姑管家。

孩子们一致认为，他们从来没有走进父亲的内心世界，父亲仿佛生来就是工作的，他的身心已被工作填满，但孩子们知道父亲是爱他们的。20 世纪 50 年代的一个星期天，父亲突然兴致勃勃地向全家人宣布，大家都去玉渊潭公园玩儿，由他留在家中做饭。这是父亲有生以来在家做的第一顿饭。姑姑迫不及待地带着几个孩子从公园游玩儿回家，厨房满屋弥漫着香气，一只鸡正在滚开的水里沸腾着。原来，屠守锷居然没有将鸡开膛破肚，而是把一只整鸡放到锅里煮。

孩子们记忆最深的是跟随父亲去疗养，那可是一番非凡的经历。

20 世纪 50 年代末，屠守锷带着刚上小学的孩子们到青岛。那是孩子们第一次看见大海，第一次住宾馆，还爬了久负盛名的崂山。这次经历，让孩子们津津乐道了好长时间。60 年代初，孩子们又跟随父亲到北戴河。这一次的记忆更加深刻。那还是在困难时期，很难有敞开肚子吃顿饱饭的时候，更别说有鱼有肉的日子，那些不仅好看更好吃的海鲜，让他们怀念了很长时间。

孩子们从来没觉得父亲是什么官或是什么重要的科学家，在他们心里，父亲就是一位普通的科技人员，更像一名工程师。

真正离开工作岗位后，屠守锷已是 80 多岁的老人了，但他的生活从来都是自理，他拒绝用拐杖，

1997年5月19日，屠守锷（左一）在中国航天喜迎香港回归万人签名长卷上签字

2005年，屠守锷（前排左四）出席国家航天局新春院士招待会

也拒绝别人给予他过多的关照。他爱打太极拳，在小区的树荫下，经常能看到他在打太极拳，一招一式，有板有眼。屠守锷喜欢听音乐，特别是古典音乐，常常陶醉在古典音乐的旋律中。

2. 儿女眼中的父母

经北京市委刘仁介绍，1950年，屠守锷与夫人秋粟结婚。秋粟是抗战末期入党的老党员，解放后在北京市委做秘书工作，但她不喜欢机关的工作氛围，主动申请下基层，1956年到北京实验中学任党支部书记。

在孩子们的印象中，父母一辈子没吵过架，甚至没红过脸，虽然母亲的脾气不太好，有些急躁，但父亲从来没有回过嘴，他总是宽厚微笑地看着母亲，所以家里的气氛一直很好。

父母都很忙，没有时间管孩子。孩子们是在奶奶和姑姑的放任中，自由自在地长大。奶奶和姑姑的纯朴、善良以及大局观，给孩子们树立了很好的榜样。在奶奶和姑姑的眼里，工作是最重要的大事，不能受到干扰；学习也是很重要

1992年秋，屠守锷与夫人秋粟在玉渊潭参观菊花展

的事，也要保证；做人有很多规矩，绝对不能马虎。

孩子们都记得，“文革”一开始，母亲就受到冲击，特别是她做地下工作的那段经历，加上她为人耿直，性格直率，为人做事，眼里都容不得沙子，不免在工作中容易让人产生误解，也因此得罪了一些人，所以母亲很早就受到冲击和批判。最初她有些想不通，回到家里会发一些牢骚，父亲还专门请刘有光政委来做母亲的工作。后来母亲被关押，父亲定期去看她，一点不怕受牵连。

母亲的身体一直不好，“文革”后期就基本病休在家，后由在兵团的女儿回来照顾。

父母之间的感情，在父亲年老离开工作岗位回家后，愈发深厚。母亲一天三顿药，每次吃几种，都由父亲先将水温调好、水杯放好，然后提醒母亲吃药，从来没有出过差错。

母亲睡眠不好，总离不开安眠药，夜里只要醒了就必须吃安眠药，这让父亲很担心。他悄悄地用维生素 B1 把安眠药替换下来，让母亲服用。

2007 年搬新家，弟弟专门送给父亲一套音响，其实那时父亲已很少听音

2004年3月4日，屠守锷与夫人秋粟在家中

乐了，因为母亲多年疾病缠身，脾气变得更加不好，已不能接受音乐的“噪声”了。为了让母亲安心养病，父亲自觉自愿地不再听音乐。但弟弟还是把音响安放在家里很醒目的位置，音响送来的那天，父母都很高兴。

母亲身体状况好些时，有时会参与孩子们对时事和社会问题的讨论。她还是年轻时的性格特征，嫉恶如仇，对社会上流传的那些以权谋私、争权夺利的腐败事例以及一些腐朽现象深恶痛绝。父亲从不参与讨论，只是坐在边上听，之后便会找来一些资料，对大家议论的内容做一些调查研究。母亲身体好点的日子，父亲每天都会陪母亲，手挽着手，在小区里散步。父亲怕母亲摔跤，每次走路的步伐都迈得很小、很慢，而父亲一生都是迈大步走路，即使到耄耋之年，独自行走时仍保持这个习惯。

晚年最困扰母亲的是心脏病，她住了好几次医院。由于母亲体质差，治疗心脏病药品的输液速度，被严格控制在每分钟不超过6滴。父亲当仁不让地承担起照顾母亲的重任。

母亲每天输液，父亲都会守在床边，两眼始终盯着滴液瓶，还不时地数着自己的手表秒针，观察滴液速度。赶上母亲病情不稳定，父亲数得就更加认真。那时父亲已是快90岁的老人了，这个场景让很多现场的人感动不已。

3. 和睦家庭手足情

屠守锷的家庭是一个很典型的中国传统式家庭，父母作为家长，在家里有着至高无上的地位和权威。对于父亲，那是一种威信，对于母亲，那是一种孝道。

家里的气氛一直很好，这首先得益于奶奶和母亲关系的和美。奶奶管家时，母亲一直非常感谢奶奶把孩子们和家里照顾得非常好，使她心无旁骛，可以全心全意地投入工作，所以日子虽然过得很清苦，但一家人却总是很快乐、很幸福。其次是姑姑和母亲关系的融洽。全家人都不知道屠守锷是干什么工作的，但知道他的工作对国家很重要，所以全家把他的工作需要排在第一位。姑姑比母亲年长几岁，放下自家诸多事宜，来帮弟弟料理家务、照顾

2002年11月30日，屠守锷全家福

孩子们，母亲对姑姑不但敬重而且充满了感激。姑姑在家里是绝对的当家人，母亲从不过问家里的开支情况，更不会盘查账目。

屠守锷虽为一家之长，但他将全部身心都用在了工作上，起到了很好的表率作用。

屠守锷生活上从不依赖别人，衣服从来都是自己洗，不给任何人添麻烦，这个习惯保持了一生。屠守锷住在家里，就像住集体宿舍，除了和家人一起吃饭，始终处于工作状态。秋粟也是一位以工作为重的人，略有不同的是，屠守锷家里家外都在工作，而秋粟则每天早出晚归，回到家则感到疲倦和劳累。

秋粟率真、耿直，抑强扶弱、抑恶扬善，从不将工作中的种种不快迁怒于家中任何人，遇到工作上不顺心，她只和丈夫说，而丈夫则永远都是笑呵

2008年12月5日，孩子们为屠守锷过生日

呵地听着，所有的不平都在和风细雨中烟消云散。

屠守锷和秋粟都是淡泊名利、光明磊落的人，也是生活积极的人，家里从未出现过患得患失的抱怨，孩子们之间也从未出现过计较谁多谁少的争论，因为大的总会让着小的，小的也会敬着年长的。

2012年12月15日，屠守锷因病逝世，享年95岁。他的音容笑貌，将永远留在孩子们的心目中，他的科学思想、创新意识、坚定信念和爱国情怀，将激励着一代又一代航天人生生不息、薪火相传、续写新的辉煌！

屠守锷的音容笑貌与山河同在

屠守锷大事年表

1917 年

12 月 5 日，生于浙江省吴兴县（今湖州市）南浔镇。

1924 年　7 岁

9 月，就读于南浔丝业小学。

1928 年　11 岁

9 月，就读于南浔浔溪小学。

1930 年　13 岁

9 月，就读于浙江嘉兴省立第二中学初中部。

1933 年　16 岁

9 月，就读于江苏省立上海中学高中部。

1936 年　19 岁

9 月，考入清华大学机械系航空专业组（该组后转入航空工程系），毕业后获航空工程学士学位。

1940 年　23 岁

10 月，任成都航空研究所助理员。

1941 年　24 岁

10 月，在美国麻省理工学院航空工程系攻读研究生。

1943 年　26 岁

6 月，获航空工程硕士学位。

在美国布法罗寇蒂斯飞机厂任工程师。

1945年 28岁

抗战胜利后回国。

1946年 29岁

2月，在西南联合大学航空工程系任副教授，从事航空科学技术的教学与研究工作。

1947年 30岁

晋升为清华大学教授。

1948年 31岁

12月，加入中国共产党。

1952年 35岁

5月，在北京航空学院任教，先后担任副教务长、飞机系主任和院长助理等职务。

1957年 40岁

2月，调任国防部第五研究院第八研究室主任，主持导弹结构强度的研究、试验工作。

9月，作为技术顾问之一，随聂荣臻副总理率领的中国政府代表团赴苏联谈判，洽淡各类新式武器装备的技术引进问题。

1958年 41岁

调任国防部第五研究院一分院第二总体设计部主任，领导地空导弹的仿制与研制工作。

1961年 44岁

9月，任国防部第五研究院一分院副院长，主持地地战略导弹研制工作。

1962年 45岁

兼任国防部第五研究院一分院第一总体设计部主任，先后领导和参加了几种液体弹道导弹与运载火箭的研制工作。

1965 年　48 岁

任第七机械工业部第一研究院副院长。

1972 年　55 岁

当选为第三届全国人民代表大会代表。

当选为中国航空学会第二届理事会副理事长。

1978 年　61 岁

1 月，被任命为洲际导弹和长征二号运载火箭总设计师。

1979 年　62 岁

当选为中国宇航学会第一届理事会常务理事。

1980 年　63 岁

9 月，荣获第七机械工业部劳动模范称号。

11 月，被任命为第七机械工业部总工程师。

1981 年　64 岁

被任命为第七机械工业部科学技术委员会主任。

1982 年　65 岁

4 月，被任命为航天工业部科学技术委员会副主任。

1983 年　66 岁

1 月，兼任航天工业部第一研究院科技委主任。

6 月，当选为中国人民政治协商会议第六届全国委员会委员。

10 月，当选为国际宇航联合会教育委员会副主席。

1984 年　67 岁

10 月，荣立航天工业部一等功。

当选为中国宇航学会第二届理事会常务理事。

1985年　68岁

5月，他主持的“远程导弹与远程火箭”项目荣获国家科技进步奖特等奖。

1986年　69岁

10月，当选为国际宇航科学院（IAA）院士。

1988年　71岁

担任航空航天工业部第一研究院技术总顾问、长征二号捆绑式火箭技术总顾问、国际空间大学创办者协会（美国）初始会员。

担任航空航天工业部科学技术委员会副主任。

当选为中国人民政治协商会议第七届全国委员会委员。

1989年　72岁

当选为中国宇航学会第三届理事会名誉理事长。

1990年　73岁

首批享受国务院颁发的政府特殊津贴。

任航空航天工业部高级技术顾问。

1991年　74岁

当选为中国科学院学部委员（1993年改称为中国科学院院士）。

1992年　75岁

当选为中国共产党第十二次全国代表大会候补代表。

1993年　76岁

6月，获全国总工会颁发的五一劳动奖章，被授予“全国优秀科技工作者”称号。

任中国航天工业总公司高级技术顾问。

1994 年　77 岁

获求实科技基金会颁发的“求是杰出科学家奖”。

1999 年　82 岁

任中国航天科技集团公司和中国航天科工集团公司高级技术顾问。

荣获“两弹一星”功勋奖章。

2012 年　95 岁

12 月 15 日，因病逝世。

屠守锷部分论著目录

[1] 屠守锷. 关于型号设计师. 国防科委《科技讲座》材料之三(51), 1981.

[2] 屠守锷. 对型号研制规律的一些认识. 第七机械工业部第一届科学技术委员会第一次会议文集, 1982.

[3] 屠守锷. 火箭横向振动的振型与频率. 航天科技报告, 1985.

[4] 屠守锷. 对开展地面试验的体会//航天事业三十年(航天工业部文集): 科技经验篇, 1988.

[5] 屠守锷. 火箭弹性振动的模态. 航天科技报告, 1988.

参考文献

[1] 石磊，王春河，张宏显，等 . 钱学森的航天岁月 [M]. 北京：中国宇航出版社，2011.

[2] 刘纪原 . 中国航天事业发展的哲学思想 [M]. 北京：北京大学出版社，2013.

[3] 中国运载火箭技术研究院 . 钱学森与航天一院 [M]. 北京：中国宇航出版社，2012.

[4] 天泉，何建明 . 天歌：走近中国火箭技术的摇篮 [M]. 北京：中国宇航出版社，2008.

[5] 易社强 . 战争与革命中的西南联大 [M]. 北京：九州出版社，2012.

[6] 梁东元 . 倾听大师们的声音 [M]. 武汉：湖北人民出版社，2007.

[7] 叶永烈 . 钱学森 [M]. 上海：上海交通大学出版社，2010.

[8] 梁思礼 . 一个火箭设计师的故事 [M]. 北京：清华大学出版社，2006.

[9] 中国航天科工集团第二研究院科技委 . 雷震海天 [M]. 北京：中国宇航出版社，2009.

[10] 李培才 . 太空追踪：中国航天测控纪实 [M]. 北京：中共中央党校出版社，2005.

[11]《天魂》编委会 . 天魂：航天精神纪事 [M]. 北京：中国宇航出版社，2011.

[12] 梁东元 . 中国飞天大传 [M]. 武汉：湖北人民出版社，2007.

[13] 梁东元 .596 秘史 [M]. 武汉：湖北人民出版社，2006.

[14] 肖嵘 . 天路：著名航天专家任新民 [M]. 北京：解放军出版社，1999.

[15] 聂作平 . 一路钟情 [M]. 北京：中国友谊出版公司，2012.

[16] 岚枫 . 西南联大的爱情往事 [M]. 沈阳：辽宁教育出版社，2011.

后 记

最近十多年来，凡是约写屠守锷的介绍文章，特别是由屠老总自己推荐作者的，他大都推荐我。我不能说是欣然接受，但也从来没有拒绝过。每次，我都是怀是挺复杂的心情进入工作状态的。

作为航天二代，我对屠守锷的名字并不陌生，但留下深刻印象的却是参加中国运载火箭技术研究院院史编写工作以后。编写型号大事记，讨论洲际导弹研制工作过程，肯定要经常提到总设计师屠守锷。那时我对屠老总有两个印象，一是屠老总的工作作风很严谨，但他负责的洲际导弹和长征二号运载火箭的研制工作很不顺，有“常败将军”的绰号；二是很模糊的感觉是，屠老总和副总设计师王永志院长的意见有时不统一。那时，我简单地认为大概是因为屠老总过于严厉的作风，跟他沟通会有心理障碍，责任更多的一定是屠老总。

院史的评审工作，屠老总不是每次都来，但只要他来，与会的领导和编写人员都会很兴奋地簇拥着屠老总问长问短，看得出所有人的热情和关心都是真诚的，王院长也不例外，大家都表现出对一位德高望重的长者的尊敬和拥戴。这和我最初形成的印象不相吻合，我想可能是随着年纪的增大，屠老总不再挂帅一线的研制工作，严厉作风施展的机会受到限制，就突显出性格中可爱的一面。我知道在这个问题上我有些偏见，但我偏心是有原因的。那时王永志是一院院长，在一院有口皆碑，获得了全院上下一致的好评。而我在院办公室工作，和王院长有工作接触，感受就更多一些。一次，中国航天科技集团公司组织编写《企事业改革家列传》，我被分配写王院长。采访时，王院长很配合，初稿出来后，他却不认“账”，说工作是大家做的，怎么能就突出他一人呢，又请别人将他的评论意见加了一些到初稿里。稿子再回到我手里，我感到很别扭，两种文体、两种风格的文字，完全是强行生硬嫁接，但我知道这是王院长的意见，就这样交上去了。没多久，集团公司鲁之沫老先生约见王院长，还让带上我。我们先到政治部，接待的同志把为什么组织这样一部书的意义和要求重申了一下，然后说了对这篇稿子的看法。我没想到王院长马上做了自我批评："之所以稿子高度不够，是我让改的。"把责任承担了，根本没给我说话的机会。再去鲁之沫老先生家，王院长又再次做了自我批评。那一天，王院长一共做了三次自我批评，让我很感动。再有一次，我们编辑部去八大处一个部队招待所编撰《一院大事记》，谁知突然来了寒潮，大家带的冬装不能抵御寒冷。正巧院史编委会要来开评审会，大家纷纷让家人把衣服送到院办委托来开会的领导带过来。我因为单身，没人能够进入我的宿舍，所以没衣服可带。第二天一早，院里的车刚到，大家都兴奋地迎上去，既是迎接领导，也是拿衣服，场面很热闹。我远远地看着，心里不免有一点凄凉。在往会场走的路上，王院长叫住我说"我专门给你带了一件大衣，一会儿你来拿。"这是一件国防部五院时期研究院军人特有的军大衣，浅乳黄色的卡其布，而且经过改良，非常合体。那几天，我一直穿着这件大衣，心里甭提多美了。因为这些经历，我主观上希望王院长各方面都是完美的，情感上不能接受他和这么受人崇拜的屠老总"不团结"，何况王院长作为副总设计师，他不应该和总师不配合。我虽然把更多的责任让屠老总"承担"了，但心里还是隐隐地不安。屠老总每来一次，大家都能激动好一阵子，那可是由衷的兴奋之情啊，我对自己的判断产生了纠结。这个纠结始终盘桓在我心头。

1990 年夏季的一天，我在院办公室走廊路过屠老总办公室时，看到他的门虚掩着，只有他一人伏在办公桌上看文件。我不禁心里一动，没多想就敲了门。待我走进屠老总办公室后，我傻眼了，进来干嘛呢？

屠老总温和地看着我，问"找我有事？"我不知所措地笑着不吭声。那天，屠老总一定是没有太多着急需要处理的工作，所以他继续温和地问我“不好说？”“人家说您特严厉，我不敢问。”我开口了。

“我今天特批你，随便问，我保证如实回答。”屠老总笑着说。

屠老总的态度让我感觉轻松，胆子也大了。“有人说您在洲际导弹研制过程中，是位常败将军，是这样吗？”

“这是强加给我的。搞科学试验，就要有承担失败的勇气，你写院史，知道洲际导弹同时上了那么多新技术，都要通过试验来暴露问题，暴露一个，解决一个，科技就进步了。可以说失败是我前进的动力。”

“在型号研制过程中，听说您和副总师王院长的关系不太好呢？”

“王院长是一位战略家，我欣赏他。他工作配合是很好的，当年他年轻气盛，总想着洲际导弹早点炸响，他有机会就会和我谈这件事，有时情绪还很激动。我其实很理解他的这种心情，我何尝不想。但我作为总师不能这样做，一个新研制的型号同时上了那么多新技术，试验手段又有限，一个细节考虑不周，试验就有可能失败，想考验的项目就没有机会了。我们国家还很穷，浪费不起，所以我希望利用一枚导弹做更充分的地面试验，然后再去发射。我们之间彼此的说服工作，其实就是对研制工作的一个梳理，我穷追不舍地提出问题，他千方百计地解决问题，工作就继续开展下去了。”说这些话时，屠老总口气温和并始终保持着微笑。

听着屠老总的话，我脑海里浮现着当年这一老一小旗鼓相当、认真对话的场景，想象着就凭王院长的口才，每一次都胸有成竹地来，再带着一堆“问题”回，就这样经历了百折不挠的努力，才奠定了“金牌火箭”的基础。

“我回答得够清楚吧，还有问题吗？”屠老总的语气里明显带着对晚辈的呵护，我则“倚小卖小”地说“没了。”“以后别人都可以说我严厉，可你不能说呀！”“记住了，谢谢您，屠老总！”我就这样冒冒失失地完成了一次对屠老总的采访。这次唐突的意外收获，让我得意了好长时间。当王永志院长谈起屠老总时，言语中也充满了敬重和关心。他说：“屠老总对我一直很信任，当我倡议贷款研制战术导弹和‘长二捆’时，立即得到了屠老总的大力支持。”我才恍然大悟，从此，两位让我非常敬重的老专家、老领导的形象，就像两座丰碑，永远矗立在我心中了。不久，就发生了一院申报屠老总参评学部委员的材料被部里退回来的事情，我又参加了屠老总申报学部委员材料的撰写工作。

我想是我的冒失给屠老总留下了印象。以后，他推荐我写了几次他的传记，从几千字到几万字，但再也没有接受过采访，千篇一律的一句话“你知道多少就写多少”。

《屠守锷院士传记》是屠老总推荐我写的，也仍然拒绝采访。但这次是有基本字数要求的，我其实挺为难。初稿出来后，我请屠老总审阅，他用红笔给我画了很多问号，并批注：我不记得有此事，请删去。稿子退回来后，看到屠老总大大的红问号，我拿给了提供这几个情节的总师王德臣副院长看，王德臣副院长说“这个倔老头”！称屠老总“倔老头”，这是王德臣副院长的专利，他只许自己说，别人要说，只要他听到，一定反驳你到哑口无言、认错为止。

这次是王德臣副院长给屠老总打的电话：“屠老总，您打问号的情节是我提供的，肯定是事实……”放下电话后，王德臣副院长告诉我“通过了”。

屠老总是航天创业阶段的元老，是我非常敬佩的老专家，能够执笔撰写《屠守锷院士传记》，是一件挺荣幸的事，在这个过程中，我觉得收获了很多。

在撰写《屠守锷院士传记》一书过程中，我得到了王永志院长、王德臣总师的大力支持和帮助，还得到一院总体设计部火箭专家陈振官的帮助，特别是得到了曾担任屠老总10年秘书、后任一院科技委秘书长的周德山的大力支持，他不仅提供了很多素材，还亲笔写了很多文字。非常不幸的是，周德山秘书长没有等到这本书的出版。在资料和照片收集过程中，我还得到了屠老总曾任秘书杨利伟、徐洪波的积极协助，在此向他们表示最衷心的感谢！

特别要说明的是，在书稿素材收集过程中，我曾得到一院总体设计部专家朱维增的大力支持。不幸的是，朱维增专家已于2003年因病去世，在这里向他表示深切的怀念！

贺青

2014年12月